本书是作者主持的以下课题的最终成果

2007年省教育厅人文社科课题——《高校校报研究》
课题编号SZ0746

2008年省教育厅人文社科课题——《高校网络研究》
课题编号SZ0819

2012年省教育厅人文社科课题——《高校媒体研究》
课题编号MKS1225

高校媒体研究

刘国云　著

江西人民出版社·全国百佳出版社

自 序

习近平同志2013年8月19日在全国宣传思想工作会议上指出："意识形态工作是党的一项极端重要的工作。"他强调，高校要把马克思主义作为必修课，要"成为马克思主义学习、研究、宣传的重要阵地"。

高校媒体是高校意识形态工作的前沿阵地，加强高校媒体研究是贯彻落实习近平同志讲话精神、做好意识形态工作的重要途径。

——作者题记

我想在自序中把本书的核心观点先告诉读者，让读者在最短的时间里了解本书的基本内容。

一、本书的主要内容

1. 高校媒体研究的指导思想，主要包括毛泽东、邓小平、江泽民、胡锦涛的新闻思想。

2. 高校媒体理论研究，主要包括高校校报研究、高校广播站研究、高校网站研究、高校微博研究、高校媒体研究等。

3. 高校媒体实务研究，主要包括高校校报编辑部的管理等。

4. 高校校报自选作品，主要包括作者在校报上发表的人物通讯，是高校媒体研究的案例和素材。

5. 高校学报自选作品,主要包括以中国特色社会主义理论体系为主题的理论文章,是高校媒体研究的案例和素材。高校学报也是高校重要的宣传阵地。

6. 高校宣传工作研究。高校媒体是高校宣传工作的重要阵地,高校媒体的研究离不开高校宣传工作的研究。

二、本书的价值

1. 这是第一本专题研究高校媒体的学术专著。此前,有关高校校报研究、高校广播站研究、高校网站研究的论文比较多,把校报、广播站、网站整合为高校媒体作为一个研究对象的论文也有一些,但是把高校媒体作为一个研究专题,申报省高校人文社科系列课题,并且出版一部学术专著,这是第一次。

2. 本书的研究成果都来源于作者在高校一线的新闻实践活动。作者二十世纪八十年代末大学毕业不久后,在老师的推荐下,有幸回到母校,从事高校校报的复办和编辑工作,但一直苦于没有新闻专业知识。一个偶然的机会,作者在学校宣传部的资料室找到了一本马克思、恩格斯、列宁、毛泽东关于办报论述的内部出版的书,便如饥似渴地学习经典作家的论述,并且用这些理论指导自己的办报实践,办报成效非常明显。因此作者一直坚持学习经典作家关于新闻工作的论述,还撰写了毛泽东、邓小平、江泽民、胡锦涛的新闻思想的一系列论文,当时主要是为了指导自己的新闻工作。作者在两个高校宣传部的各个岗位都干过,做过理论干事、宣传科长、校报编辑部主任、部长助理、副部长、部长,在办校报、办广播、办网站的实践过程中不满足实际工作中一遍一遍的重复,喜欢琢磨问题,有时间就会把工作体会、工作收获进行归纳总结,因此,逐步撰写了高校校报研究、广播站研究、网站研究等方面的文章,无意中形成了一个系列。这个套路,有意无意之中合乎辩证唯物主义认识论的原理:理论指导实践,实践又上升为理论。

3. 本书的研究内容紧跟时代发展的步伐。高校新媒体的发展十分迅速,微博在高校十分普及。作者收集资料跟踪研究了微博,在书中有专门的内容论述高校微博的现状与作用。

三、本书提出的关于高校媒体的新观点

1. 明确提出了高校媒体的定义。

作者提出:"高校媒体是指由高校主管主办的、在高校校园内运行、以高校师生为对象的传播载体,在类型上主要包括校园广播、校报、校园网站、微博、学报等。"

2. 明确提出了高校媒体与社会媒体的区别在于学术性。

作者提出:"高校究其本质是一个学术组织。高校是传播和发展新文化、新思想的学术重镇。学术性是区分大众媒体与高校媒体的重要指标。这一点西方高校的媒体比国内高校的媒体做得要好,在西方高校的媒体上,头条新闻一般都是学术动态或者学术活动,而国内高校媒体的头条新闻一般都是校领导的公务活动,学术动态的报道总量很少,而且上不了头条。"

3. 从传播学的角度分析高校媒体如何进一步发挥在大学生思想政治教育中的重要作用,认为可以围绕传播者、受众、传播内容、传播媒介、传播反馈这五个环节展开研究。

4. 比较早地提出了高校校报版面"五个一"的要求。要求每位编辑在组织稿件时,每个版面具备"一篇可读性强的文章,一个过目不忘的标题,一幅吸引人的图片,一篇有力度的言论文,一个有特色的栏目"。

5. 把高校宣传工作概括为"两论"——理论和舆论。理论工作出水平,舆论工作出成绩。

6. 明确回答了"外国人从不搞政治学习,经济建设不是搞得比我们更好吗"这个似是而非的问题。

7. 舆论导向理论是江泽民新闻思想的基础,贯穿于江泽民新闻思想的整个体系。

8. 本书作者认为,胡锦涛的新闻思想可以归纳为前沿论、能力论、利误论、党性论、公信力论、以人为本论、改革创新论、规律论、新兴媒体论、队伍论、两个大局论等。

四、本书收集的专题理论文章提出的新观点

1. 是什么原因促使江泽民提出"三个代表"重要思想?又提出"两个先锋队""两个基础"呢?原因之一是世界上不少政党丢失政权的惨痛教训;原因之二是我国社会发生了深刻变化。

2.《江泽民文选》中有不少新思想、新观点、新论断。作者认为最突出的有三个方面:一是提出了"三个代表"重要思想;二是提出了社会主义市场经济体制;三是着手进行了中国特色军事变革。这三点与江泽民反复强调的"三个创新"相对应。江泽民说:"创新,包括理论创新、制度创新和科技创新。"这可以说是江泽民的历史性贡献。

3. 考证了胡锦涛提出科学发展观的过程。"发展观"一词是胡锦涛2003年4月15日在广东第一次提出来的。"科学发展观"一词是胡锦涛2003年8月28日至9月1日在江西考察工作时第一次提出来的。

4. 梳理了习近平提出的"世界观、权力观、事业观"的来龙去脉。

历任中央领导先后提出了"世界观、人生观、价值观";"权力观、地位观、利益观";"事业观、工作观、政绩观",三个层次,总共九观。2010年9月1日,习近平在中央党校开学典礼上提出,各级领导干部要牢固树立正确的世界观、权力观、事业观,这是对中央历任领导关于三个"三观"的高度概括和提炼。

2013 年 10 月于上饶师范学院

目 录

高校媒体研究的指导思想

论毛泽东的新闻思想

一、新闻工作要为经济基础服务

毛泽东曾说:"在社会主义国家,报纸是社会主义经济即在公有制基础上的计划经济通过新闻手段的反映,和资本主义国家报纸是无政府状态的和集团竞争的经济通过新闻手段的反映不相同。"[①]"从我们接管城市的第一天起,我们的眼睛就要向着这个城市的生产事业的恢复和发展……城市中其他的工作,例如党的组织工作,通讯社报纸广播电台的工作,都是围绕着生产建设这一个中心工作并为这个中心工作服务的。"[②]毛泽东提出的新闻工作要为经济基础服务的思想,体现在今天,就是新闻工作要为社会主义市场经济体制服务,为经济建设这个中心服务,为建设和谐社会服务,这为新闻事业的发展提供了广阔的舞台。

二、新闻工作的作用是迅速广泛地宣传党的方针政策

毛泽东1948年4月在同《晋绥日报》编辑人员谈话时说:"报纸的作用和力量,就在它能使党的纲领路线,方针政策,工作任务和工作方法,最迅速最广泛地同群众见面。"[③]毛泽东曾将省报的作用概括为"组织、鼓舞、激励、批判、推动"五个方面。可见,重不重视新闻宣传工作,是衡量一个领导干部会不会工

作、成熟不成熟的一个重要标准。

毛泽东在谈到出版《共产党人》刊物时说:"中央很早就计划出版一个党内的刊物,现在算是实现了。为了建设一个全国范围的、广大群众性的、思想上政治上组织上完全巩固的布尔什维克化的中国共产党,这样一个刊物是必要的。"④毛泽东认为建设一个全国范围的、广大群众性的、思想上政治上组织上完全巩固的布尔什维克的中国共产党,是一个伟大工程,进行这项伟大工程,必须有专门的党报为之服务。在这里,毛泽东把党报的极端重要性说得很清楚。正如江泽民指出的"舆论导向正确,是党和人民之福,舆论导向错误,是党和人民之祸"。

毛泽东还指出:"开会是最重要的工作方式,报纸发出去就可以省得开许多会。我们可以把许多问题拿到报纸上讨论,就等于开会、开训练班了,许多指示信可以用新闻来代替,所以报纸可以当做重要的工作方式和教育方式。"⑤

三、新闻工作的辩证法

自由与不自由的辩证法。《毛泽东选集》第五卷有一篇《驳"舆论一律"》的文章。毛泽东说:"我们的舆论,是一律,又是不一律。""我们的制度就是不许一切反革命分子有言论自由,而只许人民内部有这种自由。我们在人民内部,是允许舆论不一律的。"可见,新闻自由是相对的,对人民群众来说,是自由的;但对反动分子,不允许他们乱说乱动,应该"舆论一律"。毛泽东这一思想在今天仍有很强的现实意义。西方敌对势力亡我之心不死,舆论阵地是必争之地。我们一定要提高警惕,强调"新闻宣传有纪律",决不能让自由化的东西泛滥,要做到"守土有责"。

快与慢的辩证法。毛泽东说:"对具体问题要作具体分析,新闻的快慢问题也是这样。有的消息,我们就不是快登慢登的问题,而是干脆不登。"⑥

好与坏的辩证关系。毛泽东说:"在开展反坏人坏事的广泛斗争达到了一个适应阶段的时候,就应将各地典型的好人好事加以调查分析和表扬,使全党都向这些好的典型看齐。"⑦

远与近的辩证关系。毛泽东说:"国内国际消息要少,只占十分之三,本军、本地、近地消息要多,要占十分之七。"

软与硬的关系。毛泽东说:"报上的文章,'短些,短些,再短些'是对的,'软些,软些,再软些'要考虑一下。不要太硬,太硬了人家不爱看,可以把软和硬两个东西统一起来。文章写得通俗、亲切,由小讲到大,由近讲到远,引人入胜,这就很好。板起面孔办报不好。你们赞成不赞成鲁迅? 鲁迅的文章就不太软,但也不太硬,不难看。有人说杂文难写,难就难在这里。"⑧

这些辩证法思想对我们做好现在的新闻工作仍有指导意义。

四、新闻工作要"政治家办报"

1959 年 6 月,毛泽东在与吴冷西的一次谈话中说:"搞新闻工作,要政治家办报。"毛泽东还希望每个新闻工作者都应"既是文人,更是政治家"。

毛泽东说:"记者的头脑要冷静,要独立思考,不要人云亦云。这种思想方法,首先是各新华分社和人民日报的记者、北京的编辑部要有。不要人家讲什么,就宣传什么,要经过考虑。记者,特别是记者头子,头脑要清楚,要冷静。"⑨

1955 年,毛泽东针对当时新华社在发展国外工作方面思想保守、行动迟缓时作了如下批示:"新华社这几年做了一些工作。但是,驻外记者派得太少,没有自己的消息,有,也太少。为什么不派? 没有干部? 中国这么大,抽不出人?是不是中宣部过去没有管? 应该大发展,尽快做到在世界各地都能派有自己的记者,发出自己的消息。把地球管起来,让全世界都能听得到我们的声音。"⑩

五、新闻工作要走群众路线

一是办报的方法是依靠群众。

毛泽东在谈及如何才能办好一张报时曾说:"我们的报纸也要靠大家来办,

靠全体人民群众来办,靠全党来办,而不能只靠少数人关起门来办。"⑪明确指出办好一张报要依靠全党,要依靠人民群众。

毛泽东曾说:"报纸工作人员为了教育群众,首先要向群众学习……报社的同志应当轮流出去参加一个时期的群众工作……报社的同志也要经常向下边反映上来的材料学习,慢慢地使自己的实际知识丰富起来,使自己成为有经验的人。这样,你们的工作才能够做好,你们才能担负起教育群众的任务。"⑫

毛泽东在一封信中提到,他自己曾带头替《解放日报》做组织作者和组织稿件的工作。毛泽东亲自拟定征稿办法,请陈荒煤、范文澜、彭真、吴玉章等 16 人自撰和组稿每月 149000 字,专供报纸第四版使用。毛泽东还积极倡导发动党外人士参与《解放日报》等新闻媒介的工作,组织他们为党报写信写稿,并尽可能吸收党外人士参加编辑委员会,使报纸刊物办得更好。由于毛泽东以身作则,亲自过问,具体协助,延安地区许多党、政、军干部踊跃投稿写信,《解放日报》的作者队伍得到扩充,稿源滚滚。⑬

二是报纸要反映群众的利益,替人民说话。

毛泽东把是否反映群众的利益作为评价报纸的一个重要方面。他说:《晋绥日报》"内容丰富,尖锐泼辣,有朝气,反映了伟大的群众斗争,为群众讲了话。我很愿意看它。"⑭

毛泽东还十分重视报纸群众来信的登载情况。1957 年 3 月,他在同新闻界代表谈话时说:"群众来信可以登一些出来,试试看。政府和有关业务部门有不同意见,报馆可以和他们研究商量一下,在报上加以解释,再看结果如何。一点不登恐怕不太好,那样业务部门会犯官僚主义,不去改进工作。"⑮

三是衡量报纸管理工作好坏的标准是群众。

报纸管理工作的好坏标准是什么?毛泽东曾说:"群众爱看,证明领导得好;群众不爱看,领导就不那么高明吧?有正确的领导,有不正确的领导。正确的领导按情况办事,符合实际,群众欢迎;不正确的领导,不按情况办事,脱离实际,脱离群众。使编报的人感到不自由,编出来的报纸群众不爱看,这个领导一定是教条主义的领导。"⑯

注　释

①毛泽东:《文汇报在一个时间内的资产阶级方向》,《人民日报》1957 年 6 月 14 日。

②毛泽东:《新闻工作要为生产建设这个中心服务》,《毛泽东论新闻宣传》,新华出版社 2000 年版。

③⑪⑫⑭毛泽东:《对晋绥日报编辑人员的谈话》,《毛泽东选集》第四卷,人民出版社 1991 年版,第 1318、1319、1320、1321 页。

④毛泽东:《〈共产党人〉发刊词》,《毛泽东选集》第二卷,人民出版社 1991 年版,第 602 页。

⑤毛泽东:《关于陕甘宁边区的文化教育问题》,《毛泽东文集》第三卷,人民出版社 1991 年版,第 112 页。

⑥⑧⑮⑯毛泽东:《同新闻出版界代表的谈话》,《毛泽东论新闻宣传》,新华出版社 2000 年版,第 134、83、83—84 页。

⑦毛泽东:《反对官僚主义、命令主义和违法乱纪》,《毛泽东文集》第六卷,人民出版社 1999 年版,第 255 页。

⑨毛泽东:《记者头脑要冷静》,《毛泽东论新闻宣传》,新华出版社 2000 年版,第 147 页。

⑩毛泽东:《让全世界都能听到我们的声音》,《毛泽东新闻工作文选》,新华出版社 1983 年版,第 182 页。

⑬童兵:《依靠全党和全体人民群众办报》,《新闻与写作》1993 年第 8 期第 9 页。

（2001 年 12 月）

论毛泽东关于群众办报的新闻思想

群众路线是毛泽东思想三个活的灵魂之一,它贯穿于毛泽东思想的各个方面,在毛泽东新闻思想中也时有群众路线的表现,这主要体现在群众办报的观点上。

关于群众办报的观点,毛泽东通常赋予它两个含义:第一,要办好一张报,必须面向群众,依靠群众(如建立通联队伍),同时要替群众说话;第二,群众自发办报。毛泽东曾主张解放区每一个机关、学校、工厂、连队都办报,以油印报、墙报为主。本文主要试述第一层意思。

毛泽东群众办报的新闻思想主要表现在:

一、办报的目的是为了宣传群众、教育群众、组织群众,通过报纸来领导群众

我们党进行革命的原则是放手发动群众,让群众积极行动起来,自己解放自己。为了发动群众、组织群众,我们党采取了很多办法,如开会,但其中最重要的一条办法就是办报纸。

毛泽东1948年4月在同《晋绥日报》编辑人员谈话时曾说:"报纸的作用和力量,就在它能使党的纲领路线,方针政策,工作任务和工作方法,最迅速最广泛地同群众见面。"[①]又说:"有关政策的问题,一般地都应当在党的报纸上或者刊物上进行宣传。"[②]很明显,毛泽东是把报纸作为我们党宣传群众、教育群众的

一个重要手段来看待,因此他十分重视报纸工作。

邓小平也是这样看报纸工作的。1950 年 5 月他在西南区新闻工作会议上说:"拿笔杆是实行领导的主要方法……拿笔杆子中,作用最广泛的是写文章登在报纸上和出小册子,再就是写好稿子到广播电台去广播。出报纸、办广播、出刊物和小册子,而又能做到密切联系实际,紧密结合中心任务,这在贯彻实现领导意图上,就比其他方法更有效、更广泛,作用大得多。"③在这里,邓小平更明确指出了办报的作用是宣传群众、领导群众,为实现党的任务而奋斗。

二、办报的方法是依靠群众

毛泽东在谈及如何才能办好一张报时曾说:"我们的报纸也要靠大家来办,靠全体人民群众来办,靠全党来办,而不能只靠少数人关起门来办。"④明确指出办好一张报要依靠全党,要依靠人民群众。邓小平也说过:"办好报纸有三个条件:结合实际、联系群众、批评与自我批评。"⑤可见,依靠和联系群众是办好一张报纸的重要条件。

如何依靠群众、联系群众呢?

一是要向群众学习。毛泽东曾说:"报纸工作人员为了教育群众,首先要向群众学习……报社的同志应当轮流出去参加一个时期的群众工作……报社的同志也要经常向下边反映上来的材料学习,慢慢地使自己的实际知识丰富起来,使自己成为有经验的人。这样,你们的工作才能够做好,你们才能担负起教育群众的任务。"⑥

二是要接受群众的监督帮助。毛泽东在《中国工人》发刊词中说:"一个报纸既已办起来,就要当作一件事办,一定要把它办好。这不但是办的人的责任,也是看的人的责任。看的人提出意见,写短信短文寄去,表示欢喜什么,不欢喜什么,这是很重要的,这样才能使这个报办得好。"⑦在谈到如何消灭错别字时,毛泽东曾说,要消灭错别字就要采取群众路线的方法,发现了有错别字,就把全报社的人员集合起来,不讲别的,专讲这件事,讲清楚错误的情况、发生错误的原因、消灭错误的办法，要大家认真注意。这样讲上三次五次，一定能使错别字得到纠正。

三是要建立起一支群众业余记者、通讯员队伍。他在一封改造报纸，使之由不完全的党报变成完全的党报的信中提到，他自己曾带头替《解放日报》做组织作者和组织稿件的工作。毛泽东亲自拟定征稿办法，请陈荒煤、范文澜、彭真、吴玉章等 16 人自撰和组稿每月 149000 字，专供报纸第四版使用。毛泽东还积极倡导发动党外人士参与《解放日报》等新闻媒介的工作，组织他们为党报写信写稿，并尽可能吸收党外人士参加编辑委员会，使报纸刊物办得更好。由于毛泽东以身作则，亲自过问，具体协助，延安地区许多党、政、军干部踊跃投稿写信，《解放日报》的作者队伍大为扩充，稿源滚滚。[8]

四是要掌握群众的阅读心理，适度宣传。关于这一点，毛泽东曾在一次与新闻干部的座谈会上举了一个例子来说明。他说，你们报纸宣传节育和晚婚的文章一多，有的人就认为要修改婚姻法了，就赶快去结婚。这样我们的工作就被动了。[9]因此他要求报纸在宣传时一定要注意群众的阅读心理，适度宣传。具体报道要具体分析，不是越多越好，越快越好。

三、报纸要反映群众的利益，替人民说话

关于这一点，马克思曾经说过："报刊只是而且应该是有声人民的日常思想和感情的表达者。"[10]

毛泽东把报纸是否反映群众的利益作为他对报纸评价的一个重要方面。他说："《晋绥日报》……内容丰富，尖锐泼辣，有朝气，反映了伟大的群众斗争，为群众讲了话。我很愿意看它。"[11]

毛泽东还十分重视报纸群众来信的登载情况。1957 年 3 月，他在同新闻界代表谈话时说："群众来信可以登一些出来，试试看。政府和有关业务部门有不同意见，报馆可以和他们研究商量一下，在报上加以解释，再看结果如何。一点不登恐怕不太好，那样业务部门会犯官僚主义，不去改进工作。"[12]邓小平 1950

年 5 月也说:"常常有这样的情况:党和政府听不到的,报纸能听到,它能摸到社会的脉搏。目前最突出的问题是什么,把读者来信加以综合研究,常常就能看出来。"⑬

四、衡量报纸管理工作好坏的标准是群众

报纸管理工作的好坏的标准是什么?毛泽东曾说:"群众爱看,证明领导得好;群众不爱看,领导就不那么高明吧?有正确的领导,有不正确的领导。正确的领导按情况办事,符合实际,群众欢迎;不正确的领导,不按情况办事,脱离实际,脱离群众。使编报的人感到不自由,编出来的报纸群众不爱看,这个领导一定是教条主义的领导。"⑭

五、毛泽东群众办报观点的发展轨迹

早在 1920 年以前,毛泽东就认为新闻宣传工作的重点是"唤起民众",认为未来革命一定要将发动民众的广泛参与放在首位,为此,报刊该把向民众做宣传当作头等大事。

1942 年 3 月 8 日,毛泽东为《解放日报》的题词是:"深入群众,不尚空谈。" 1948 年 4 月他对《晋绥日报》编辑人员的谈话,标志着他群众办报新闻思想的确立和成熟。在这篇讲话中,他明确指出:报纸的作用是把党的政策告诉群众;报纸要依靠全党,依靠全体人民来办;报纸工作人员要向群众学习,等等。

1958 年 1 月,他在给广西区委刘建勋、韦国清的一封信中说:"一张省报,对于全省工作,全体人民,有极大的组织、鼓舞、激励、批判、推动的作用。"⑮ 1968 年,他又说:"不应当关门办报,应面向群众,又要有大方向又要新鲜活泼。"在这里他重申了群众办报的新闻思想。

我国的新闻事业在毛泽东群众办报思想的指导下,历来都十分注重把群众路线的工作方法引入新闻界,新闻界都十分重视做群众的工作,几乎每个报社

都设有群众工作处,专门负责做群众工作。这一方面丰富了马克思列宁主义毛泽东思想的群众路线的思想,同时又是中国新闻事业的一个特色。

注 释

①②④⑥⑪毛泽东:《对晋绥日报编辑人员的谈话》,《毛泽东选集》第四卷,人民出版社 1991 年版,第 1318、1318、1319、1320、1321 页。

③⑤⑬邓小平:《在西南区新闻工作会议上的报告》,《邓小平文选》第一卷,人民出版社 1994 年版,第 145、146、150 页。

⑦毛泽东:《〈中国工人〉发刊词》,《毛泽东新闻工作文选》,新华出版社 1983 年版,第 48 页。

⑧童兵:《依靠全党和全体人民群众办报》,《新闻与写作》1993 年第 8 期第 9 页。

⑨⑫⑭毛泽东:《同新闻出版界代表的谈话》,《新闻工作文献选编》,新华出版社 1990 年版,第 87、83、83~84 页。

⑩马克思:《〈莱比锡总汇报〉在全普鲁士境内的查禁》,《马克思恩格斯全集》第 1 卷,人民出版社 1956 年版。

⑮毛泽东:《给刘建勋、韦国清的信》,《新闻工作文献选编》,新华出版社 1990 年版,第 88 页。

(原载《南昌职业技术师范学院学报》1994 年第 1 期,标题为《试述毛泽东关于群众办报的新闻思想》)

论邓小平的新闻思想与实践

邓小平历来重视新闻报刊工作。他早年曾亲自参与报刊的编印工作;几十年来,他在党的领导岗位上,就宣传工作包括新闻工作有过不少论述,这些论述散见于他的三本文选之中。系统地归纳、总结、研究他的这些论述,对搞好我们的宣传报道工作,实现"以正确的舆论引导人"的任务,有着极其重要的现实意义。

一、邓小平的新闻思想

1. 关于新闻工作的地位和作用

(1)一切工作,包括新闻工作"都要有助于建设有中国特色的社会主义"。

1978 年十一届三中全会以来,我们党的工作重心转向了社会主义经济建设。邓小平多次强调,全党各项工作,包括宣传报道工作,"各项工作都要有助于建设有中国特色的社会主义"①。因此,新闻工作必须为建设有中国特色的社会主义服务。

(2)"党的报刊要成为安定团结的思想上的中心"。

"中国的问题,压倒一切的是需要稳定。没有稳定的环境,什么都搞不成,已经取得的成果也会失掉。"②因此,邓小平反复强调:"为了实现安定团结,宣传、教育、理论、文艺部门的同志们,要从各方面来共同努力……我们希望报刊上对安定团结的必要性进行更多的思想理论上的解释……要使我们党的报刊成为全国安定团结的思想上的中心。报刊、广播、电视都要把促进安定团结,提高青年的社会主义觉悟,作为自己的一项经常性的、基本的任务。"③

"一心一意地搞四个现代建设,必须一心一意地维护和发展安定团结、生动活泼的政治局面。这始终是摆在我们面前的一个十分重要的问题。"④

新闻工作要为建设有中国特色社会主义服务、为稳定服务,这是邓小平关于新闻工作的基本指导思想。

(3)办报是实现领导的主要方法。

1950 年,邓小平在西南区新闻工作会议上曾说:"拿笔杆是实行领导的主要方法……拿笔杆子中,作用最广泛的是写文章登在报纸上和出小册子,再就是写好稿子到广播电台去广播。出报纸、办广播、出刊物和小册子,而又能做到密切联系实际,紧密结合中心任务,这在贯彻实现领导意图上,就比其他方法更有效、更广泛,作用大得多。"⑤在这里,邓小平把新闻工作的地位定得很高,认为它是贯彻党的方针、政策,实现党的领导意图的一个重要途径。

因此,邓小平要求各级领导干部亲自写文章。他认为"经过写,思想就提炼了,比较周密"⑥。而且领导干部了解的情况比较多,看问题比较全面、正确,所以领导同志要亲自写。"这样就可以逐步解决领导机关、领导同志运用报纸、领导报纸的问题。"⑦

2. 关于新闻工作的党性问题

邓小平历来都把新闻工作看成是党的整个事业的一个重要组成部分。因此,他强调:"要加强坚持四项基本原则的宣传、教育,要多写这方面的文章。要批判'左'的错误思想,也要批判右的错误思想。"⑧"事实上,离开了中国共产党的领导,谁来组织社会主义的经济、政治、军事和文化?谁来组织中国的四个现代化?在今天的中国,决不应该离开党的领导而歌颂群众的自发性。"⑨他把是否坚持宣传四项基本原则看成判断一张报纸好否的标准。因为《解放军报》宣传坚持四项基本原则的工作做得很好,所以 1981 年他在同总政领导谈话时就说:《解放军报》办得比较好,要继续努力。"⑩

3. 实事求是——新闻工作的基石

实事求是是邓小平建设有中国特色理论的精髓,也是邓小平新闻工作思想的基石。

邓小平十分反感讲空话、套话。一次,他在回顾农村改革时指出:"我们不能拿空话而是要拿事实来解决他们的这个忧虑,并且回答那些希望我们变成资本主义的人。我们的报刊、电视和所有的宣传工具都要注意这个问题。"⑪他在1992年的南方谈话中谈到了形式主义。他说:"现在有一个问题,就是形式主义多。电视一打开,尽是会议。会议多,文章太长,讲话也太长,而且内容重复,新的语言并不很多。"⑫

这就要求我们要深入实际,密切联系群众。邓小平曾说:"报纸真的同实际、同群众联系好了,报纸办好了,对领导是最大的帮助。常常有这样的情况:党和政府听不到的,报纸能听到,它能摸到社会的脉搏。目前最突出的问题是什么,把读者来信加以综合研究,常常就能看出来。"⑬

4. 社会效益第一的新闻准则

1983年,邓小平在分析当时思想战线的状况时说:"必须指出,无论在理论界或文艺界,主流还是好的或比较好的……"⑭"但是,现在有些同志对于西方各种哲学的、经济学的、社会政治的和文学艺术的思潮,不分析、不鉴别、不批判,而是一窝蜂地盲目推崇。"⑮"有些混迹于艺术界、出版界、文物界的人简直成了唯利是图的商人。"⑯针对这些现象,邓小平要求:"思想文化教育卫生部门,都要以社会效益为一切活动的唯一准则……思想文化界要多出好的精神产品,要坚决制止坏产品的产生、进口和流传。"⑰这个要求自然包括对新闻界的要求。由此可见,邓小平要求新闻工作要坚持社会效益第一的办报原则。

5. 批评与自我批评相结合的新闻工作作风

在宣传方式上,邓小平历来不主张搞宣传运动:"坚持对思想上的不正确倾向以说服教育为主的方针,不搞任何运动和'大批判'……在处理这些问题的时候不允许重犯任何简单化、扩大化的'左'的错误。"⑱

他认为:"报纸最有力量的是批评与自我批评。中央过去表扬了几个报,主要因为他们实现了批评与自我批评,是非弄得很清楚,应该做的和不应该做的弄得很明确。报纸搞批评,要抓住典型,有头有尾,向积极方面诱导,有时还要有意识地作好坏对比。这样的批评与自我批评才有力量,才说明是为了改进工作……"⑲ "很多地方看到报纸批评了的做法,就秘密地改,这就是报纸的作用。"⑳

邓小平还十分支持在报纸上开展批评与自我批评。他说:"领导上,党委和政府,要全力支持通讯员写批评稿,现在敢说话的人太少,要鼓励说话。"㉑

邓小平还多次反复地强调:开展"批评或自我批评都要站在马克思主义立场上,不能站在'左'的立场上"㉒。因此,在报纸上开展批评与自我批评,一定要实事求是,以理服人,绝不能以偏概全,草木皆兵,不能以势压人,强词夺理。对有错误的同志,要采取与人为善的态度,给他们时间认真考虑,引导鼓励他们进行自我批评。有了这种自我批评就好了,就不要再揪住不放。

开展批评与自我批评,还要注意方式方法,防止在群众中造成各种不符合实际的印象。"报纸上的正确批评的作用应该肯定,但是应该注意不要把个别的现象当作普遍的现象,不要把局部的东西夸大为整体。"㉓

6. 关于新闻立法问题

1989年邓小平在同中央负责同志谈话时说:"特别要抓紧立法,包括集会、结社、游行、示威、新闻、出版等方面的法律和法规。违法的就要取缔。"㉔从领导的角度来说,在依靠政策和行政手段的同时,还必须加强法制建设,实行依法管理。要通过立法,把公民在言论等方面的权利和义务,把宣传、思想、文化的指导地位进一步加以确定和具体化。这是邓小平对党的新闻事业向规范化、健康化发展所做的一个重要指示。

7. 党对新闻工作的领导

1983年10月,邓小平在分析当时思想战线上的现状后指出:"总之,加强党对思想战线的领导,克服软弱涣散的状态,已经成为全党的一个迫切的任务。不仅理论界文艺界,还有教育、新闻、出版、广播、电视、群众文化和群众思想政治工作等各个方面,都有类似的或其他的迫切需要解决的问题。整个思想战线的工作都需要加强。我们要把这个问题郑重地提到全党面前,提到中央和地方各级党委的重要议事日程上来……只要全党上下重视这项工作,抓紧这项工作……这方面的现状就一定会大大改观,社会主义思想文化更加繁荣昌盛的新局面就一定会出现。"㉕邓小平在这里明确指出了新形势下必须加强党对思想战线包括新闻工作的领导,这也是坚持新闻的党性所必需的。

8. 对外宣传工作

邓小平历来重视对外宣传工作。早在1941年,他在八路军一二九师全师模范宣传队初赛会上的报告中就指出,我们对外宣传工作做得不够,"打哑巴仗"的现象严重,经常用各种方法对外宣传我们的战斗生活非常不够。他说,我们虽设有随军记者,但由于大部分记者兼管编辑,以致影响了新闻采访工作。政治机关对此项工作具体指导不够,也是对外宣传工作削弱的一个原因。邓小平指出今后要"大大地加强对外宣传工作。要通过文艺作品、报告文学、新闻通讯、摄影、绘画等,把我们真实的战斗生活反映到国际上去,流传到华侨中去,传播到大后方去"㉖。他还号召"今后随军记者、旅的文艺组及政治机关,应加紧弥补对外宣传工作的缺陷,全师同志都应一致为加强这项工作而努力"㉗。

虽然时间过去了半个世纪,但邓小平对外宣传的思想仍对今天我们做好对外宣传工作有启发作用。

9. 造就一支合格的新闻宣传工作队伍

邓小平说:"思想政治工作和思想政治工作队伍必须大大加强,决不能削弱。"㉘他还说:"思想战线上的战士,都应当是人类灵魂工程师……作为灵魂工程师,应当高举马克思主义的、社会主义的旗帜,用自己的文章、作品、教学、讲演、表演,教育和引导人民正确地对待历史,认识现实,坚信社会主义和党的领导,鼓舞人民奋发努力,积极向上,真正做到有理想、有道德、有文化、守纪律,为伟大壮丽的社会主义现代化建设事业而英勇奋斗。"㉙作为思想战线中十分重要的新闻宣传工作队伍,必须加强,不能削弱。

10. 其他几个重要的新闻观点

邓小平认为:"办好报纸有三个条件:结合实际、联系群众、批评与自我批评。"③结合实际,结合当时当地的中心工作,是办好报纸的重要因素。

邓小平在谈到集中力量宣传时说:"任何一个任务不是一家报纸所能完成的。各家报纸接触面不同,要各方面努力,才能把党和政府的声音普遍传播到各阶层群众中去。"③"在突出的方面要集中力量,有的时候用整版来登,用一个月时间,发表一连串的评论、社论来宣传和贯彻。这样人们就注意了。有没有力量,不仅是质,也有量的问题。质是要准确性,量也要加大,各方面围绕于此,才有力量。"③

二、邓小平的新闻实践

邓小平的新闻实践活动,主要是 20 世纪 20 年代留学法国时编印《赤光》刊物和 30 年代主编《红星》报。

早在 20 世纪 20 年代留学法国时,邓小平就参与了旅欧中国共产主义青年团机关刊物《少年》(后改为《赤光》)的编采印工作。这是一份"不但要评论中国时事,且更愿成为大家指出他的乱源所在和他的解脱之方,我们现愿诚恳而忠实的给大家指示救国的唯一通路和其他转弯抹角迂拘而不可能的途径"的半月刊。由于杂志办得活,在旅欧学生及华侨中具有很大的影响,旅欧华人盛赞《赤光》为"我们奋斗的先锋"和"旅法华人的明星"。这段时间,邓小平以希贤的本名和一些化名写过一些文章。以希贤本名发表的文章有《请看反革命的青年党之大肆其捏造》(第 18 期)和《请看国际帝国主义之阴谋》《请看先声周报之第四批造谣的新闻》(第 21、22 期合刊)等。他在文章中揭露了青年党的丑陋行径;批驳了青年党关于苏俄调军边境压迫中国等无耻造谣;抨击了帝国主义列强假中国请求为名,以组织专家委员会入手,借负审查中国政治经济形势及整理中国债务之责,干涉中国事务的罪恶企图。③

周恩来当时是《赤光》杂志的主要负责人。李富春、邓希贤(小平)、傅钟、李大钊等人都参与了《赤光》编采印工作。邓小平的女儿毛毛在《我的父亲邓小平》一书中回忆:"父亲是负责刻蜡版和油印的。翻开《赤光》,你就会看到他当

年那隽秀的字迹和从中反映出的认真态度。因为字迹清晰,装订简雅,大家曾赞扬他为'油印博士'。"㉞

1925 年,在青年团旅欧支部遭到很大破坏的情况下,召开了第七次代表大会第一次执委会,由傅钟、邓希贤、施去病三人组成书记局。邓小平在与青年团旅欧支部其他领导人迅速恢复组织,以更积极的姿态进行不屈斗争的同时,经常为《赤光》等刊物写稿件。傅钟、邓希贤、邓绍圣等人还在党团刊物上担任投稿人。

1926 年 1 月,邓小平告别法兰西来到莫斯科,年底启程回国。

1933 年,担任会昌中心县委书记的邓小平因坚决拥护毛泽东的正确主张而被撤职后,先后担任江西省委宣传部长、乐安县南村巡视员,旋又任总政治部秘书长,两三个月后,他又被分配到总政治部的宣传部任干事。从 1933 年 8 月起,他主编总政治部机关报《红星》七十多期,一直到长征途中的遵义会议前夕。

《红星》报是一份"加强红军里的一切政治工作,提高红军的政治水平线,文化水平线,实现中国共产党苏区代表大会的决议,完成使红军成为铁的任务"的报纸,是中央革命军事委员会的喉舌,周恩来、朱德等党政军领导人都在上面发表过文章,邓小平当时也为《红星》报写了很多社论,如《猛烈扩大红军》《与忽视政治教育的倾向作无情的斗争》《五次战役中我们的胜利》《向着游击赤卫军突袭》《五一劳动节的工作》《加强巩固部队的工作,彻底消灭开小差与个别投敌的现象》《把游击战争提高到政治的最高点》《用我们的铁拳消灭蒋介石主力争取反攻的全部胜利!》等。㉟这些社论,对加强部队思想政治教育,巩固部队,稳定军心,提高部队的战斗力,打破蒋介石的"围剿"起到了积极作用。

他主编《红星》报期间,除了报道各种消息、战况外,还编写了许多知识性的和生活常识一类的内容,如军事军械知识、卫生防病知识,甚至还有趣味问答和谜语。㊱

为了活跃版面,突出内容,他经常亲自手写标题。由于办报的人少(很长时间只有两个人),所以从采写、选稿、编辑、印刷,都要他亲自动手。㊲从中可以看出,邓小平在编辑这份报纸时是全身心投入的。

1934 年 10 月,他随总政治机关一道开始长征。因行军的关系,他主编的
《红星报》改成手写油印。从 1934 年 10 月 20 日到 1935 年 1 月 7 日攻占遵义,
他克服种种困难,编印了七八期《红星报》㉜。后来,他被任命为中央秘书长,并
以中央秘书长的身份参加了遵义会议。

综观邓小平的新闻理论与实践可以看出,他的新闻思想部分是他从自己早
年的新闻实践中总结出来的,当然更多的是他从新中国蓬勃发展的新闻事业中
总结出来的。他的新闻思想,是对马克思主义新闻理论、毛泽东新闻思想的继
承和在新时期的发展。他的新闻思想还丰富了他的"建设有中国特色社会主义
理论",是他的整个思想体系中的一个重要方面。

当前,全国人民包括我国新闻界正在掀起学习邓小平文选的热潮。我们相
信,我国的新闻事业在邓小平的建设有中国特色社会主义的新闻理论指导下,
将会有一个新的更大的发展。

注 释

①邓小平:《各项工作都要有助于建设有中国特色的社会主义》,《邓小平文选》第三
卷,人民出版社 1993 年版,第 23 页。

②邓小平:《压倒一切是稳定》,《邓小平文选》第三卷,人民出版社 1993 年版,第
284 页。

③邓小平:《目前的形势和任务》,《邓小平文选》第二卷,人民出版社 1994 年版,第
255 页。

④邓小平:《坚持党的路线,改进工作方法》,《邓小平文选》第二卷,人民出版社 1994
年版,第 276 页。

⑤⑥⑦⑬⑲⑳㉑㉚㉛㉜邓小平:《在西南区新闻工作会议上的报告》,《邓小平文选》第
一卷,人民出版社 1994 年版,第 145、145、146、150、150、147、150、146、150、149 页。

⑧⑩邓小平:《关于反对错误思想倾向问题》,《邓小平文选》第二卷,人民出版社 1994
年版,第 379、380 页。

⑨邓小平:《坚持四项基本原则》,《邓小平文选》第二卷,人民出版社 1994 年版,第
170 页。

⑪邓小平:《一靠理想二靠纪律才能团结起来》,《邓小平文选》第三卷,人民出版社1993年版,第111页。

⑫邓小平:《在武昌、深圳、珠海、上海等地的谈话要点》,《邓小平文选》第三卷,人民出版社1993年版,第381页。

⑭⑮⑯㉒㉕㉙邓小平:《党在组织战线和思想战线上的迫切任务》,《邓小平文选》第三卷,人民出版社1993年版,第44、44、43、47、47—48、40页。

⑰⑱㉘邓小平:《在中国共产党全国代表会议上的讲话》,《邓小平文选》第三卷,人民出版社1993年版,第145、145、145页。

㉓邓小平:《贯彻调整方针,保证安定团结》,《邓小平文选》第二卷,人民出版社1994年版,第366页。

㉔邓小平:《中国不允许乱》,《邓小平文选》第三卷,人民出版社1993年版,第286页。

㉖㉗邓小平:《一二九师文化工作的方针任务极其努力方向》,《邓小平文选》第一卷,人民出版社1994年版,第26、27页。

㉝㉞㉟㊱㊲㊳毛毛:《我的父亲邓小平》(上卷),中央文献出版社1993年版,第118、119、327、327、326、353页。

(入选1994年夏在云南昆明召开的全国高校校报理论研讨会,在《新视野》1994年第4期刊发)

江泽民新闻思想研究

舆论导向理论是江泽民新闻思想的基础,贯穿于江泽民新闻思想的整个体系之中。本文试从江泽民舆论导向理论入手来系统学习、论述、分析江泽民的新闻思想。

一、为什么要强调舆论导向

江泽民在关于新闻工作的系列重要讲话中,多次反复强调舆论导向问题。1994年1月24日在全国宣传思想工作会议上,江泽民指出:"舆论导向正确,精神振奋;舆论导向失误,后果严重。"1996年9月6日在视察《人民日报》时,江泽民强调:"舆论导向正确,是党和人民之福;舆论导向错误,是党和人民之祸。"1997年9月12日在党的十五大报告中,江泽民再次明确指出:"新闻宣传必须坚持党性原则,坚持实事就是,把握正确的舆论导向。"江泽民把舆论导向问题提到了空前的高度。江泽民之所以一再强调舆论导向,是因为:

1. 这是由马克思主义基本原理决定的

根据马克思主义基本原理,经济基础决定上层建筑,上层建筑对经济基础又有巨大的反作用。新闻舆论,作为上层建筑、意识形态的一个重要组成部分,由于其自身的特点和优势,同社会政治经济、文化生活的各领域都有密切的联系,都会产生广泛而深刻的影响。在新闻传播手段还不够发达的时代是如此,在新闻传播越来越现代化的今天更是如此。

2. 这是总结历史经验教训得出的结论

1989 年 11 月 28 日,江泽民在新闻工作研讨班上发表讲话说,一些新闻单位"一段时间以来,散布了不少资产阶级自由化观点,在动乱期间更是愈走愈远。不但不宣传中央正确的声音,反而违背中央的正确方针和决策,公开唱反调;不但不去揭露和批判资产阶级自由化,制止动乱,反而为动乱、暴乱的策划者和支持者提供舆论阵地,对动乱的形成和发展起了煽风点火、推波助澜的作用,在群众中造成极大的思想混乱。影响很坏,教训深刻。这也从反面说明了新闻工作的极端重要性,说明新闻宣传一旦出了大问题,舆论工具不掌握在真正的马克思主义者手中,不按照党和人民的意志、利益进行舆论导向,会带来多么严重的危害和巨大的损失"。

3. 这是借鉴苏联解体教训得出的结论

苏联解体的原因很多,其中政治领域毫无限制的"公开性""民主性""思想意识形态多元化",释放、纵容和鼓励本已潜在的形形色色的反马列主义思潮,以致反共反社会主义宣传占领了舆论阵地,左右了社会情绪,动摇了社会各阶层对社会主义的信念,动摇了人们对苏共的信任。据一项民意抽样调查,1988年之前的几年对苏共的信任率达 70%,1990 年下降到约 20%,1991 年下降为百分之十几。前事不忘,后事之师。舆论导向问题事关一个国家的前途命运,切不可大意。

二、什么是正确的舆论导向

舆论导向,包括政治导向、思想导向、价值导向、认识导向、行为导向、生活导向、审美导向等。在所有的导向中,政治导向是核心导向。当然正确的舆论导向应该是全面的。

1994 年 1 月 24 日,江泽民在全国宣传思想工作会议上强调:"坚持正确的舆论导向,就是要造成有利于进一步改革开放,建立社会主义市场经济体制,发展社会生产力的舆论;有利于加强社会主义精神文明建设和民主法制建设的舆论;有利于鼓舞和激励人们为国家富强、人民幸福和社会进步而艰苦创业开拓创新的舆论;有利于人们分清是非,坚持真善美,抵制假恶丑的舆论;有利于国家统一、民族团结、人民心情舒畅、社会政治稳定的舆论。"这是江泽民提出的正确的舆论导向的五个标准。符合这五个方面内容的新闻舆论,就是导向正确的舆论。对此,我们新闻工作者必须全面把握,努力实践。

三、怎样做好舆论导向工作

我们党是中国社会先进生产力的代表,中国先进文化前进方向的代表,中国最广大人民根本利益的代表。这"三个代表"是我们的立党之本,执党之基,力量之源,也是我们做好新闻宣传工作、做好舆论导向工作的根本指针。作为党和人民的耳目、喉舌,新闻媒体要把握好舆论导向,根本的就是要牢牢地把握社会生产力发展的方向,牢牢把握为人民服务、为人民谋利的工作方向。具体来说,应从以下四个方面去努力:

(一)坚持党性原则,这是做好舆论导向的政治保证

1996 年 1 月,江泽民在视察解放军报社的讲话中说:"办好《解放军报》,首要的一条,就是必须坚持鲜明的党性原则。"在这里,江泽民把坚持新闻的党性原则作为办好报纸的"首要的一条",更加突出了党性原则在新闻舆论工作中的重要作用。

1. 坚持新闻的党性原则,就要划清党性与"人民性"之间的界限

早在 1989 年新闻研讨班的讲话中江泽民就说:"我们的新闻工作是党的整个事业的一个重要组成部分。因此不言而喻,必须坚持党性原则,这本来是老同志都熟悉的。但是,近几年来,有的人在这样的根本性的问题上竟然发生了疑问,有的甚至主张所谓人民性高于党性。"我们党是工人阶级的先锋队,代表工人阶级和最广大人民群众的根本利益,除了工人阶级和人民群众的根本利益外,没有自己的任何私利。坚持党性原则,也就是坚持工人阶级和人民群众的

根本原则,两者是完全一致的。提出"人民性"高于党性,实质就是要否定和摆脱党对新闻事业的领导。在这里,江泽民划清了党性与"人民性"的界限。

2. 坚持新闻的党性原则,就要揭示"新闻自由"的本质

江泽民还说:"任何自由从来都不是抽象的而是具体的,不是绝对的而是相对的。"接着,他分析说:"西方国家标榜的'新闻自由',实质就是资产阶级的新闻自由,是为维护资产阶级利益和资本主义制度服务的。"西方国家的新闻事业,不论是由政党、政府举办的,还是由私人举办的,都有财团或政治集团作为背景。新闻从业人员的活动,如果违背了他们从属的财团或政治集团的意志、利益,就会被解雇。最近新华出版社出版了一本从美国翻译过来的书——《偏见》。作者伯纳德·戈德堡在美国三大媒体之一的 CBS(美国哥伦比亚广播公司)当了 28 年的记者。但自从他 1996 年在《华尔街日报》写了一篇专栏文章,批评 CBS 的一个节目有政治偏见后,他的命运发生变化,一夜之间成为美国最危险的人,也是美国新闻界最恨的人。清华大学新闻传媒学教授李希光在《偏见》一书序言中说:在过去 20 年,美国的新闻报道和学术讨论中出现了一个人人必须遵守的僵化模板——政治上的正确性。为此记者在报道中要使用"台湾——一个被中国视为叛逆的省份",不可使用"中国台湾";要使用"精神运动法轮功",而不可使用"邪教法轮功";要使用被中国占领的西藏,"而绝不可使用西藏自治区"。这种政治模板变成了美国记者报道新闻的正确方式,通过媒体的传播,最后变成了广大公众观察和认识世界的正确方式。这就是美国的"新闻自由"。所以,江泽民说"对于试图改变资本主义制度的新闻活动,法律从来没有放弃惩罚"。在这里,江泽民揭示了"新闻自由"的本质,为坚持新闻的党性原则清除了思想认识上的障碍。

3. 坚持新闻的党性原则,就要坚持讲政治

江泽民 1996 年 1 月 2 日在视察解放军报社时指出:"报社的同志,必须讲政治,必须具有良好的政治素质,具有很强的政治鉴别能力和政治的敏锐性,必须树立高度的政治责任感。每个同志都要自觉地在思想上、政治上与党中央保持一致,在任何复杂多变的形势面前,都要保持清醒的头脑。这是坚持正确的

办报方向,始终保持正确的舆论导向的关键所在。"在这里,江泽民突出强调"讲政治"是保持正确的舆论导向的关键。讲政治在新闻工作当中主要体现在思想上、政治上要同党中央保持高度一致,不能违反马列主义、毛泽东思想、邓小平理论、"三个代表"思想的基本观点,不能违反党的路线、方针、政策。要服从和服务于全党全国工作大局,决不为错误的东西提供传播阵地,决不用错误的舆论引导人。

(二)坚持真实性原则,这是做好舆论导向的思想保证

江泽民在新闻工作研讨班上指出:"新闻的真实性,就是要在新闻工作中坚持党的一切从实际出发、实事求是的思想路线。"

坚持新闻的真实性原则,就要求对现实生活进行辩证的分析。江泽民说:"现实生活是太复杂的,要找几个事例来证明某个观点并不难。一叶障目,不见泰山,抓住一点,不及其余,尽管这一叶、这一点确实存在,但从总体上来看却背离了真实性。所以我们的新闻工作者要做到真实地反映生活,要深入调查研究,不仅要做到报道的某个事情的真实、准确,尤其要注意和善于从总体上、本质上以及发展趋势上去把握事物的真实性。"在这里,江泽民强调新闻的真实性有事实真实、总体真实、本质真实三个层次。

坚持新闻的真实性原则,就要求对现实生活进行客观公正的报道。2000年8月15日,江泽民在接受美国哥伦比亚广播公司"60分钟"节目主持人麦克·华莱士的专访时,说到了新闻自由与真实性的问题。江泽民说:"中国有12亿多人,新闻的导向确实很重要。不论是中国的新闻界还是西方的新闻界,它们可以有自己的看法和意见,但是对客观事实不能歪曲。中国的新闻,特别是对我们的《人民日报》,人们非常重视。如果它把某个事实报道错了,老百姓会信以为真。不像你们那儿,反正随便报道,就是不符合事实,也无所谓。"

(三)坚持全党办报原则,这是做好舆论导向的组织保证

江泽民在2000年6月28日中央思想政治工作会议上指出:"思想政治工作是全党的工作,所有党员和领导干部都要做。同时,又必须建设一支政治强、业务精、纪律严、作风正的专兼结合的思想政治工作队伍。"

1. 坚持全党办报，就要坚持走群众路线

江泽民指出："新闻工作、党报工作，说到底，也是群众工作，是我们党联系群众的重要纽带。"因此，他要求新闻工作者要打好群众观点的根底，坚持走群众路线。他说，全党办报群众办报，是我们党一贯的方针。在新的历史时期，要结合新形势、新实践，更好地贯彻这一方针。

2. 坚持全党办报，还要坚持"政治家办报"

江泽民在视察人民日报社时强调："可以说，舆论工作就是思想政治工作，是党和国家的前途和命运所系的工作。因此，我们党一贯强调，要把新闻舆论的领导权牢牢掌握在忠于马克思主义、忠于党、忠于人民的人手中。"又说："报社的同志要有大局意识、全局观念，坚持政治家办报，正确处理改革、发展、稳定的关系，登什么，不登什么，怎么登，都从全局出发，从党和人们的整体利益出发。"

3. 坚持全党办报，就要培养一支高素质的新闻队伍

江泽民指出："新闻事业能不能办好，关键在有没有一支高素质的新闻队伍。为了更好地担负起以正确的舆论引导人的任务，新闻工作者，特别是共产党员和领导干部，必须努力提高自己的思想政治素质和业务素质。"

江泽民在视察解放军报社时，对新闻工作者提出了"政治强、业务精、纪律严、作风正"的四项要求；在视察人民日报社时，提出了要打好"理论路线根底、政策法规纪律根底、群众观点根底、知识根底、新闻业务根底"这"五个根底"；要求新闻工作者坚持和发扬"敬业作风、实事求是的作风、艰苦奋斗的作风、清正廉明的作风、严谨细致的作风、勇于创新的作风"这六种作风。

江泽民还对中青年新闻工作者提出了希望和要求。他说："中青年同志思想活跃，创新意识比较强，党的新闻事业的未来和希望寄托在他们身上。"又说："希望我们的新闻队伍中多出一些既懂政治、学识又渊博的编辑、记者、评论员。"

（四）坚持学习、学习、再学习，这是做好舆论导向的知识保证

江泽民多次强调全社会要形成终身学习的风气。新闻工作者是"人类灵魂

的工程师",是教育别人的人,理应先受教育,加强学习。江泽民在新华社视察时向新闻工作者提出了"学习、学习、再学习,深入、深入、再深入"的希望。在视察解放军报社时,他还说:"现代科学技术的发展日新月异,如果不努力学习和掌握科技知识,就不能掌握新时期军队建设规律,也会影响做好舆论引导工作。"

关于学习内容,江泽民说:"要努力学习马列主义、毛泽东思想,学习邓小平倡导的建设有中国特色社会主义理论,学习党的十一届三中全会以来的路线、方针、政策,用以指导我们的宣传报道,使我们的新闻宣传工作出现一个新的面貌。"在1993年1月全国宣传部长座谈会上,江泽民又说:"同时要努力学习现代化建设所需要的当代科学、技术、管理和文化知识,我们不能要求同志们在这方面学得很深很专,成为专门家,但一定要了解和懂得这些方面的基本知识,不然,要在改革开放和现代化建设中做好宣传教育工作是很困难的。"

以上四个方面,是江泽民对怎样搞好舆论导向工作从宏观上提出来的,是属于思想认识层面的。当然,要搞好舆论导向工作,还必须采取一些具体有力的措施和建立必要的责任制。只有这样,才能落实江泽民提出来的"以正确的舆论引导人"的任务。

(本文曾以《析舆论导向——学习江泽民新闻思想的体会》为题在《江西广播电视大学学报》2002年第4期刊发,《全国报刊索引》2003年第4期列目)

胡锦涛新闻思想研究

笔者认为,胡锦涛的新闻思想可以归纳为:前沿论、能力论、利误论、党性论、公信力论、以人为本论、改革创新论、规律论、新兴媒体论、队伍论、两个大局论等。

一、前沿论

2008年6月,胡锦涛《在人民日报社考察工作时的讲话》中提出:"新闻舆论处在意识形态领域的前沿,对社会精神生活和人们思想意识有着重大影响。"并且用"三个关系"来指出新闻工作的重要性:"关系党和国家工作全局,关系改革和经济社会发展大局,关系国家长治久安。"①胡锦涛在党的新闻史上第一次提出了新闻舆论的"前沿论"。

胡锦涛的新闻舆论"前沿论",是江泽民关于党的新闻舆论是"意识形态的一个重要的组成部分"精神的继承和发扬。1996年9月,江泽民视察人民日报社并发表重要讲话。他肯定了新闻舆论是意识形态的一个重要的组成部分,对政治、经济和文化等领域都会产生广泛而深刻的影响。②

当前,我国的社会意识形态领域十分活跃。马克思主义、毛泽东思想、中国特色社会主义理论体系是我们党和国家的指导思想,同时社会上还存在新自由主义思潮、新左派思潮、老左派思潮、民粹主义思潮、民族主义思潮、新儒学思潮、民主社会主义思潮等,还有宪政社会主义思潮、幸福社会主义思潮等等。这些非主流的社会思潮千方百计想利用新闻媒体宣传自己的主张,和我们党争夺人民群众,新闻舆论因此处在意识形态领域斗争的前沿。针对这一现状,胡锦涛敏锐地提出了新闻舆论的"前沿论"。

我们要充分认识新闻宣传工作的重大意义,更好地发挥新闻宣传工作在做好意识形态工作中的前沿作用以及新闻宣传工作在推动经济发展、政治文明、文化自觉、社会和谐等方面的重要作用。

二、能力论

2002 年,胡锦涛在全国宣传部长会议上发表重要讲话,指出"要尊重舆论宣传的规律,讲究舆论宣传的艺术,不断提高舆论引导的水平和效果"[③]。2008年,胡锦涛《在人民日报社考察工作时的讲话》中提出:"要把提高舆论引导能力放在突出位置,进行深入研究,拿出切实措施,取得新的成效。"[④]胡锦涛在讲话中还提出了提高舆论引导能力的五点措施:第一,必须坚持党性原则,牢牢把握正确舆论导向。第二,必须坚持以人为本,增强新闻报道的亲和力、吸引力、感染力。第三,必须不断改革创新,增强舆论引导的针对性和实效性。第四,必须加强主流媒体建设和新兴媒体建设,形成舆论引导新格局。第五,必须切实抓好队伍建设,增强凝聚力和战斗力。我把胡锦涛的这些论述归纳为"能力论"。

"能力论"是继"喉舌论"之后,我们党在新闻宣传战线提出的又一重要指导思想。

"喉舌论"充分说明了我国新闻工作的党性原则,又说明了新闻工作在党和国家工作中极其重要的地位和作用。马克思曾用"耳目喉舌"来表述报纸的功能和作用。1849 年 2 月,他在驳斥反动势力对《新莱茵报》的控告时指出:"报刊按其使命来说,是社会的捍卫者,是针对当权者的孜孜不倦的揭露者,是无处不在的耳目,是热情维护自己自由的人民精神的千呼万应的喉舌。"[⑤]刘少奇最早将"耳目"和"喉舌"两个概念结合起来,1948 年 10 月 2 日,他在《对华北记者团的谈话》中明确说:"你们是党和人民的耳目喉舌";"中央就是依靠你们这个工具,联系群众,指导人民,指导各地党和政府的工作的。"⑥1989 年 11 月,江泽民在《关于党的新闻工作的几个问题》中指出,"我们党历来非常重视新闻工作,始终认为,我们国家的报纸、广播、电视等是党、政府和人民的喉舌"。⑦

"能力论"是我们党在新时期对新闻宣传战线提出的又一重要指导思想。"能力论"的提出至少有两点背景:

一是"加强党的执政能力建设的理论"在新闻领域的展开。"加强党的执政能力建设的理论"是科学发展观的重要组成部分。"加强党的执政能力建设"最早是 2001 年 5 月江泽民在《努力提高党的领导水平和执政能力》中提出的:"中央反复强调,办好中国的事情,关键取决于我们党。提出这个问题,有着重大的政治意义,也有着深刻内涵。关键取决于我们党,不仅取决于党的正确的理论路线方针政策,也取决于各级党组织贯彻落实党的理论路线方针政策的能力和水平,也就是说,取决于我们党的领导水平和执政能力。"⑧胡锦涛主持中央工作后,在党的建设领域重点强调了"加强党的执政能力建设"。2004 年 5 月,胡锦涛在吉林考察工作时指出:"加强党的执政能力建设,是我们党从保证党和国家的事业兴旺发达、长治久安的高度提出的一项带有全局性、根本性的战略任务。"⑨2004 年 9 月,在中共十六届四中全会上的讲话中,胡锦涛指出:"进入新世纪新阶段,在机遇和挑战并存的国内外条件下,我们党要带领全国各族人民全面建设小康社会,实现继续推进现代化建设、完成祖国统一、维护世界和平与促进共同发展这三大历史任务,必须大力加强执政能力建设。这是关系中国社会主义事业兴衰成败、关系中华民族前途命运、关系党的生死存亡和国家长治久安的重大战略课题。只有不断解决好这一课题,才能保证我们党在建设中国特色社会主义的历史进程中始终成为坚强的领导核心。"⑩

二是当前国内外新闻传播业发展的现状决定的。胡锦涛 2008 年 6 月在人民日报社考察工作时指出:"特别值得注意的是,当前,世界范围内各种思想文化交流、交融、交锋更加频繁,'西强我弱'的国际舆论格局还没有根本改变,新闻舆论领域的斗争更趋激烈、更趋复杂。在这样的情况下,新闻宣传工作任务更为艰巨、责任更加重大。"⑪仔细分析这段话,我们可以说,在当前的"国际舆论格局"中,我们发出的声音还不够分量。这其中重要的因素是我国新闻传播业在国际上的舆论引导能力还不强大。就国内来说,当前我们仍然处于社会主义初级阶段,在社会转型时期,各种各样的利益诉求呈现出来,突发事件频频发生,我们的媒体如何引导;面对网络媒体、都市媒体等新兴媒体,我们的主流媒体如何发挥引导作用等等,我们缺乏应对这些问题的经验和能力。

正是基于这些考虑,胡锦涛提出了"要把提高舆论引导能力放在突出位置,进行深入研究"。

三、利误论

2008 年胡锦涛《在人民日报社考察工作时的讲话》提出:"舆论引导正确,利党利国利民;舆论引导错误,误党误国误民。"⑫我把这句话归纳为"利误论"。

胡锦涛的"利误论"是在江泽民的"祸福论"基础上提出来的。1994 年 1 月 24 日,在全国宣传思想工作会议上,江泽民指出:"舆论导向正确,精神振奋;舆论导向失误,后果严重。"⑬1996 年 9 月在视察人民日报社时,江泽民强调:"舆论导向正确,是党和人民之福;舆论导向错误,是党和人民之祸。"⑭1997 年 9 月 12 日,在党的十五大报告中,江泽民再次明确指出:"新闻宣传必须坚持党性原则,坚持实事就是,把握正确的舆论导向。"江泽民把舆论导向问题提到了很高的高度。

江泽民之所以提出"祸福论",是因为这是总结历史经验教训得出的结论。1989 年 11 月 28 日,江泽民在新闻工作研讨班上发表讲话说,一些新闻单位"一段时间以来,散布了不少资产阶级自由化观点,在动乱期间更是愈走愈远。不但不宣传中央正确的声音,反而违背中央的正确方针和决策,公开唱反调;不但不去揭露和批判资产阶级自由化,制止动乱,反而为动乱、暴乱的策划者和支持者提供舆论阵地,对动乱的形成和发展起了煽风点火、推波助澜的作用,在群众中造成极大的思想混乱,影响很坏,教训深刻。这也从反面说明了新闻工作的极端重要性,说明新闻宣传一旦出了大问题,舆论工具不掌握在真正的马克思主义者手中,不按照党和人民的意志、利益进行舆论导向,会带来多么严重的危害和巨大的损失。"⑮

胡锦涛之所以提出舆论导向的"利误论",是基于2003年非典和2008年汶川大地震两次突发事件的新闻报道情况而提出的。2003年非典事件,我们的媒体一开始是瞒报、延报、漏报,由于情况不明,国内一时人心惶惶,谣言四起,国外禁止与我们往来。2008年的汶川大地震,我们的媒体在第一时间同步播报,赢得了国内外的普遍好评。"舆论引导正确,利党利国利民;舆论引导错误,误党误国误民。"正是胡锦涛的有感而发。

四、党性论

2000年,胡锦涛在全国宣传部长会议上指出:"宣传思想工作是党的工作的重要组成部分,也是全党的共同任务。中央要求领导干部要讲政治,而重视不重视宣传思想工作和精神文明建设,就是衡量讲不讲政治的重要方面。""要认真执行江泽民关于培养一大批既熟悉党的路线方针政策,又熟悉理论、新闻、出版、文艺工作业务的专门人才的指示,积极落实政治家办报、政治家管宣传、政治家管文化的要求。"⑯2003年,胡锦涛在全国宣传思想工作会议上发表重要讲话指出,党管宣传、党管意识形态,是我们党在长期实践中形成的重要原则和制度,是坚持党的领导的一个重要方面,必须始终牢牢坚持,任何时候都不能动摇。⑰2006年1月他在考察解放军报社时强调:"要高举旗帜、听从指挥,坚持鲜明的党性原则,坚持正确的政治方向和舆论导向。"⑱2008年6月,胡锦涛在人民日报社视察工作时更是旗帜鲜明地指出:"要牢固树立政治意识、大局意识、责任意识、阵地意识,把坚持正确导向放在新闻宣传工作的首位……更加自觉主动地为人民服务、为社会主义服务、为党和国家工作大局服务"。⑲胡锦涛关于新闻宣传工作四个意识、三个服务的思想,是对新闻宣传工作党性原则的最新阐释。

胡锦涛的"党性论"思想,是对毛泽东、邓小平、江泽民关于新闻"党性论"思想的继承和发展。

1959年6月,毛泽东在与吴冷西的一次谈话中说:"搞新闻工作,要政治家办报。"⑳毛泽东还希望每个新闻工作者都应"既是文人,更是政治家"。

邓小平明确提出了"党报党刊一定要无条件地宣传党的主张",党的新闻事业应当坚持四项基本原则,"要使我们党的报刊成为全国安定团结的思想上的中心"。㉑

1996年9月,江泽民在视察人民日报社时指出:"党的新闻事业与党休戚与共,是党的生命的一部分。"㉒他以"党的生命"的说法形象地表述了新闻工作在党的工作中的重要地位,并要求"新闻宣传在政治上必须同党中央保持一致"。

由此可见,党中央领导一贯要求新闻工作要坚持党性原则,提倡"要政治家办报"。在这一点上,胡锦涛也是旗帜鲜明,毫不含糊。党性原则是社会主义新闻宣传事业的根本原则,是马克思主义新闻观的重要支柱。

五、公信力论

2007年10月,胡锦涛在党的十七大报告中提出:"完善各类公开办事制度,提高政府工作透明度和公信力。"在党的报告中,胡锦涛第一次提出了政府的公信力。

2008年6月,胡锦涛在视察人民日报社时指出:"要坚持用时代要求审视新闻宣传工作,按照新闻传播规律办事,创新观念、创新内容、创新形式、创新方法、创新手段,努力使新闻宣传工作体现时代性、把握规律性、富于创造性,不断提高舆论引导的权威性、公信力、影响力。"㉓这是我党新闻史上第一次提出新闻媒体的"公信力"。

公信力,《现代汉语词典》的解释是:使公众信任的力量。新闻学界最早于1999年由暨南大学黄晓芳在《公信力与媒介的权威性》中给"媒体公信力"下了定义:"媒介在长期的发展中日积月累而形成,在社会中有广泛的权威性和信誉度,在受众中有深远影响的媒介自身魅力。"2013 年 4 月在"首届中国传媒公信力论坛"上联合发布了中国传媒公信力数据。调查数据显示,"总的媒体生态格局正处于结构性转变之中。一方面在覆盖率上虽然电视、报纸还有优势,但新媒介增长趋势明显,电视、报纸、网络、广播、杂志、手机六条媒介渠道受众分化特征明显,各渠道的变化方向不同"。"另外一方面在公信力上,传统渠道的电视、报纸公信力还具有优势,但新媒体公信力上升明显。在绝对公信力上面,电视、报纸明显居于前两位。在相对公信力上,明显居于前三位的电视、报纸、网络占据主要份额。"胡锦涛关于媒体公信力的论述,为加强和改进媒体公信力的建设指明了方向。

六、以人为本论

2003 年 12 月,胡锦涛在全国宣传部长会议上提出:"必须坚持以人为本。既要坚持教育人、引导人、鼓舞人、鞭策人,又要做到尊重人、理解人、关心人、帮助人。"㉔2008 年,胡锦涛《在人民日报社考察工作时的讲话》提出:"坚持以人为本,是做好新闻宣传工作的根本要求。要坚持把实现好、维护好、发展好最广大人民的根本利益作为新闻宣传工作的出发点和落脚点,坚持贴近实际、贴近实际、贴近群众,把体现党的主张和反映人民心声统一起来,把坚持正确导向和通达社情民意统一起来,尊重人民主体地位,发挥人民首创精神,保证人民的知情权、参与权、表达权、监督权。"㉕我们把胡锦涛的这些论述归纳为"以人为本论"。

2003 年发生的非典事件,直接促成了胡锦涛科学发展观的提出,科学发展观逐步成为党和国家的指导思想。科学发展观也是新闻传媒事业的指导思想。科学发展观的核心是以人为本,用"以人为本"的思想指导新闻传媒事业,也是顺理成章的事情。

坚持"以人为本"的思想,必须"坚持贴近实际、贴近生活、贴近群众"。"三贴近"的提出,有个过程。2000 年 12 月,胡锦涛在共青团十四届四中全会上要求宣传教育工作"注重贴近时代,贴近生活,贴近青年,运用青年易于接受的方式方法,采取青年喜闻乐见的形式和载体"。㉖2003 年 12 月,胡锦涛在全国宣传部长会议上正式提出"贴近实际、贴近群众、贴近生活"的新闻宣传指导思想。㉗"贴近实际、贴近群众、贴近生活"就是密切联系人民群众,是党的群众观点在新闻宣传工作中的具体体现。

胡锦涛关于新闻传媒工作的"以人为本论",是在毛泽东的"全党办报"思想、邓小平"群众办报"思想基础上发展而来的。

毛泽东在谈及如何才能办好一张报时曾说:"我们的报纸也要靠大家来办,靠全体人民群众来办,靠全党来办,而不能只靠少数人关起门来办。"㉘明确指出办好一张报要依靠全党,要依靠人民群众。

邓小平也说过:"办好报纸有三个条件:结合实际、联系群众、批评与自我批评。"㉙可见,依靠和联系群众是办好一张报纸的重要条件。

1994 年,江泽民提出新闻宣传工作"必须以科学的理论武装人,以优秀的作品鼓舞人,不断培养和造就一代又一代有理想、有道德、有文化、有纪律的社会主义新人"。㉚江泽民还指出:"新闻工作、党报工作,说到底,也是群众工作,是我们党联系群众的重要纽带。"㉛因此,他要求新闻工作者要打好群众观点的根底,坚持走群众路线。他说,全党办报、群众办报,是我们党一贯的方针。在新的历史时期,要结合新形势、新实践,更好地贯彻这一方针。

胡锦涛还强调新闻媒体要同群众交流互动。他指出:"要注重在报道新闻事实中体现正确导向,在同群众交流互动中形成社会共识,在加强信息服务中开展思想教育,用事实说话、用典型说话、用数字说话,化解矛盾,理顺情绪,引导各方面群众共同前进。"㉜这是胡锦涛在毛泽东的"全党办报"思想、邓小平"群众办报"思想基础上提出来的媒体"群众交流互动"论。

七、改革创新论

胡锦涛 2008 年 6 月在考察人民日报社工作时指出:"必须不断改革创新,

增强舆论引导的针对性和实效性。新闻宣传工作必须坚持解放思想、实事求是、与时俱进,适应国内外形势的新变化,顺应人民群众的新期待,以改革创新精神做好工作。要坚持用时代要求审视新闻宣传工作,按照新闻传播规律办事,创新观念、创新内容、创新形式、创新方法、创新手段,努力使新闻宣传工作体现时代性、把握规律性、富于创造性,不断提高舆论引导的权威性、公信力、影响力。"㉝胡锦涛在这里用了五个"创新"来概括新闻媒体改革总的指导思想。

胡锦涛还就新闻媒体的改革创新提出了一些具体的指导意见:首次提出了"尊重新闻规律、按照新闻传播规律办事"的主张;提出了"新闻传播要以人为本"的理念;提出了"要把提高舆论引导能力放在突出位置,进行深入研究,拿出切实措施,取得新的成效";提出了要"深入研究各类受众群体的心理特点和接受习惯……主动设置议题"㉞,为"提高舆论引导能力"指出了具体的方法;提出了"要完善新闻发布制度,健全突发公共事件新闻报道机制,第一时间发布权威信息,提高时效性,增加透明度,牢牢掌握新闻宣传工作的主动权"㉟;提出了新科学技术时代要"加强互联网等新兴媒体建设,构建舆论引导新格局"的新判断;提出了"保证人民的知情权、参与权、表达权、监督权"㊱的新闻思想,等等。

在胡锦涛新闻传媒改革创新思想指导下,2004 年以来,包含新闻传媒在内的我国文化体制改革成效明显。"9 年来,文化体制改革紧紧抓住经营性文化单位的体制机制改革这个关键,大胆改革,锐意创新,成效显著。大批国有经营性文化单位进行企业工商注册登记,核销事业编制,注销事业法人……截至 2011 年底,已有近 1200 家国有文艺院团、570 余家国有出版社、1600 多家报刊完成转企改制。这些新型市场主体在脱离了行政'襁褓'后,在激烈的市场竞争中迅速成长起来。不但传统的图书、舞台、影视获得了大发展,动漫游戏、数字音乐、数字出版、网络视频、手机阅读等新型产业也迅猛崛起,文化产业对国民经济的贡献率不断上升,成为新的经济增长点。"㊲

中国新闻媒体的改革始于邓小平。20 世纪 80 年代初,各种西方思潮涌入中国,西方新闻理论也纷纷被引入,其中信息论广受关注,在新闻界还引发了"新闻媒体是以宣传为主还是以信息传递为主"的讨论。1984 年,邓小平为《经济参考》报题写了"开发信息资源、服务四化建设"。㊳邓小平关于新闻"信息论"的题词,充分肯定了新闻媒体在坚持党性原则的同时,还是信息传播的重要载体。在邓小平题词的鼓励下,一批以信息传播为主的报纸、广播、电视开始出现,中国新闻界出现了新的活力。

八、规律论

在 2003 年的全国思想宣传工作会议上,胡锦涛首次提出:"要尊重舆论宣传的规律,讲究舆论宣传的艺术,不断提高舆论引导的水平和效果。"㊴2008 年他在考察人民日报社的讲话中谈到"要坚持用时代要求审视新闻宣传工作,按照新闻传播规律办事"。㊵我把胡锦涛的这些论述归纳为"规律论"。

胡锦涛的新闻传播"规律论"的主要内容有:

他提出了"把坚持正确导向放在新闻宣传工作的首位":"坚持团结稳定鼓劲、正面宣传为主,唱响主旋律,打好主动仗,更加自觉主动地为人民服务、为社会主义服务、为党和国家工作大局服务。"㊶

他提出了"两个统一":在 2003 年全国宣传工作会议讲话中提出,"把体现党的主张和反映人民心声统一起来,把坚持正确导向和通达社情民意统一起来,尊重人民主体地位,发挥人民首创精神,保证人民的知情权、参与权、表达权、监督权。""坚持一手抓繁荣、一手抓管理,坚持'二为'方向和'双百'方针的有机统一、弘扬主旋律和提倡多样化的有机统一。"㊷

他提出了"两个效益":社会效益和经济效益要统一。在 2003 年全国宣传工作会议的讲话中,他指出:"坚持把社会效益放在首位,认真严肃地考虑精神文化产品的社会效果,在这一前提下努力实现社会效益和经济效益的统一。"㊸

他提出宣传报道的内容要"三多"、宣传报道的形式要"三用":"要面向基层、服务群众、深入实际,多报道人民群众的工作生活,多反映人民群众的利益要求,多宣传人民群众中涌现的先进典型,激励全体人民信心百倍地创造美好生活。同时,要注重在报道新闻事实中体现正确导向,在同群众交流互动中形成社会共识,在加强信息服务中开展思想教育,用事实说话、用典型说话、用数字说话,化解矛盾,理顺情绪,引导各方面群众共同前进。"④

他提出要"深入研究各类受众群体的心理特点和接受习惯,加强舆情分析,主动设置议题,善于因势利导"。"要从社会舆论多层次的实际出发,把握媒体分众化、对象化的新趋势,以党报党刊、电台电视台为主,整合都市类媒体、网络媒体等多种宣传资源,努力构建定位明确、特色鲜明、功能互补、覆盖广泛的舆论引导新格局。"⑤在党的最高领导人的讲话中,这是第一次提出"受众""主动设置议题""媒体分众化"三个这么专业的新闻概念。

他提出:"要完善新闻发布制度,健全突发公共事件新闻报道机制,第一时间发布权威信息,提高时效性,增加透明度,牢牢掌握新闻宣传工作的主动权。"⑥2003年非典事件后,胡锦涛总结工作时从四个"有利于"的角度强调了及时、准确报道的重要性,他说:"增强宣传舆论工作的时效性和针对性,提高吸引力和感召力,做好国内突发事件的新闻报道,关系到社会稳定和人心安定,关系到党和政府的形象,关系到我们处理突发事件工作的开展。要按照有利于党和政府开展工作、有利于组织社会力量共同行动、有利于人民群众自我保护、有利于保持社会稳定的要求,及时准确传播信息,积极有效引导舆论。"⑦从2003年起,我国开始重视完善国家各部门的新闻发言人制度,并于2004年5月印发《省(区、市)人民政府突发公共事件总体应急预案框架指南》,2006年1月公布《国家突发公共事件总体应急预案》。胡锦涛还要求认真总结5·12汶川大地震宣传报道的成功经验,并要形成制度长期坚持。

2003年3月28日,中央政治局召开会议,讨论通过了《关于进一步改进会议和领导同志活动新闻报道的意见》,《意见》明确赋予传媒报道的权利,"如有新闻价值,均可由新闻媒体对海外和在我国新闻网站上自主报道"⑧。

传统媒体在报道中央领导活动和会议的消息中,常常出现模式化的结构和语言,一些有新闻价值的信息常常被模式化的结构和语言所埋没,读者一下很难读出有价值的信息,这是很多人不看传统媒体新闻的重要原因。在胡锦涛新闻思想指导下,中央出台了一系列文件,针对这一现象提出了整改意见。比如

2003 年 3 月出台了《关于进一步改进会议和领导同志活动新闻报道的意见》，2003 年 8 月出台了《关于进一步改进和加强国内突发事件新闻报道的意见》，2005 年 4 月出台了《进一步加强和改进舆论监督工作的意见》，等等。中央希望新闻媒体能够按照新闻规律办事。

九、新兴媒体论

2003 年 12 月，胡锦涛在全国宣传思想工作会议上指出："要高度重视和切实加强互联网新闻宣传工作，努力掌握网上舆论引导的主动权，使互联网站成为传播先进文化的重要阵地。"[49]

2004 年 9 月，胡锦涛在十六届四中全会通过的《中共中央关于加强党的执政能力建设的决定》中强调："高度重视互联网等新型传媒对社会舆论的影响，加快建立法律规范、行政监管、行业自律、技术保障相结合的管理体制，加强互联网宣传队伍建设，形成网上正面舆论的强势。"

2007 年 1 月 23 日下午，胡锦涛在主持中共中央政治局第三十八次集体学习时指出，能否积极利用和有效管理互联网，能否真正使互联网成为传播社会主义先进文化的新途径、公共文化服务的新平台、人们健康精神文化生活的新空间，关系到社会主义文化事业和文化产业的健康发展，关系到国家文化信息安全和国家长治久安，关系到中国特色社会主义事业的全局。[50]

2008 年 1 月，胡锦涛在全国宣传思想工作会议上的讲话中指出："要高度重视网络文化建设，加强对互联网、手机短信等新兴媒体的应用和管理，支持重点新闻网站建设，提高网络文化产品和服务供给能力，主动引导网上舆论，有效防范和遏制有害信息传播，努力使互联网成为传播社会主义先进文化的前沿阵地、提供公共文化服务的有效平台、促进人们精神文化生活健康发展的广阔空间。"[51]

2008 年 6 月，胡锦涛在考察人民日报社工作时指出："必须加强主流媒体建设和新兴媒体建设，形成舆论引导新格局……互联网已成为思想文化信息的集散地和社会舆论的放大器,我们要充分认识以互联网为代表的新兴媒体的社会影响力,高度重视互联网的建设、运用、管理,努力使互联网成为传播社会主义先进文化的前沿阵地、提供公共文化服务的有效平台、促进人们精神生活健康发展的广阔空间。"[52]

中国新闻网 2011 年 1 月 26 日电,据法新社报道,截至 2011 年,全球互联网使用人数已突破 20 亿人。[53]2012 年 1 月 16 日腾讯科技报道,中国互联网络信息中心(CNNIC)在京发布的《第 29 次中国互联网络发展状况统计报告》显示,截至 2011 年 12 月底,中国网民规模达 5.13 亿,互联网普及率为 38.3%[54]。面对这么庞大的网民,如何提高引导网上舆论的能力,显得特别紧要。

有学者提出了"网络执政"的概念。大意上说,通过互联网联系群众、凝聚民心、开展工作,形成一种普遍现象,成为衡量执政水平的重要手段。胡锦涛 2008 年 6 月 20 日来到人民日报社考察时专门来到人民网,并通过强国论坛同网友在线交流,在广大网民中引起强烈反响。有网友评论说,一个大国的最高领导人通过互联网与网友在线交流,这本身就是一个重大的进步,体现了中央乐于听取民意,尊重民意,重视来自网络的声音,是亲民尊民的生动体现。还有网友说,总书记和网民交流开创了历史先河。

十、队伍论

2006 年 1 月,胡锦涛在解放军报社考察工作时说,提高办报水平,关键在人,在于建设一支政治强、业务精、纪律严、作风正的新闻队伍。希望同志们进一步坚定理想信念,加强党性修养,提高能力素质。[55]2008 年 6 月,胡锦涛在考察人民日报社工作时说:"必须切实抓好队伍建设,增强凝聚力和战斗力。做好新闻宣传工作,关键在班子、在队伍、在人才……努力建设一支政治强、业务精、作风正、纪律严的新闻宣传队伍。要加强对中青年骨干的培养锻炼,采取多种措施培养造就更多人民群众喜爱的名记者、名编辑、名评论员、名主持人。"[56]

胡锦涛强调,做好新闻宣传工作,关键在班子、在队伍、在人才,并且对宣传队伍的三个层次都提出了明确要求。近年来,宣传思想战线在胡锦涛新闻思想的指导下,在积极开展"三项学习教育"活动中,"走进基层、转变作风、改进文风",宣传思想队伍发生了可喜的变化。

十一、两个大局论

2003 年,在全国宣传工作会议上,胡锦涛提出:"坚持把加强和改进对外宣传作为宣传思想战线的一项战略性任务。要紧紧围绕党和国家的工作大局,认真贯彻中央的对外工作方针,全面客观地向世界介绍我国社会主义物质文明、政治文明和精神文明不断发展的情况,及时准确地宣传我国对国际事务的主张,着力维护国家利益和形象,不断增进我国人民同各国人民的相互了解和友谊,逐步形成同我国国际地位相适应的对外宣传舆论力量,为全面建设小康社会营造良好的国际舆论环境。"[57]

2008 年 1 月,胡锦涛在全国宣传思想工作会议上的讲话中指出:"必须统筹国内国际两个大局,把加强对外宣传作为关系国家发展全局的战略任务抓紧抓好,努力展示民主进步、文明开放的国家形象,营造客观友善、于我有利的国际舆论环境,增强中华文化的国际影响力。"[58]

胡锦涛在 2008 年 9 月召开的北京奥运会、残奥会总结表彰大会上的讲话中提出,要"加强舆论引导,改进对外宣传,繁荣文艺创作,努力展示民主进步、文明开放的国家形象,营造客观友善、于我有利的国际舆论环境,不断增强中华文化的国际影响力"[59]。

经过改革开放 30 多年的发展,中国的经济实力已经位于世界第二,中国在世界上的一举一动都被世人关注,对中国的评价既有"中国威胁论"又有"中国崩溃论"。如何把国家的形象树立起来,如何发出自己的声音,如何让世界了解我们国家的主张和文化,如何用自己的眼睛观察世界(而不是像目前中央电视台《新闻联播》购买美国等国家的国际新闻来转播)等等,有许多工作要做。所谓"统筹国内国际两个方面",就是要从国内、国际两个方面去组织相关的新闻报道,实现对外宣传和国际传播的最佳效果。

关于做好对外宣传工作,毛泽东、邓小平、江泽民也都有论述。1955 年,毛泽东针对当时新华社在发展国外工作方面思想保守、行动迟缓时作了如下批示:"新华社这几年做了一些工作。但是,驻外记者派得太少,没有自己的消息,有,也太少。为什么不派? 没有干部? 中国这么大,抽不出人? 是不是中宣部过去没有管? 应该大发展,尽快做到在世界各地都能派有自己的记者,发出自己的消息。把地球管起来,让全世界都能听到我们的声音。"⑥⑩

邓小平提出,对外宣传工作要"拿事实来说话",他说:"我们不能拿空话而是要拿事实来解除他们的这个忧虑,并且回答那些希望我们变成资本主义的人。我们的报刊、电视和所有的宣传工作都要注意这个问题。"⑥①

1999 年 2 月 26 日,江泽民在全国对外宣传工作会议上发表重要讲话指出:"在新的形势下,对外宣传工作的地位和作用更加重要。我们应该站在更高的起点上,分析形势,审时度势,把外宣工作做得更好,我们要在国际上形成同我国的地位和声望相称的强大宣传舆论力量,更好地为改革开放和现代化建设服务,为促进祖国统一、世界和平和人类进步作出更大的贡献。"⑥②

胡锦涛的"统筹国内国际两个大局"的思想,是对毛泽东、邓小平、江泽民对外宣传思想的继承和发展。统筹好国际和国内两个方面的新闻报道,是提高舆论引导能力的重要方面。胡锦涛"国内国际两个大局"的思想,得到国内外的广泛认同和好评。艾略特国际研究学院中国项目主任沈大伟就表示,胡锦涛强调新闻工作要统筹国内和国际两个大局,是富有远见之举,表明他对世界现实有着清醒的认识。⑥③

注　释

①④⑪⑫⑲㉓㉕㉗㉛㉝㉞㉟㊵㊶㊹㊺㊻㊼㊱㊿胡锦涛:《在人民日报社考察工作时的讲话》,《人民日报》2008 年 6 月 21 日。

②⑭㉒江泽民:《在视察人民日报社时的讲话》,《人民日报》1996 年 9 月 27 日。

③胡锦涛:《在全国宣传部长会议上的讲话》,《人民日报》2002 年 1 月 12 日。

⑤马克思:《〈新莱茵报〉审判案·马克思的发言》,《马克思恩格斯全集》第6卷,人民出版社1965年版,第275页。

⑥刘少奇:《对华北记者团的谈话》,《刘少奇选集》上卷,人民出版社1981年版,第399、404页。

⑦⑮《十三大以来重要文献选编》中册,中央文献出版社1993年版,第766、767页。

⑧江泽民:《努力提高党的领导水平和执政能力》(2001年5月23日),《论党的建设》,中央文献出版社2001年版,第484页。

⑨胡锦涛:《在吉林省考察工作时的讲话》,《人民日报》2004年5月17日。

⑩胡锦涛:《在党的十六届四中全会上的讲话》,《人民日报》2004年9月20日。

⑬㉚江泽民:《在全国宣传思想工作会议上的讲话》,《人民日报》1994年1月25日。

⑯胡锦涛:《在全国宣传部长会议上的讲话》,《人民日报》2000年1月12日。

⑰㉔㉗㊴㊷㊸㊼㊾㊼胡锦涛:《在全国宣传思想工作会议上的讲话》,《人民日报》2003年12月8日。

⑱㊺胡锦涛:《在解放军报社考察工作时的讲话》,《人民日报》2006年1月4日。

⑳毛泽东:《毛泽东新闻工作文选》,新华出版社1983年版,第215—216页。

㉑邓小平:《目前的形势和任务》,《邓小平文选》第二卷,人民出版社1994年版,第255页。

㉖胡锦涛:《在共青团十四届四中全会上的讲话》,《人民日报》2000年12月21日。

㉘毛泽东:《对晋绥日报编辑人员的谈话》,《毛泽东选集》第四卷,人民出版社1991年版,第1319页。

㉙邓小平:《在西南区新闻工作会议上的报告》,《邓小平文选》第一卷,人民出版社1994年版,第146页。

㉛江泽民:《舆论导向正确是党和人民之福》,《江泽民文选》第一卷,人民出版社2006年版,第566页。

㊲人民日报记者:《文化体制改革造福文化民生》,《人民日报》2012年4月20日。

㊳《人民日报》1984年9月19日在头版中心位置刊登。

㊽《关于进一步改进会议和领导同志活动新闻报道的意见》,《十六大以来重要文献选编》上册,人民出版社2005年版,第288—290页。

㊿胡锦涛:《在主持中共中央政治局第三十八次集体学习时的讲话》,《人民日报》2007

年1月24日。

○51○58胡锦涛:《在全国宣传思想工作会议上的讲话》,《人民日报》2008年1月23日。

○53据中国新闻网2011年1月26日电。

○542012年1月16日腾讯科技报道。

○59胡锦涛:《在北京奥运会、残奥会总结表彰大会上的讲话》,《人民日报》2008年9月30日。

○60毛泽东:《让全世界都能听到我们的声音》,《毛泽东新闻工作文选》,新华出版社1983年版,第182页。

○61新华社新闻研究所编:《邓小平论新闻宣传》,新华出版社1998年版,第16页。

○62江泽民:《在全国对外宣传工作会议上的讲话》,《人民日报》1999年2月26日。

○63人民日报编辑组:《让党放心让人们满意》,人民日报出版社2008年版,第85页。

（2012年8月）

高校媒体理论研究

高校校报研究

　　高校校报是高校党委和行政的机关报,是高校加强思想政治教育的重要阵地,在高等教育事业发展和人才培养方面具有重要作用。2004 年,中共中央国务院《关于进一步加强和改进大学生思想政治教育的意见》指出,高校思想政治教育的目的是要"培养德智体美全面发展的社会主义合格建设者和可靠接班人"。一直以来,高校校报作为高校思想政治教育工作的重要阵地,为我国提高大学生科学文化素质和思想政治素质发挥了重要作用。随着高等教育的改革和发展,高校校报事业迎来了新的机遇,同时也面临着新的挑战。在新形势下认真研究高校校报工作,是当前高校宣传工作和思想政治教育工作中的一项重要而紧迫的课题。

一、高校校报:不可替代的思想政治教育载体

1. 沿革

　　中国高校校报是伴随中国高等教育事业和新闻传播事业的发展而发展壮大的。百余年来,中国高校校报与中国高等教育的发展进程荣辱与共,将自身的办报宗旨与国家的救亡图存、民族的进步解放、社会的改革发展融合在一起,一路坎坷,一路奋进,在传播革命民主进步精神、推动爱国主义运动、弘扬先进文化等方面不遗余力,不仅为祖国培育了大批优秀的青年人才,更为国家的繁

荣和教育事业的发展作出了不可磨灭的贡献。

1895 年,中国最早的官办大学——北洋大学(现天津大学)成立。1897 年,《北洋大学堂题录》出版,这是中国近代史上高校校报雏形。1915 年 12 月,当时在校同学成立的"北洋大学校季刊社"创办了《北洋大学校季刊》,为 16 开竖排,已是一张比较成熟的报纸,被视为中国最早的高校校报。随着中国高等教育事业的发展,当时的京师大学堂(今北京大学)、南洋公学(今上海交通大学)、复旦大学、浙江大学、清华大学、南开大学、武汉大学等相继创办校刊,形成了高校校报创办的高峰。《南洋周刊》《南开季刊》《北京大学日刊》《同济报》等一批著名的高校校刊在革命运动中崭露头角,凝聚了一批有理想的青年学生和知识分子,并迅速成为抨击北洋军阀、批判封建主义的阵地,在校内外产生了广泛影响。五四运动期间,这些校报高扬新文化运动大旗,与当时中国的民主进步刊物一起,揭开了轰轰烈烈的新民主主义运动的序幕。抗日战争和解放战争期间,一些高校校刊顶着高压统治的迫害,断断续续地出版报纸,号召广大青年学生与全国人民一起投入救国运动和解放中国的革命。虽然不少高校校刊被迫停办,有的成为办报历史上的短刊断刊,但它们和其他高校进步报刊一道,为中国的民主、科学、进步摇旗呐喊,成为高校自主、积极地参与革命运动的中坚力量。

当时的高校校报在思想教育方面的作用主要体现在以下几个方面:第一,它是我国最早传播马列主义的阵地之一。当年毛泽东、周恩来、瞿秋白、陈毅等都曾直接创办或参与校报的编辑工作。不少大学生在校报的培育下成为中国最早接受马列主义的青年,为马列主义在中国的传播起到了推动作用。第二,它是新文化运动的主要阵地。当时不少高校校报得风气之先,提倡新文学,反对旧文学,积极鼓励白话文的创作,倡导科学民主的精神。鲁迅、郭沫若、闻一多等文化战士都曾在校报撰稿,同时,高校校报也吸引和培育了大批的文化精英。第三,它是青年学生参与爱国运动的重要途径。一些由爱国青年和进步教师参与创办的校报,并不局限于象牙塔之中,而是不畏强权,勇敢地走向社会,面向市民发行报纸,并以此为平台,组织妇女解放、抵制日货、示威游行等活动,得到广大市民的支持和响应。一批批青年学生以校报为阵地,得到锻炼,成为救国家和民族于危难之际的革命志士。当时的高校校报义无反顾地承担起社会责任,其与时俱进、追求民主科学进步的精神以及凝聚广大优秀爱国青年学生和教师的能量,都值得现在高校校报在思想政治教育工作中进行借鉴。

新中国成立后,随着我国高等教育的发展,高校校报也发生了深刻变化。新中国成立前,我国共有大学校报 25 家。1950—1966 年,全国大学校报共 229 家,占全国当时报纸的 1/5,高校校报的育人功能凸显。"文化大革命"期间,绝大多数校报被迫停刊;"文化大革命"后,高校校报纷纷复刊。据统计,1993 年,全国有 850 所大学有校报,专职编辑记者 3000 余人,每期发行量达 100 多万份。至今,全国已有校报 1000 多家,占全国报纸的 1/3,读者约 2000 万人。

高校校报的育人作用得到国家的重视。长期以来,高校校报属于内部报纸。1998 年 3 月 18 日,新闻出版总署下发了《关于设立高校校报类报纸刊号系列的通知》,同年 7 月 8 日,下发了《关于"高校校报类"等三类报纸另列刊号系列的通知》,这两个文件把高校校报纳入全国统一专门管理的公开出版报刊系列,高校校报正式取得国内统一刊号,从此高校校报工作进入了一个新的发展时期。

新中国成立后至今,中国高校校报虽然也走了一些弯路,在办报的过程中遇到一些挫折,但总体来说,高校校报对巩固马克思主义在高校意识形态领域的指导地位、在党委的领导下全面贯彻党的方针政策的大方向是没有变的,并牢固树立了为高等教育改革发展服务、为培养社会主义人才服务的办报宗旨。高校校报已经成为我国社会主义新闻事业的组成部分,是高校重要的思想舆论工具。

2. 理论

高校校报是高校思想政治教育和开展新闻宣传工作的重要阵地,它兼有教育和新闻传播的特性,既是精神产品,又是育人工具。因此,高校校报的办报理念必须符合教育学和新闻传播学理论,其中教育学包括思想政治教育、教育规律与教育艺术以及对所属高校本身的教育性质研究。教育学和新闻学在思想政治教育中的有机结合,是高校校报作为思想政治教育载体的独特之处,是其他思想政治教育渠道和载体无法替代的。

我国关于教育目的的理论,是以马克思主义关于人的全面发展学说为理论指导的。1998 年 8 月 29 日,第九届全国人民代表大会常务委员会第四次会议通过了《中华人民共和国高等教育法》,指出"高等教育必须贯彻国家的教育方针,为社会主义现代化建设服务,与生产劳动相结合,使受教育者成为德、智、体等方面全面发展的社会主义事业的建设者和接班人",这决定了我国高校思想政治教育的目标。2004 年,中共中央、国务院颁布了《关于进一步加强和改进大学生思想政治教育的意见》,指出加强和改进大学生思想政治教育必须"坚持以马克思列宁主义、毛泽东思想、邓小平理论和'三个代表'重要思想为指导",进一步明确了新形势下大学生思想政治教育的方向。此外,思想政治教育是一门集显性课程与隐性教育为一体的综合学科,它作用于学生的知、情、意、行,具有渗透性、体验性的特点,这是思想政治教育的规律,也是思想政治教育的难点所在。以上这些都决定了高校校报的工作任务、方向和特点。

高校校报工作还是一种新闻传播工作。新闻传播是运用各种有意义的符号传播一定的信息,以影响人们的思想、引导人们行动的一种社会行为。在中国,新闻事业在坚持党性原则的基础上,还同时必须坚持真实性原则,这是决定新闻传播效果的生命线,也是高校校报的生命线。高校校报在思想政治教育中所具有的独特的新闻属性,还集中体现在它的新闻传播效果上。所谓新闻传播的效果,是指某一条新闻传播到接受者那里所引起的反应。新闻传播具有积极效果、负面效果以及无效果三种,新闻传播范围是否广泛、是否能引起受众的注意及其观念、行为的改变,是高校校报在思想政治教育中必须加以重视的地方。根据新闻传播规律,为求得最大传播效果,必须重视新闻价值。一般来说,决定新闻价值的因素具有五大要素:及时性、重要性、贴近性、趣味性、显著性。近年来,我们强调新闻"三贴近"原则,就是希望新闻传播尊重新闻价值规律,通过优秀生动的新闻作品达到最佳的新闻传播效果,这也是高校校报努力的方向。

二、高校校报在思想政治教育中的作用

《教育部关于进一步加强和改进高等学校校报工作的若干意见》指出:"高校校报是高校党委和行政的机关报,是高校校园内占主导地位的媒体。"《意见》把高校校报的地位概括为"阵地、载体、纽带、窗口",即"高校校报是高校加强思想政治教育和开展新闻宣传工作的重要阵地,是传播社会主义先进文化和精神文明建设成果的重要载体,是学校联系师生员工、海内外校友、学生家长和社会各界人士的重要纽带,是展示高校对外形象和塑造高校品牌的重要窗口"。高校校报以坚持马列主义、毛泽东思想和中国特色社会主义理论体系为指导,坚持以学生为本,贴近实际,贴近生活,贴近学生,在学校党委行政的领导下,按照新闻规律,通过开展刊发新闻、理论、文艺等作品和开展新闻采编等活动,启发、引导大学生树立正确的世界观、人生观、价值观和荣辱观,培养德智体美全面发展的社会主义合格建设者和可靠接班人。它在思想政治教育中具有以下四大功能:

1. 耳目喉舌,引导舆论

马克思曾用"耳目喉舌"来表述报纸的功能和作用,他认为报纸是人民的喉舌。1849 年 2 月,他在驳斥反动势力对《新莱茵报》的控告时指出:"报刊按其使命来说,是社会的捍卫者,是针对当权者的孜孜不倦的揭露者,是无处不在的耳目,是热情维护自己自由的人民精神的千呼万应的喉舌。"根据中国共产党新闻事业的党性原则,党的新闻媒体必须坚持对党负责和对人民负责的一致性,做好党和人民的耳目喉舌。具体来说,高校校报的耳目喉舌作用有以下几个方面:

第一,认真深入地宣传党和国家的路线方针政策,围绕高校党委行政的中心工作,及时全面地报道高校改革发展进程,使高校校报成为在校大学生了解党和国家大政方针、接受形势与政策教育、了解学校各项事业所取得的成绩和经验的窗口。

第二,充分发挥机关报的权威性,把握正确的舆论导向。江泽民指出:"舆论导向正确,是党和人民之福;舆论导向错误,是党和人民之祸。"坚持正确的舆论导向,是校报的重要功能,也是高校校报的立报之本,校报理应成为宣传马列主义的主要阵地,这是校报党性原则的具体体现,也是我国高等教育改革发展稳定的重要保证。

第三,充分发挥舆论监督职能,促进高校工作。校报既是喉舌,也是耳目,舆论监督职责是开展新闻宣传工作的应有之义,是增强媒体公信力的重要手段。充分发挥校报的舆论监督作用,在改进高等学校工作、构建和谐校园建设等方面能够起到积极的作用。例如《合肥工大报》在有限的版面上开辟了"记者观察""读者来信""正衣镜""校园警钟"等栏目。其中"记者观察"是该报记者亲自采写的稿件,"读者来信"是从自由来稿中选取有代表性的批评稿件,而"正衣镜"是以照片为主要形式的批评类报道,"校园警钟"是对一些可能出现的问题进行预警式报道。这些监督性栏目的推出,改正了学校在管理方面存在的一些不足,受到了师生的欢迎。

2. 鞭策激励,办报育人

报纸是一种精神产品,其所刊登的新闻、言论、知识小品、文学艺术等作品所具有的价值将在受众身上反映出来,根据接受美学的观点,这是一种静态的成果。校报具有丰富的育人功能,它通过宣传成就来鼓舞人心,通过报道先进事迹来激励理想,通过刊登优秀文学艺术作品来美化心灵,它所承载的世界观、人生观、价值观的转化,其直接效果是改造大学生的灵魂,最终可能逐步转化为大学生现实的社会行为。1993 年,《南京大学校报》刊登了一篇署名"柯望"同学的来信,随后刊发了一篇篇连续报道,在全国率先开展了"重塑理想"的大讨论。这次大讨论共收到学生数千封来信。后来,《人民日报》在头版头条刊登了南京大学关于"柯望讨论"的稿件,并配发编者按,在全国引起了广泛反响。通过这一讨论,许多大学生走出迷惘,重新树立起正确的人生观和价值观。

此外,高校校报是在校大学生提高思想政治素质、培养组织性和纪律性、加强动手能力训练的基地,是大学生成长成才的摇篮。它通过校报记者团等组织,开展丰富多彩的校园活动,来达到办报育人的作用。如今,绝大多数高校校报记者团都具有较正规的组织章程,接受校党委宣传部的统一领导,定期开展新闻知识和业务培训,经常组织新闻采编活动,是活跃在高校的优秀学生社团,并培养和造就了一大批优秀学生。

3. 繁荣文化,传播文明

高校校报的读者和撰稿者主要是高校师生,相对社会类报纸而言,高校校报的读者群体具有较高的文化程度,是社会知识阶层的精英群体,这决定了高校校报的品位必然具有较高的层次。因此,高校校报也具有繁荣社会主义先进文化和传播精神文明建设成果的重要作用。这主要体现在以下几个方面:其一,积极刊登反映社会主义先进文化和精神文明建设成果的文章。例如,北京大学百年校庆期间,《北京大学校报》组织方方面面的栏目与稿件,回顾历史,面对现实,展望未来,"水到渠成"地率先在校报上推出了校党委对北大传统的界定,即"爱国进步,民主科学"。这一定位很快被校内外各方面人士和舆论界普遍认同,成为对北大传统的权威表述。其二,高校会聚了众多高级知识分子,他们本身就是校报最优秀的撰稿源,通过组织他们在校报撰写文章,对传承、记录、发展文化具有重要作用。其三,积极结集出版优秀文化成果。目前,越来越多的高校校报开始重视其在传播先进文化中的历史地位,通过组织征文、选编优秀作品结集出书,其中不少书反映了我国大学演变发展历程,反映了我国大学在精神文明建设中的成果。其四,积极推进新闻教育和研究事业。目前我国大多数省份设立了高校校报研究会,每年举办全国高校校报研究会年会,评比优秀好新闻,鼓励高校校报工作者从事新闻研究工作,推进新闻教育工作。中国传媒大学、南京大学等不少高校校报参与新闻实践类课程教学并取得了可喜的成绩,高校校报已经是中国新闻事业的重要组成部分。

4. 加强联系,树立形象

高校校报具有重要的组织和凝聚功能,是学校联系师生员工、海内外校友、学生家长和社会各界人士的重要纽带。它通过出版工作,上传下达,成为校党委行政的耳目喉舌,设立互动栏目,积极发挥舆论引导和监督职责,反映校情民意,解决师生员工的思想和生活实际问题;通过通联工作,及时沟通信息,发现问题,积极维护高校的改革发展和稳定工作;通过发行工作,密切联系兄弟院校、上级主管机关以及校友、学生家长等,扩大高校的社会影响力。例如《吉林大学报》注重突出校报的服务功能,在二版开辟了"部处专线""热点访谈",在三版开辟了"回音壁"等栏目,架起了机关各职能部门与广大师生员工加深理解和沟通的一座桥梁。哈尔滨工业大学从1992年开始创办哈工大报《海外版》,每年在圣诞节时寄到海外留学人员的手中,现已办了十几期,受到包括留学人员在内的各方面人士的好评。

此外,高校校报其独有的信息传播功能,也是高校借以展示其良好的对外形象和塑造高校品牌的重要窗口。高校校报紧紧围绕党委行政的中心工作,及时反映高校教育改革发展中的重大事件,努力挖掘高校各条战线上的先进典型和先进事迹,并通过组织外宣报道、新闻发布等活动,进一步扩大高校在社会上的影响力和知名度。随着高等教育事业的发展,高校校报必将在高校树立起职责更丰富、责任更重要的窗口地位。例如1998年,适逢北大百年校庆,北大校报率先承担了校园新闻发布信息库的功能,成为学校新闻发布的幕后发言人。校庆前学校先后召开了三次大型新闻发布会,其发布的新闻信息均由校报收集、整理、加工。

三、高校校报:机遇与挑战并存下的抉择

随着我国高等教育的发展,高校校报也迎来了改革发展的新局面。当前我国高校毛入学率已经达到23%,根据国家教育部有关数据统计,我国2006年高等教育人数约2500万人。可以说,高校校报受众的数量和层次较以往都有很大的不同,这是高校校报发展的契机,同时也是高校校报所面临的挑战。

目前,我国大学生所接触的媒体主要有报刊、广播、电视、互联网以及所属学校发行的校报。校报是高校党委行政的机关报,具有发布新闻、引导舆论的权威性,它定时出版,发行面覆盖全校大学生,因此无论从传播的可受性还是必

受性来看,校报都具有得天独厚的优势,是大学生在校期间最容易接触同时也是接触最多的媒体。此外,我国高校校报绝大多数为半月报、旬报、周报,它能够至少每半月一次就党和国家的大政方针、校党委行政的中心工作、大学生所关心的时事热点以及校园文化生活、精神文明建设等方面开展广泛的宣传教育,及时引导舆论,激励大学生成长成才,这使得高校校报能够成为传播马克思主义并使马克思主义占据高校主流意识形态的重要阵地。但与此同时,高校校报的发展也面临着以下一些问题:

1. 网络媒体的冲击

中国互联网络信息中心 2008 年 7 月发布的《第 22 次中国互联网络发展状况统计报告》显示,截至 2008 年 6 月底,我国网民数量达到了 2.53 亿,其中大学生上网人数占总人数的 31.2%。调查同时显示,互联网已经成为新闻传播领域中影响巨大的、最具发展潜力的主流媒体。随着网络在大学校园的普及,可以这么说,网络对大学生的思想观念、价值观念、行为模式等方面产生了深远影响,这给高校的思想政治教育工作带来了严峻挑战。我们不可避免地看到,一些反动色情网站、网络游戏、缺乏自律的网络语言环境以及网络所呈现出来的多元价值现象使得不少大学生迷失了正确的人生方向,有的大学生甚至辍学、走上违法犯罪的道路。近年来,高校在如何把握思想政治教育的主动权、确保高校校报在高校媒体中的主流地位等方面投入了大量的精力和财力,绝大多数高校开辟了思想政治教育网站和高校校报网络版,报网融合工作已经取得初步成效,但相对大学生平常使用的具有新闻传播权的 QQ 等网络软件以及新浪、搜狐等综合网站来说,高校思想政治教育网站和校报网络版的影响力、吸引力还比较小。

2. 育人环境的改变

《关于进一步加强和改进大学生思想政治教育的意见》指出:“国际国内形势的深刻变化,使大学生思想政治教育既面临有利条件,也面临严峻挑战。”《意见》列举了国际敌对势力西化分化、国内改革开放后出现了“四个多样化”给大学生思想政治教育工作带来的挑战。这些挑战,同样也是进一步发挥高校校报在大学生思想政治教育工作中所面临的挑战。此外,随着高校近年实行扩招政策,大学教育由原来的"精英教育"走向"大众教育",这些都使得大学生群体发生了深刻变化,"独生子女"问题、生源的层次问题等等给大学生思想政治教育带来了空前的复杂性和艰巨性,也使得高校校报必然要承担起更多、更为重要的育人使命。

3. 自身机制的束缚

长期以来,我国高校校报普遍存在着编辑队伍建设不完善、人员严重不足、办报条件差的状况。校报编辑工作量大,学习和研究时间少,业务水平难以提高;校报出版周期较长,不少新闻刊登之后发到学生手中已经成为"旧闻";报道形式僵化,会议报道、八股文式的报道所占篇幅较多;报纸版面风格呆板,内容不吸引人等等,这些都制约着高校校报育人功能的充分发挥。

胡锦涛指出:"现代社会宣传舆论的社会影响力越来越大,能不能把宣传舆论工作抓在手上,关系人心向背、关系事业兴衰、关系党的执政地位。善于做好新形势下的宣传工作,是加强党的执政能力建设的重要内容,也是对我们党领导水平和执政能力的一个重要考验。"因此,我们必须认真研究、分析当前高校校报工作,巩固高校校报在大学生思想政治工作的地位,提高高校校报的育人水平。

要做好新时期的校报工作,必须从以下三个方面入手:

1. 坚持政治家办报的原则

1957 年 6 月,毛泽东根据当时新闻界的状况,指出新闻舆论宣传必须坚持正确的政治方向。他说,写文章尤其是社论,一定要从政治上总揽全局,紧密结合政治形势。这叫作政治家办报。1959 年 6 月,毛泽东和吴冷西谈话时,强调了"搞新闻工作,要政治家办报"思想的重要性。1996 年 1 月,江泽民在《在接见解放军报社师以上干部时的讲话》中,针对新时期新闻宣传工作的实际情况,再次重申了毛泽东提出的"政治家办报"的思想,并指出:"这一指示精神至今仍然具有重要的指导意义。"高校校报坚持政治家办报,就是要求高校新闻工作者要以马列主义新闻观指导,培养良好的政治素质,树立高度的政治意识、全局意识,提高政治鉴别力和政治敏锐性,自觉地在思想上、政治上与党中央保持一致。为此,应该做到以下几点:第一,以马克思主义、毛泽东思想、邓小平理论、"三个代表"重要思想为指导,全面贯彻科学发展观,坚持新闻事业的党性原则,认真研究分析国际国内形势,加强政治理论学习,从政治上总揽全局,在面对纷繁复杂的社会政治思潮和社会现象时能准确地辨明是非,把握正确的政治方向,及时有效地做好不同时期的宣传教育工作。特别要结合高校实际,认真宣传高校教育各项事业所取得的成绩,营造积极健康向上的校园环境,为学校的改革发展鼓与呼。第二,把握主动性,坚持导向性,努力提高舆论引导能力,增强高校校报的权威性和公信力。面对各种不同思潮和网络等新媒体的冲击,高校校报在开展思想政治教育的过程中更应进一步增强权威性和公信力,以最大限度地发挥其舆论引导功能。要用政治家的立场、眼光和思想方法,去选择素材、组织报道、把握基调,把政治意识、大局意识和责任意识落实到办报实践中。第三,善于整合、利用以及协调高校各教学单位和各部门的资源,努力调动各方力量,为高校校报开展育人工作服务。

2. 坚持教育家办报的原则

教育是高校校报的基本属性之一,高校校报在办报过程中并不能独立于高校办学的实际,而是应该以教育家的视野,主动熟悉、掌握教育规律,加强对思想政治教育工作的研究,努力实践,大胆探索。只有站在教育家的高度,高校校报工作者才能在办报的过程中更好地配合学校教学的中心工作,认真做好各项教育工作的宣传报道;才能对各种教育现象、校园现象进行高屋建瓴的分析评论;才能掌握教育艺术,更好地做好办报育人工作。

3. 坚持宣传家办报的原则

所谓宣传家办报,即指高校校报在办报的过程中要熟悉新闻传播规律,掌握新闻宣传艺术,增强报纸的吸引力、感染力,使高校校报真正成为最受大学生欢迎的校园媒体。

首先,根据新闻价值规律来进行传播活动。高校校报在进行新闻报道时,要根据新闻价值来选择报道内容和报道方式,对一般性报道突出贴近性、生动性,对因受出版周期限制而可能出现的"旧闻"现象,着力挖掘其深度和广度,以深见长,以活见优,打造精品意识,树立品牌栏目。对非新闻类版面,也要注意"三贴近",努力满足最广泛受众的精神需要。要坚持经常深入教学一线和师生学习生活,努力挖掘鲜活的新闻素材,采写受师生欢迎的新闻作品。

其次,熟练掌握新闻编辑业务。要强化编辑的角色意识,加强编辑的业务培训,做足策划、筹稿等前期准备工作;加强新闻美学研究,丰富版面文体,活跃版面编排,提高编校质量,形成清新、亲切、富有当代大学校园气息的报纸风格。

第三,追求新闻事业的创新。高校校报是重要的思想政治教育工具,也是不可多得的媒介资源,唯有创新才能永葆其生命力和活力。要根据高校性质和定位,进一步挖掘办报潜力,通过各种有效方式,提高传播的影响力和文化的推动力,并努力扩大发行面和发行层次,开创校报育人工作的新途径和新渠道。目前,有不少高校的校报已经在此方面做了有益尝试,例如《北京大学校报》为配合学校与德国戴姆勒－克莱斯勒公司的交流合作,每年编发四期中德文的奔驰副刊,在北大与戴姆勒－克莱斯勒公司发行,推动了双方的友好合作。目前,也有不少校报在创新方面进行了其他有益尝试,例如成立报社,扩大办报自主权,申请广告经营许可权,面向社会发行校报,等等。

总之,高校校报在高校思想政治教育工作中的地位还需加强,职责还需要进一步发挥出来。当前,认真研究和探索高校校报工作,努力开创富有特色的思想政治教育局面,对推动我国高等教育事业和中国新闻事业的发展具有重要现实意义。随着中国高等教育改革进入深层次阶段,高校校报的发展也必将迎来崭新的局面。

(本文是作者主持的 2007 年江西省教育厅人文社科研究项目《大学生思想政治教育与校报研究》课题的主要成果之一,课题编号 SZ0746,2008 年 12 月已结题。本文曾以《大学生思想政治教育与高校校报研究》为题刊发于全国核心刊物《新闻知识》2008 年第 12 期,合作者是肖霞)

高校网站研究

一、高校网站是大学生思想政治工作的重要载体

1. 高校网站的发展历程

1987 年 9 月 14 日,我国发出第一封电子邮件"越过长城,通向世界",揭开了中国人使用因特网的序幕;1994 年 4 月 20 日,中国正式接入互联网。截至 2008 年 11 月底,中国网站总数已达 210 万个,博客空间超过 1 亿,网民数量达 2.9 亿,网民规模跃居世界第一位。①

随着 1994 年 10 月中国教育和科研计算机网(CERNET)建设的全面启动,高校校园网的建设与应用初步展开。一些高校先后建设了自己的网站。清华、北大等一批著名高校率先建设了学校的主网站。1995 年 8 月,清华大学水木清华 BBS 网站开通,这是中国大陆第一个国际互联网上的 BBS 站点。

1999 年 4 月,清华大学汽车工程系"汽 71 班"党课学习小组,在一台宿舍楼联网计算机上推出了班级的共产主义理论学习主页,起名"红色网站"。②这是全国第一家以思政为主要内容的网站。在它的启发和帮助下,2000 年前后,许多学校的主网站纷纷建立起思想政治教育主题网站。

到 2000 年底,中国教育和科研计算机网的高速主干网建设顺利完成,连接了 800 多个教育科研机构,覆盖了全国 150 个城市,用户超过 500 万人。2000 年 7 月,中共中央政治局常委、国务院副总理李岚清在全国高等学校党建工作

会议和全国中小学德育工作会议上强调，"高度重视和充分运用信息网络技术开展思想政治工作"。2000 年 9 月，教育部颁发了《关于加强高等学校思想政治教育进网络工作的若干意见》。在讲话和文件精神推动下，一些高校党委成立了由网络技术、宣传教育、学生工作等有关部门组成的专门机构，以加强对高校网站建设的领导。在学校主网站下，一些服务师生的专题网站纷纷开设，如心理咨询、校务服务、网上党校、网上课程辅导和答疑等。

2001 年，教育部印发了《高等学校计算机网络电子公告服务管理规定》，对高校校内计算机网络管理提出了规范性意见。2004 年 12 月，教育部、共青团中央印发了《关于进一步加强高等学校校园网络管理工作的意见》，就进一步做好高等学校校园网络管理工作提出了指导性的意见。在教育部文件指导下，近年来，高校网站建设与应用更加成熟，朝着综合服务的功能发展，校园网站已深入教学、科研、社会服务等领域，成为师生获取信息、丰富知识、学习交流的重要渠道，在推动教育改革发展、促进思想文化交流、丰富师生精神生活等方面起到了积极作用。

这几年，在全国范围或省市区域，逐步建设了一批综合性或专题性的与高校校园网密切相关的网站，比如全国性的"中国大学生在线""中国高校校报网"和江西省范围内的"映山红"网站等。这些跨校、跨省的网站在资源共享、节省人力物力财力、提高点击率和影响力等方面都发挥了重要作用，标志着高校网站建设进入了一个新的时期。

2. 高校网站的功能

一是信息传播的重要渠道。对信息发布者来说，用开会、校报、校内广播、校内电视等渠道来传播，都有较大局限性，选择用校园网来传播则快捷、全面。校园网可以通过文字、声画、图像三合一进行同步传播，达到最佳传播效益。作为信息受众，无论校内还是校外的人士，如果要了解学校的最新情况，马上就会想到上这个学校的主网站去看看。不少高校校园网开通了 BBS，信息发布不需要经过传统意义上的编辑审稿把关，使得信息来源更加开放，更加多元，这就吸引了更多的师生选择通过网络来传播信息。

二是交流互动的重要平台。本来,课堂内外、校园上下都是师生交流的平台,但由于扩招以后,学生人数激增,新建校区一般又远离教师居住地,使得师生交流比较困难。网络的出现使得师生互动交流更加便捷。同时网络也使师生同外界的交流更为方便,扩大了广大师生的交流互动的范围。

三是教书育人的重要载体。高校网站已深入教学和科研领域,许多教师把自己的教学多媒体课件挂在网上,不少教师还开设了自己的博客,同学们在网上也可以同样看到听到老师在课堂上精彩的专业课讲述。有的高校提出思政课的"三进"(进课堂、进教材、进头脑)要增加为"四进",即增加一个"进网络",由此可见网络在教育教学中的重要作用。同时,校园网通过信息传播、交流互动、传播知识等方式,同样也在对师生进行思想政治教育。

3. 高校网站的特点

高校网站与社会门户网站相比有自己明显的特点。高校有培养人才、创造知识、服务社会、传播文明的四项职能。学校一切工作都要围绕这四个方面进行,高校网站自然也要围绕这四个方面来打造特点。

第一是教育性。育人是高校的根本任务,教师要教书育人,干部要管理育人,职工要服务育人。高校的媒体也要围绕育人开展工作,校报要"办报育人",广播要"办台育人",网络要"办网育人"。因此,高校网站要按照育人的要求来设计、建设和发展。

第二是学术性。高校是知识创新和知识传播的重要阵地。因此,高校网站建设要尊重科学、尊重网络传播规律。网站传播的内容要突出学术性,注重学术品位,同时要真实可靠、准确无误,具有权威性。北京大学主网站的新闻中,与学术有关的新闻就占有较大比例。

第三是先进性。高校是传播文明的地方,是发展社会主义先进文化的重要基地、示范区和辐射源,因此高校网站建设要弘扬主旋律,突出高品位,加强管理,注重积累,努力建设体现社会主义特点、时代特征和学校特色的先进文化。

第四是服务性。教育以育人为本,以学生为主体,办学以人才为本,以教师为主体。高校网站既要为社会服务,又要为广大师生特别是为学生服务,要坚持以人为本,努力建设融思想性、知识性、趣味性、服务性于一体的网站,为大学生学习生活提供全面、优质、高效的服务。

二、高校网站建设现状与大学生思想政治工作要求的差距

1. 点击率有限

建网站的目的在于使用。尽管所有高校都建有自己的主网站,但高校网站与商业网站如新浪和主流网站如人民网、新华网相比,无论在点击率、影响力、知名度等方面都相差甚远。有一个调查显示,在校大学生经常上网易、新浪、猫扑、雅虎等社会门户网站的,占参加调查人数总数的70%。[③]

2. 内容单一

高校网站反映的内容主要是与高等教育教学相关的内容,非常单一,而且形式上严肃有余,活泼不足。青年学生喜欢的网络娱乐内容和网络应用基本没有,网络文化产品软件开发能力缺乏,对青年学生吸引力不足。如果不是有一些与学习相关的必需的实用内容,很少会有学生一开机就首先登录学校网站。

3. 更新周期长

有的高校网站内容陈旧,有些内容一看就知道是网站建立时挂上去的,以后既没有增加内容,也没有更新。有的高校新闻网站的新闻也是"三天打鱼,两天挂网",没有做到当天的新闻当天及时上传,使得新闻变成旧闻,新闻网站失去了吸引力。有的高校网站的页面长年都是老面孔,没有调整更新,对读者的眼球自然缺乏吸引力。

4. 缺乏互动

报纸、广播、电视等传统媒体都是单向传播,我写你读,我播你听你看,无法实现与对象的即时互动。网络与报纸、广播、电视等传统媒体相比最大的优势在于可以即时开展双向互动,但是许多高校出于省事怕麻烦的考虑,没有开通BBS、新闻跟帖、博客、电子信箱等功能,用户无法即时开展双向交流互动,网络的优势无法发挥出来,不少高校的网站仍然停留在我挂什么你看什么的单向灌

输的初级阶段。

5. 缺乏特色

高校是知识分子最集中的地方,因此高校网站一定要突出学术性。目前许多高校的新闻网刊登的新闻多是学校会议、领导活动、文体动态等内容,很少刊登学术动态类的新闻,高校的特色也就没有凸显出来。许多高校的思想政治主题网站刊登的理论文章由于没有学术的深度,对高校师生也没有吸引力。

6. 网络工作队伍力量单薄

一是学校层面专职管理人员甚少,虽然各校一般都成立了网络工作领导小组,但是由于他们都是兼职的,所以他们都很难集中精力来专门做网络工作,这就使得网络工作很难摆到应有的位置。二是专职技术人员较少,仅有的几个技术人员能够维护校园网日常的运作就不错,根本没有精力去研制开发服务师生的软件。三是专职网上辅导员较少。很多高校网站是建立起来了,但没有专门人员审看网上内容。基本上每个学校都设有领导信箱,但不少学校没有力量及时回复;不少学校开通了 BBS,但有的学校没有人力去跟正面的帖子。这些都影响了校园网作用的发挥。

三、按照加强和改进大学生思想政治工作的要求,进一步搞好高校网站建设的对策

按照加强和改进大学生思想政治工作的要求,高校网站的建设与发展要在队伍、技术、内容这三个方面下功夫。

1. 队伍建设

高校党委行政领导一定要充分认识到校园网建设与发展的重要性。互联网的出现不仅是一次媒体传播形式的变革,而且正在改变我们的生活方式和工作方式,也改变了我们的社会生活。这不是一般的变化,而是一次社会形态的变革,即由农业社会、工业社会向信息化社会的变革。只有站在这样的高度,高校领导才能把校园网站的建设发展从一般日常工作中提出来,给予充分重视。

这种重视首先体现在队伍建设上,因为有了人,有了队伍,就有了搞好网站建设的前提和基础。

一是要坚持党管媒体的原则,即党委要管网络。高校党委主要领导要知网、管网、用网。用网比管网还重要。要学会和经常通过网络开展领导工作,"上有好者,下必甚焉",引导干部师生通过网络表达、交流信息,解决问题,推动工作。要建立健全校园网络工作领导小组,由学校党委分管领导、行政分管领导分别担任正副组长,学校宣传、学工、团委、网络技术部门的负责同志担任成员。领导小组办公室宜设在党委宣传部。要建立例会制度,由组长定期召开工作例会,研究部署,检查指导,评比推动全校网站建设发展工作。

二是机关各部门和教学各部门都要有专人负责本单位的网站建设,要有责任领导和责任人。各教学单位要有专兼职的网上辅导员队伍。网络辅导员可以是专职的,也可以由党务干部、团的干部、政治辅导员、学生党员、学生干部兼职。

有的研究者提出了网络辅导员的九种角色:普通网民、聆听者、讨论者、询问者、解答者、整理者、服务者、建设者、联系网络与现实的沟通者。[④]另一种说法是:观察员、发布员、情报员、引导员、编辑员、咨询员、技术员、档案员、评论员。[⑤]

如果各高校都有网络辅导员队伍,并且都按照这几个角色的要求开展工作,那么高校网站的建设和发展一定会上新台阶。

2. 技术支持

互联网本身就是新技术的产物,高校作为新技术创新和应用的集中地,高校网站的建设和发展一定要在硬件和软件上都走在社会网站、商业网站的前列。只有这样,才能提高高校网站的吸引力和点击率。

高校网站的安全防范也需要技术的支持。教育部、共青团中央《关于进一步加强高等学校校园网络管理工作的意见》指出:"要建立和完善校园网络安全防护、信息过滤、信息适时觉测与跟踪、路由路径控制等系统,构建网络技术防控体系。"

因此,高校要舍得投入,保证高校网站的建设在硬件和软件方面领先于社会网站、商业网站。

3. 内容丰富

一是办好新闻网,提高高校校园网站的舆论引导力。

高校新闻网是高校校园网站最重要的组成部分,几乎每个学校网站的最突出的位置都留给了新闻网。这是因为网络是信息的集散地,网络又是不受时、空限制的最方便的传播途径。人们了解一个单位一个学校,首先想到的是打开互联网进入学校主网站去浏览一下学校的最新动态,因此高校新闻网承担了传播信息、引导舆论、沟通情况、加强联系、扩大影响、树立形象的功能。

要提高舆论引导能力,就必须加强新闻网的更新速度。争取第一时间发布新闻,占领时间上的制高点。这正是网络的长处。这就要求有足够的人力物力去做这项工作。目前,各高校宣传部门都配有专职网络职员,他们的第一要务就是尽快采写新闻上传到新闻网上去,最好是上午的新闻在十二时以前发出来,下午的新闻在下班以前发出来,即当天的新闻当天上传。如果因为人手太紧或消息太多而没有精力作全面报道,至少也要发简讯或图片新闻。

要提高舆论引导能力,就必须注意网络新闻消息的权威性。高校新闻网是高校官方网站,消息必须准确无误。要做到这一点就必须建立必要的审稿制度。

要提高舆论引导能力,就必须发挥网络文字、图片、声音、录像的综合优势。对一个重大新闻事件的报道,网络的优势在于可以动用所有的报道手段,全方位立体性进行报道,这是校内报纸、广播、电视所无法比拟的。

二是办好思政网,提高主题网站的影响力。

现在基本上每个学校的主网站都建有思政网,而且都有个不错的名字。但据调查,思政主题网站的点击率并不高。"经常上"的占25%,"不了解"的占44%,"知道但从来不上"的占5%,"很少上"的占25%。[6]这提醒我们,既然花那么大的力气建网站,就必须提高主题网站的影响力。

要提高思政网的影响力,就要增强网上内容的学术性。思想政治工作是一门科学,有很强的政治性,又有很强的学术性。许多思政网在内容上突出了理论文章的政治性,这是前提和基础,却忽视了学术性。校园网面对的主要是大学师生,如果挂上的理论文章没有学术性,对大学师生来说是没有吸引力的。因此,思政网络编辑在内容选择上既要突出理论文章的政治性又要突出学术性。

要提高思政网的影响力,就要增加娱乐内容,寓教于娱,"影视育人"。比如青年大学生喜欢的红色歌曲、经典电影、主旋律电视剧、积极向上的动漫作品等等,都可以活跃网上的气氛,提高思政网的点击率和影响力。

三是办好专题网页和院系门户网页,提高网络为师生服务的能力。

教师的课程安排、考试安排、科研课题的申报结题、职称评聘、年度考评、评优评先等工作,学生的课程安排、选课、考试、成绩查询、外语计算机等级考试报名等等,这些内容都可以在网上完成,有关部门要增强服务意识,在自己部门的专题网页中设置和完善相关栏目,就可以省去广大师生的跑腿之苦。

高校相关部门还要为学生开设好招生网、就业网、心理咨询网、图书情报网等等专题网站,为学生学习、生活、就业提供全方位服务。

高校师生日常生活都是以院系为单位来开展的,特别是扩招后的院系师生人数都在一二千人甚至三四千人,因此办好院系门户网站显得尤为必要。由于认识原因和人员不足,不少校园网的院系门户网页多年没有更新,无法满足师生的需求。要通过开展院系门户网站评比和增加师生专兼职人员的办法,来促进院系门户网站为师生服务能力的提高。

四是办好互动栏目,提高校园网的吸引力。

校园网上的互动栏目,主要有领导信箱、新闻跟帖评论、BBS、博客等。由于认识、技术、人员等原因,目前还有少数高校没有开通 BBS、新闻跟帖评论等,因而使校园网失去了不少活力。有的学校开通了领导信箱,却没有人力去回复,使信箱形同虚设。

开通互动栏目的积极意义在于为师生提供一个平等交流的平台,这是让师生有话有地方说的最便捷的方式。因为是匿名,师生可以说出一些内心的真实想法,这就为校领导和有关部门了解师生员工的思想动态提供第一手的真实资料,也为高校解决师生的思想问题和实际困难包括一些突发事件提供了线索。

开通互动栏目的消极方面是,由于是"匿名"和"虚拟",一些消极、负面甚至错误的言论包括一些不利于安定团结的谣言会在网上散布,这给校园网的管理带来了麻烦,也给高校思想政治工作带来了新的挑战。

尽管有的校园网不开通 BBS,但有些师生总会想办法在百度贴吧、西祠胡同、雅虎论坛等开设子论坛或分论坛。

本文作者认为,要按照"积极应对、趋利避害"的要求,从队伍和技术上来应对挑战。一方面要组建一支专兼结合的网络评论员队伍,及时关注校园网上互动栏目的帖子,有针对性地跟帖,以平等的身份与网友交流,正确引导网上舆论;另一方面,从技术上加强管理,如 BBS 实行实名制,制定 BBS 的使用规则、版主负责制和分级管理制、专职人员实时监控跟踪分析处理制等规章制度,引导互动栏目朝正确的方向发展。

注 释

①中国互联网协会定 9 月 14 日为网民节,东方网 2009 - 01 - 07。

②⑤张再兴:《十年:高校网络思想教育》,《中国教育报》2005 年 11 月 30 日第二版。

③⑥王任:《高校思想政治教育主题网站传播效果研究》,《河海大学学报》(哲学社会科学版)2006 年 12 月。

④张再兴、张瑜:《加强高校网络辅导员队伍建设 占领网络思想政治教育新阵地》,《高校理论战线》2006 年第 5 期。

(本文是作者主持的 2008 年度江西省高校人文社会科学研究项目《大学生思想政治工作与高校网站研究》课题的主要成果之一,课题编号:SZ0819,2008 年底已经结题。本文曾以《大学生思想政治教育与高校网站研究》刊发于《江西教育学院学报》2009 年第 2 期)

高校广播研究

　　高校广播是高校重要的宣传教育阵地,是大学生思想政治教育主渠道之一。充分认识新形势下高校广播的重要作用,深入分析高校广播的特点,对于进一步搞好高校广播工作,促进大学生思想政治教育有十分重要的现实意义。

一、充分认识高校广播在大学生思想政治教育中的重要作用

1. 宣传教育作用

　　党的十七届六中全会通过的《中共中央关于深化文化体制改革推动社会主义文化大繁荣大发展若干重要问题的决定》提出:"实施中国特色社会主义理论体系普及计划,加强重点学科体系和教材体系建设,推动中国特色社会主义理论体系进教材、进课堂、进头脑,加强和改进学校思想政治教育。"课堂教学是理论宣传教育的主阵地主渠道,同时校园广播也是进行理论宣传教育的重要渠道,可以与课堂教学相互配合。一般校园广播都会开辟《理论学习》专栏,这是配合课堂教学进行系统的理论宣传的好方法;同时一般校园广播也都会转播中央人民广播电台名牌专栏《新闻和报纸摘要》节目,这个节目第一时间播报中央重大理论动态和信息,是紧跟中央理论动态的最佳途径之一。办好《理论学习》专栏和转播中央台的节目,对于广大青年大学生系统学习理论和及时更新理论知识,帮助青年大学生树立正确的世界观、人生观、价值观,作用重大。

2. 舆论引导作用

现在的大学校园面积大、学生人数多,学生信息来源也多,对于人际传播、网络传播的各种海量信息,大学生们莫衷一是、将信将疑,常常为得不到权威消息而困惑。校园广播发布的消息,同学们都知道这是经过学校有关部门审核的,因而可信度高,是及时引导校园舆论的有力工具。

3. 鼓舞人心的作用

校园广播发布的优秀典型人物的先进事迹可以激发大学生们积极向上,树立奋斗的目标;播发的优秀经典文学作品,可以提高他们的文学修养,增长他们的见识;播放的音乐艺术作品,可以陶冶他们的情操,提高他们的艺术鉴赏能力和审美能力。经常收听广播的学生,看问题比较正面,心态会积极向上。

4. 沟通交流作用

将学校重大决策、重要工作动态播发给师生,有助于师生了解学校的发展态势,增加师生的信心和凝聚力;编发听众来信,有助于学校和部门领导掌握师生所思所想和实际困难,增强工作的针对性和有效性;学生记者、播音员、主持人到学校各系各部门各班的采访活动,会加强师生之间、同学之间的沟通交流。

5. 办台育人作用

学校一切工作都是为了育人,育人是学校的中心工作。办好高校广播电台的目的,也是为了育人。这主要体现在:一是广播台自身通过播发理论、新闻、文艺作品来达到育人效果;二是在广播台工作的学生记者、编辑、播音员、主持人通过新闻实践,实现育人效果。据笔者了解,不少大学生播音员、主持人毕业后,应聘到省市新闻媒体或企业事业单位从事新闻工作,凭一技之长,到单位后成为宣传工作骨干;三是从事广播站的指导老师,通过指导、服务学生记者、播音员,自身也得到了提高,他们中不少人走上了学校宣传部长甚至校领导的岗位。可见,广播站是出人才的地方。

二、高校广播工作的特点

1. 广播本身具有的三大优点,即经济实用、方便随意、即时播报,高校广播自然也具有

经济实用,表现在与校园其他媒体相比而言,上网要通过电脑、手机,而且要交信息费;看报要买报纸;看电视要有电视机设备,并且要交相关费用。而听校园广播,如果是公共广播,全免费;如果是通过收音机,也只要一次性花百把元就可以买个较好的收音机和充电电池,非常经济实用。方便随意,表现在可以充分利用时间,一心二用。收听公共广播,你可以在散步、运动时收听,也可以在食堂就餐时收听;收听收音机,你可以在整理内务、洗衣服、处理个人事务时收听,也可以在晚上听着收音机入睡。即时播报,表现在许多突发事件发生时,线路、邮路一旦中断,其他媒体一时难以发挥作用,广播就可以发挥"轻骑兵"的作用。"5·12"汶川大地震时,主要靠收音机播发信息。许多校园突发事件发生时,学校领导都是通过广播在第一时间发布最新信息,以稳定师生情绪。

2. 高校广播还具有校园所特有的"青年、文化、学术"三大特点

高校主体是青年大学生,青年人朝气蓬勃,前沿、时尚、活泼是青年人的特点;高校是文化传承高地,是引领社会文化的地方,是先进文化的发源地、辐射源;高校还是学术重镇,新概念新文化首先是从高校研发出来的。因此,高校的广播一定要针对青年大学生这个特定对象,抓住文化、学术这两个特点来策划广播内容。

3. 高校广播的劣势和挑战

高校广播的劣势是播音"稍纵即逝",耳过难留;面临的挑战是网络的普及,师生们更多地从校园网络获取校园信息,广播逐步失去了信息及时播报的优势。

三、如何进一步发挥广播在大学生思想政治教育中的作用

1. 加大投入,搞好广播站的硬件建设

硬件建设会直接影响广播工作的质量。20世纪八九十年代,许多高校的广播站都只有一台功放、几个喇叭,设备简陋,很难发挥作用。进入新世纪后,不少高校建设新校区,许多有远见的校领导在制定新校区建设规划时,就考虑到了广播的建设和分布。随着新校区的搬迁,许多高校的广播站设备也随着升级换代更新,但一些没有建设新校区的部分老校,其播音设备仍十分简陋。"随着传媒技术的飞速发展,校园广播系统已经历了单分区系统、手动控制多分区系统,再到目前最先进的微机控制全自动多分区系统等几个发展阶段。全自动多分区系统因为具有可以独立控制播放多个分区,各分区可在不同时间播放不同节目;全自动控制器可以自动控制分区的切换,无需人工去打开或关闭等优点,因而逐渐成为校园广播系统设备的主流和首选。""随着高校广播数字化进程的加快,压缩技术、数字音频广播、数字视频广播等高新技术的应用,为高校广播满足受众各种需要,提高节目质量,实现多种功能提供了现代化的设备和技术保障。"[①]因此,高校领导要有适度超前眼光,舍得投入,引进先进的广播设备,为做好广播宣传教育工作奠定硬件基础。

2. 精心设计,搞好广播内容制作

高校广播内容从总体上说分成两大块,一是转播内容,二是自办节目。为此,总的要求是规定动作要做到位,自选动作要有特色。

转播中央及所在省、市的新闻,有助于师生了解国内外的新闻,而中央和省市党委、政府的最新精神是高校广播台必须要认真完成的规定动作,比如每天早晨六点半中央人民广播电台《新闻和报纸摘要》节目是必须按时转播的。另外,利用网络,可以查询中央、各省市广播电台的许多优秀节目,特别是与"青年、文化、学术"密切相关的节目,稍加编排就可以直接播出。借助这些资源,可以提高校园广播的档次和品位,比如中央人民广播电台的《国防时空》节目,就

是对师生进行国防教育的优质材料,因为一般高校广播台很难有这方面的人才制作国防教育的节目。

自办节目要充分结合高校实际,挖掘高校资源,制作出师生关注、关心的栏目和节目。一是校园新闻类节目,师生对发生在身边的事还是比较关注的,办好这类节目肯定是受欢迎的。可以通过现场录音采访校领导和部门领导的办法,发布权威信息,也可以邀请有关领导到广播站接受专访,提高信息的可信度和权威性。二是校园文艺节目。紧张学习之余,青年大学生希望通过文化艺术类节目丰富、调节学习生活,因此制作编排符合青年大学生口味的文学艺术类节目是很有必要的。考虑到大学生的文化层次,文学艺术类节目一定要有文化品位、文化内涵,要适度安排一些经典文艺作品的欣赏节目,来帮助大学生提高文艺鉴赏能力,提高美学欣赏水平。三是学术性节目。高校是学术重镇,要通过制作学术性节目,反映高校师生的学术动态,通过专访学术名师,传授学习方法和科研经验,为大学生树立学术榜样。四是互动性节目。青年大学生参与性强,要让更多的学生参与到节目中来。可以邀请在学习、考研、工作、体育、音乐等方面有专长的学生到播音室制作专访节目;也可以邀请心理咨询老师,通过接听电话等形式,接受学生的心理咨询。

3. 拓展思路,利用多种资源开拓广播平台

一是可以联合校内媒体如校报、网站等,实现信息资源共享,校报、网络的新闻也可以在广播中播出,广播的文学作品也可以在校报、网络上刊发。这样可以减少重复采访、写作,实现信息资源利用的最大化。二是建设校园网络广播,将广播搬上网络。广播网络化的好处很多,如克服"稍纵即逝"的缺憾,在网络上可以反复收听,保存资料;克服单向传播的特点,在网络上可以互动等等。校园广播网络化,是校园广播应对网络挑战的最佳出路。三是建立高校广播网。根据新华社消息,"2008年10月26日,全国第一家高校广播电台——黑龙江高校广播网开播。黑龙江高校广播网由黑龙江省委宣传部、黑龙江省委高校工委、黑龙江省教育厅、黑龙江省广播电视局共同主办,黑龙江省人民广播电台承办,全省68所高校参加,是服务黑龙江省在校大学生和大学教育的具有专业

特色的类型化社区广播"。"据介绍,黑龙江高校广播网采用网络直播、校园转播、校园小调频广播等 3 种方式,24 小时播出。""同时,在制播分离的新型运营模式下,广播网还将广泛培养、任用大学生记者编辑,为大学生提供采编实习基地。"[②]四是参加全国高校广播协会。

4. 加强学习培训,培养一支德才兼备的广播工作队伍

高校党委、行政对广播工作的重视,要具体在人力、物力、财力的投入上。物力、财力的投入,前文已有论及,关键一点,要有人管事做事。一是学校要明确党委宣传部作为广播工作的管理部门的职责,定期研究包括广播工作在内的宣传思想工作。二是宣传部要指定专人作为广播站的管理人员和指导老师,负责对广播站的建设、管理,对学生播音员进行培养、教育、考核,要像培养选拔辅导员那样,选好选准广播站的指导老师。广播站的指导老师,也要"管理育人、服务育人",自身加强政治学习和业务学习,才能带出一批优秀的学生记者、优秀播音员。三是指导老师要严格把好选拔关,每年在新生中选拔一批基础条件好的学生充实到播音员队伍中来;要加强播音员的政治、业务学习培训,提高播音员的业务水平,有时主持人播音员的一句话,就可以看出他的文化水平;要加强播音员的考核表彰,定期表彰优秀学生播音员,激励更多优秀学生参与到广播工作中来。

注　释

①童淑娟:《从"使用与满足"理论谈改善高校广播作用》,《浙江海洋学院学报》(人文社科版),第 22 卷,2005 年第 3 期。

②新华社:《黑龙江高校广播网开播》,《新闻前哨》2008 年第 12 期。

(本文曾以《大学生思想政治教育与高校广播站研究》为题在《江西教育学院学报》2012 年第 3 期刊发)

高校微博研究

微博即微型博客。博客就是网络日志,网络日志一般单独成篇,因此要做到及时更新,对每个人来说并不容易甚至是一种负担,于是一种微型博客应运而生,它只要求每条微博不超过140字,就相当于手机的一条普通短信内容。2006年3月,博客创始人威廉姆斯推出美国的微博"推特",很快成为最受欢迎的社交网站。

2007年,微博技术传到国内。2009年8月,新浪推出微博,成为第一家推出微博的门户网站。随后,腾讯微博、网易微博、搜狐微博纷纷上线,微博的用户发展十分迅速。有人说2010年是中国微博元年,2011年是中国政务微博元年。据2012年9月发布的《2012中国微博蓝皮书》介绍,2012年中国的微博用户总量约为3.27亿,成为微博用户世界第一大国。2012年12月29日,新华社新华视点微博和央视新闻中心官方微博及时报道中共中央总书记、中央军委主席习近平考察河北的消息,此举开了官方媒体通过微博及时发布领导人考察报道的先例。这说明微博已经进入了主流传播渠道,微博发展进入一个全新的阶段。

一、高校微博的现状与特征

据有关资料介绍,2012年是高校微博快速发展的一年,可以说2012年是高校微博年。到 2012 年 11 月止,通过新浪官方认证开通官方微博的国内高校达到了 835 所。又据 2012 年 12 月《高校微博发展报告》介绍,在腾讯微博现有的16166 个高校微博账号中,高校机构账号 11193 个,校园个人账号 4973 个。高校机构微博主要包括高校官博(568 个)、部门院系微博(730 个)、高校团委系统微博(3821 个)、社团学生会微博(5174 个)等,个人账号主要指大学老师(1889 个)和校园名人微博等。

由此可见,近年来微博在高校异军突起、发展迅猛,高校官方、部门、二级学院、学生社团、学生班级和高校领导、教师、学生都纷纷开设了微博。微博已经成为继校报、广播站、网络之后,受到师生普遍欢迎、方兴未艾的高校媒体新秀。

作为高校沟通和宣传的新平台,微博具有以下特点:

一是即时性与多样性。由于微博对文字的要求不高,就像写短信一样方便,微博用户可以很轻松地在第一时间将身边发生的事情发布出去,这一点优势是任何传统媒体无法具备的。报纸因为要印刷,新闻传播的时效性比较差;广播电视可以现场直播,但是事先要做一定的准备,不是随时随地都可以进行现场直播的;一般意义上的网络传播,对设备也有一定要求。微博传播对设备的要求不高,微博用户可以通过多种途径发布,既可以通过个人电脑,也可以通过智能手机。随着智能手机的普及,用手机刷微博成为一种时尚。

二是易传性与围观性。微博有关注、转发、评论的功能,微博的粉丝可以关注,可以转发,也可以评论,还可以设置话题。特别是话题设置,可以引起特别的关注,还可以进行相同话题的搜寻,使话题聚焦,集中评议,引起高度关注,一下子将话题炒热。

三是平等性与互动性。微博的门槛低,"草根"都可以参与。在微博的世界里,人人都与莎士比亚平起平坐。每个微博用户都可以平等参与发布、关注、评论、设置议题,微博用户之间可以有及时的互动,互为粉丝,这种互动及时、方便、有效。

总之,作为新的高校宣传媒体,微博具有即时性、围观性、互动性等特点,对高校思想政治教育工作者来说,既是机遇又是挑战。

二、高校微博：大学生思想政治教育的挑战与机遇

高校微博的发展对大学生思想政治工作的挑战有：

一是内容丰富对舆论导向的挑战。报纸、广播、电影电视、新闻网站等主流媒体，由于有"把关人"制度，媒体的舆论导向明确。微博出现以后，人人手持麦克风，无需什么人把关，基本上可以说想发布什么都可以随时发布，每个人都可以是记者、编辑、主持人、摄影摄像师，微博可以满足普通老百姓的公开表达需求。各种新闻、各种社会思潮、各种生活动态、各种心情心态都通过微博发布、转发、评论，面对海量的、碎片化的、真假难辨、未经证实的信息，大学生往往莫衷一是，不知道听谁的，在舆论氛围中失去了方向感。这是微博给大学生思想政治工作带来的巨大挑战。

二是平等交流对主流权威的挑战。在传统媒体时代，有一批德才兼备的思想政治教育家、演讲家、学术权威，他们的文章、报告、讲座，对大学生影响很大，对主流思想的传播、教育效果很好。在微博时代，人人都是一家广播电台，个个都是"权威"，都可以发出自己的声音，都拥有自己的听众、粉丝，都可以成为自己圈子中的"意见领袖"。只有平等交流，才能拥有广泛的思想政治工作的对象，否则人家不听你的广播，你的教育对象都没了。

三是虚拟世界对现实世界的挑战。在传统媒体时代，大学生的业余时间主要用于文体活动，包括体育活动、书画比赛、演讲比赛、交谊舞会等群体性活动，师生之间、男女同学之间的集体交往的时间比较多。进入互联网时代，大学生用于上网的时间越来越多，特别是微博出现后，大学生用于上网和用于手机刷微博的时间大量增加。学生个体活动的时间多，集体活动时间少，学生享受集体活动、人与人交往带来的幸福感明显下降。不少学生上课也上网、刷微博，学生听课的"抬头率"明显下降。

高校微博的发展对大学生思想政治工作的机遇有：

一是微博已经拥有庞大的大学生用户群体。《第31次中国互联网发展状

况统计报告》显示,截至 2012 年 12 月,中国网民规模达到 5.64 亿,微博用户达到 3.09 亿,占网民比例的 54.8%。另外,据北京大学新闻与传播学院的一项调查,"18 岁到 36 岁的中青年用户占微博用户总数的 80.83%。"(谢新洲等:《社会动员的新力量——关于微博舆论传播的调查与思考》,光明日报 2013 年 1 月 29 日第十五版)由此可见,大学生已经成为微博用户的主力军。随着微博在大学生中的普及,通过微博来做大学生的思想政治工作,既有可能性又有必要性。思想政治教育及时跟进微博的发展,占领微博这一新的舆论阵地,是大学生思想政治教育工作与时俱进的表现。

二是微博丰富了思想政治教育的内容。在传统思想政治教育时代,思想政治工作教育者个人不可能包打天下,什么都懂。他们对学生进行思想政治教育主要是政治教育、纪律教育、安全教育、就业创业等方面的教育,心理辅导、法律教育、情感教育、生命教育、创业教育等就比较难开展。有了微博就不一样,全国思想政治教育工作者就像一个团队,在这个团队中各个专业的人才都有,他们可以共享各自熟悉的内容资源。对自己熟悉的思想政治教育内容可以自己发布,不熟悉的内容可以转发同行的博文。这样就极大地丰富了思想政治教育的内容,实现了思想政治教育内容优质资源的共享。

三是拓展了思想政治教育工作的形式。在传统思想政治教育时代,思想政治教育工作者主要靠一张嘴、一支笔进行宣讲和交流。微博时代,通过微博可以发布文字、图片、声音、视频等,全方位立体式地进行交流;既可以公开发布"广播"一对多交流,又可以发"私信"一对一交流。这些都极大地拓展了思想政治教育工作的形式。特别是微博的互动,改变了传统思想政治教育你说我听的形式。

四是扩大了思想政治教育工作的覆盖面。在传统的思想政治教育工作时代,教育者与大学生的即时交流,只能在班级、寝室、校园进行。在微博时代,教育者可以跨越地域的限制,与全国的大学生进行即时交流。重庆大学党委副书记肖铁岩在国内是比较早开微博的校领导,被称为"微博达人"。到 2013 年 4 月,他的微博有近 20 万粉丝,其中大部分是校外甚至是全国各地的大学生,他做思想政治教育工作的覆盖面早已超过自己所在的校园了。

三、如何进一步发挥高校微博在大学生思想政治工作中的作用

一是在思想上,高校领导要增强用微博这一新平台做大学生思想政治工作的积极性和紧迫感。高校领导要站在全局的高度,看到微博迅猛发展的态势和在大学生中基本普及的现实,充分认识微博这一新的传媒阵地在高校思想政治工作中的重要性,主流思想不去占领,非主流思想就必然会去占领。高校领导要有这样的政治敏锐性,以政治家、教育家的眼光主动迎接"微时代"的到来。

二是在工作中,要尽快建立大学生思想政治教育微博体系。没有建立校级官方微博的高校,要尽快建立;已经建立了校级官方微博的,要整合学校、部门、教师、学生等各个层次微博的资源,明确不同系列微博的定位,比如学校政务微博、教务微博、思想政治工作微博等。特别是要整合从事大学生思想政治教育工作部门和干部、教师、学生的微博,打造学校思想政治教育工作微博体系。学校要明确分管校领导,明确工作部门。一般由宣传部门或学生工作部门牵头负责,尽快建立网络编辑部,整合校报、广播站、官方网站的信息资源,由专人负责思想政治工作微博的规划、日常管理和运行,即时了解学生的思想动态。学校的官方微博、思想政治教育微博、思政教师和辅导员的微博都要主动搜寻学生、关注学生,与学生互为粉丝。

鼓励高校领导和名教授开微博,提高微博信息在大学生心目中的权威性。

三是在内容上要加强策划,努力提高微博的影响力。判断微博的影响力,主要看微博的活跃度、传播力和覆盖面三大指标。高校微博要在内容上突出思想政治教育的特点,就要求加强对微博活动和内容的策划。北京市委教育工委在新浪网开设了"首都百万师生微党课"微博,开通两周时间,粉丝就接近4万,转发数达17万多条,评论近2万条。据北京市委教育工委副书记唐立军介绍,北京的许多高校开设了官方微博,多数学生也都有自己的个人微博,占领这个新媒体阵地的重要性日益凸显(赵正元:《首都高校百万师生同上"微党课"》,

中国教育报 2013 年 1 月 5 日第一版）。江西理工大学学生建立维权微博,对学校周边的商户制定"诚信档案",把学生反映较为强烈的商户作为"黑名单"在微博中公布,受到学生欢迎(徐光明等:《江西理工大学建学生微博维权平台》,中国教育报 2013 年 4 月 3 日第二版)。上海交大青年志愿者服务总队和各学生公益社团都建立了微博,策划发起"发现身边的雷锋"微博寻访活动和"日行随手一善"等公益"微话题",及时发布学雷锋活动最新消息,跟大家分享做公益的快乐,从而感染更多的人(曹继军等:《新媒体凝聚学雷锋"微力量"》,光明日报 2013 年 4 月 5 日第三版)。这些高校有意识地组织策划微博活动,丰富了微博的正面内容,有利于正确引导校园舆论。有位媒体专家说过这样一句话,大概的意思是,媒体不能控制你怎么想,但是可以左右你想什么。由此可见,加强策划,传递更多的正能量,是丰富微博内容、提高微博思想政治教育效果的重要途径。

　　四是在微博的形式和语言上要与时俱进。"内容为王,形式为金。"形式是为内容服务的,在加强内容建设的基础上,要研究微博传播的规律,用符合微博的专业形式进行传播。微博可以通过文字、图片、声音、视频等不同的媒体发布,是真正的多媒体;微博对信息的处理可以有发布、关注、转发、评论等多种形式,你可以发布自己感兴趣的信息,你也可以关注、转发、评论别人的信息,这样就可以多层次满足人们对信息不同程度的需求。同时还要用"微博语言"进行传播,包括微博流行语和微博体。2012 年最流行的微博语言有:"你幸福吗?""元芳,你怎么看?""你若安好,便是晴天"、"那些年,我们一起 XX"、正能量、最美 XX、舌尖上的 XX、江南 style、高富帅、白富美、屌丝、奇葩、吃货、躺着也中枪、切糕等。2012 年最流行的微博体有淘宝体、凡客体、甄嬛体等,特别是段子,微博上十分流行,有人把段子和唐诗宋词并列,"唐诗宋词今段子"。微博语言已经广泛应用于微博、网络,网民唯恐落伍,生怕出现了新词自己不知道;微博语言还渗透到传统主流媒体和人们的口头表达。因此,高校官方微博在发布、评论时,要与时俱进,紧跟微博语言的变化,取其精华、弃其糟粕,用微博语言来表达官方的思想、观点,这样才能更容易为青年大学生接受,获得思想政治教育最佳的效果。

(2013 年 5 月)

高校媒体研究

　　高校媒体是高校思想政治教育工作的一个重要载体。中共中央国务院《关于进一步加强和改进大学生思想政治教育的意见》强调，"要加强校报、报刊、校内广播电视和学校出版社的建设"，指出"宣传、理论、新闻、文艺、出版等方面要坚持弘扬主旋律，为大学生思想政治教育营造良好的社会舆论氛围，为大学生提供丰富的精神食粮"。《意见》为高校媒体建设提出了明确的工作目标和工作任务，是做好高校媒体和大学生思想政治教育工作的重要文献。结合当前高校媒体的实际，深入分析高校媒体的现状特点，研究其发展趋势，对于进一步做好新时期的高校思想政治教育工作十分必要。

一、高校媒体的主要特点

　　高校媒体与大众媒体既有区别又有联系。大众媒体面向整个社会，覆盖面广泛，具有广泛的受众；传播者都是职业的专业机构和专业人员；传播内容丰富，涉及政治经济文化社会生态等方方面面。

　　高校媒体主要面向青年大学生。高校媒体总的特点是校园性，具体来说有以下四个特点：

　　青年性。这是高校媒体最显著的特征。高校的主体是青年大学生，因此，高校媒体的主要传播对象是青年大学生。高校媒体职业从业者较少，一般是学校宣传部门的干部教师负责日常管理,并组织在校大学生参与具体工作,因此高校媒体一线的传播者大多也是青年大学生。

文化性。高校具有文化传承和创新的重要职能。同时,高校又是各种文化思潮的集散地,马克思主义、中国传统文化、西方文化等在高校都存在着,并且通过各种途径在高校继续传播。高校媒体必须坚持用马克思主义引领各种社会思潮,大力弘扬社会主义核心价值观。

学术性。高校究其本质是一个学术组织。高校是传播和发展新文化、新思想的学术重镇。学术性是区分大众媒体与高校媒体的重要标准。这一点西方高校的媒体比国内高校的媒体做得要好,在西方高校的媒体上头条新闻一般都是学术动态或者学术活动,而国内高校媒体的头条新闻一般都是校领导的公务活动,学术动态的报道总量很少,而且上不了头条。

教育性。高校媒体因为属于高校管辖,因而具有明显的教育性。"学术无禁区,宣传有纪律,教育有要求。"高校媒体要清楚自身肩负的教育作用,坚持正面宣传为主的方针。稿件的取舍,均要以是否会影响"培养社会主义建设者和接班人"为标准。

二、高校媒体在大学生思想政治教育工作中的作用

高校媒体是指由高校主管主办的、在高校校园内运行、以高校师生为对象的传播载体,在类型上主要包括校园广播、校报、校园网站、校园微博、学报等。从高校思想政治教育工作研究的角度,高校媒体的作用主要有以下几个方面:

理论武装。在高校开展马克思主义教育,课堂教学因其系统性、逻辑性成为理论武装的主阵地、主渠道。同时,高校媒体通过编发马克思主义理论文章,帮助师生理解、掌握马克思主义、毛泽东思想、邓小平理论、"三个代表"重要思想和科学发展观的立场、观点、方法;通过转发中央、省市主流媒体的新闻,及时把中央最新理论动态、信息传播到广大师生中,便于大家及时了解、跟踪中国特色社会主义理论体系的最新进展和中国特色社会主义实践的最新成就,从而增

强广大师生建设中国特色社会主义的信仰和信心,为实现中国梦作贡献。

舆论引导。当前我国高等教育已进入大众化阶段,高校规模普遍较大,动辄几万人的高校已较为常见。青年大学生思想活跃,个性鲜明,面对人际传播和社会网络传播的信息莫衷一是,难辨是非,非常需要有力的引导。高校媒体一般都有专职人员把关,发布的信息主流权威,来源可靠,在师生中信誉度比较高,可以起到很好的舆论导向作用。这对于维护校园稳定是十分重要的。

塑造灵魂。青年大学生处于世界观、人生观、价值观逐步发展定型的阶段,除了课堂上对他们讲授《思想道德修养和法律基础》外,还要利用高校媒体,广泛传播大学生身边的先进典型,通过宣传典型人物在学习、科研、文体、社会实践等方面的先进事迹,激发大学生们的学习、生活热情,帮助他们建立牢固的精神支柱。

鼓舞人心。高校媒体通过编发优秀的文学作品,可以帮助大学生了解社会、认识社会;通过播发音乐艺术作品,可以帮助大学生陶冶情操、加强修养。总之,通过优秀作品鼓舞人,帮助大学生提高对美学的欣赏鉴别力和美的创造能力。高校媒体可以起到春风化雨、潜移默化的育人作用。

实践育人。参与采、写、编、播的学生,经过新闻实践,比较系统地掌握了新闻知识,培养了新闻实践能力。有的毕业后走上了新闻岗位,成为新闻专业人才,有的虽然没有在新闻行业工作,但是通过大学阶段的新闻实践锻炼,增加了社会经历,锻炼了实践能力。从事高校媒体的指导老师,通过指导、服务学生记者、播音员,自身也得到了提高,他们中不少人走上了学校宣传部长甚至校领导的岗位。可见,高校媒体是培养人才的地方。

三、进一步发挥高校媒体在大学生思想政治教育中的重要作用

结合高校宣传工作的实际情况,从传播学的角度来分析高校媒体如何进一步发挥在大学生思想政治教育中的重要作用,可以围绕传播者、受众、传播内容、传播媒介、传播反馈这五个环节展开研究。

1. 从传播者角度看,要加强高校媒体队伍的建设

站在培养社会主义建设者和接班人的高度,高校领导应充分重视高校媒体在大学生思想政治教育工作中的作用。定期研究媒体宣传工作,加强媒体队伍建设,舍得把优秀干部放到宣传工作岗位上,做到"上面有人抓,中间有人管,下面有人干"。具体来说,校领导班子要有明确分工,有专门的领导分管媒体工作。明确媒体归口管理的部门,从现有的情况看,有的高校媒体直属学校党委宣传部,由一名副部长分管媒体工作;有的在党委宣传部以外单独成立直属学校管理的"新闻中心",正处级建制,业务上归党委宣传部管理。在宣传部或者"新闻中心"下设科级建制的校报编辑部、广播台、网络编辑部等,有若干专职、兼职教师负责日常工作。不少高校由于编制有限,只有校报编辑部,随着网络的深入发展,高校应该跟上形势的发展,设立网络编辑部,充分发挥网络宣传的重要作用。学校党委宣传部或新闻中心要发挥这些媒体指导老师的积极性,给他们相应的政治待遇和职称待遇。组织学生积极分子参与通讯社、记者团、广播站、网通社等学生采编组织。这支队伍是办好高校媒体的主力军,要抓好选拔培训关,选拔优秀的学生参加业务培训,然后上岗;抓好日常管理,定期开展业务学习,做好评比表彰,激励优秀学生从事新闻工作。

新闻发言人制度是近年来推出的一项重要宣传制度。从本质上讲,新闻发言人制度是新闻发布机关主动引导舆论的重要手段,新闻发布机关通过定期、定点、定人的新闻发布会,向新闻媒体有选择地披露信息,从而主动引导和调控媒体的报道,增强了新闻发布机关工作的主动性、透明性。目前部分高校正在尝试新闻发言人制度。从传播者角度来看,高校作为受社会关注度比较高的单位,都应该建立起这一制度,而且早建早主动。

2. 从受众角度看,要加强大学生媒体素养的教育

提高传播效益,需要准确把握受众的特征。当代大学生精神状态总体上是积极、健康、向上,可根据这一特征,将高校媒体定位为"青年、时尚、向上、高知"。

加强对当代大学生的媒体素养教育。一是教育大学生重视利用媒体,同步了解掌握社会发展前进的步伐,"两耳不闻窗外事,一心只读圣贤书",是难以跟上时代的发展的；二是要教育大学生辩证客观看待形势的发展，避免"非左即右"的思维；三是要教育大学生增长辨别是非的能力，分清信息的真伪，特别是网络信息、手机信息。总之，通过开展大学生媒体素养的教育，帮助大学生善用媒体，从媒体中学习知识、增长见识、陶冶情操、开阔胸怀，尽快缩短从"半个社会人"到"全社会人"的适应过程。

3. 从传播内容看，要加强高校媒体的名牌专栏建设

高校媒体要通过打造名牌专栏来提高传播质量。一是要开辟校园新闻专栏。广大师生主要是通过校园媒体来知晓学校发展动态，因此，建设好校园新闻专栏是高校媒体的重点工作；二是开辟学术性专栏。高校作为学术重镇，学术活动是师生的一种生活常态。高层次的学术活动一定有粉丝追捧，因此高校媒体一定要对学术动态和学术活动进行充分的宣传报道，使得学术报道在整个新闻报道中占有相当的比例，并且要舍得把头版头条的位置让给学术报道，形成浓厚的学术氛围。三是开辟服务性栏目。一些学校开设的"考研指南""心理咨询""创业就业"等栏目，很受学子欢迎；四是开辟文化娱乐性栏目。文学欣赏、流行音乐、时尚潮流等等，都是青年大学生的所爱。

4. 从传播媒体来说，要整合和拓展高校媒体的新平台

高校可以整合校内不同媒体的资源。不同类型的高校媒体各有特点，比如校园广播，方便随意、经济适用、即时播报，但容易稍纵即逝、耳过难留；校报，报道准确、阅读方便、便于证明，不过出版周期过长；网络，图文并茂、声色具备、海量存贮，但需要有上网条件和设备。面对网络挑战，校报和广播纷纷借助网络力量，校报有网络版，校园广播发展成为校园网络广播。为了减少重复采访，不少学校成立大学生通讯社，采访的新闻提供给校报、校园广播、校园网站三家通用。高校整合校内媒体的资源，同步组织宣传报道，大大提高了宣传工作的效率，也增强了大学生思想政治教育工作的效果。

高校之间的媒体也可以整合起来发挥团体优势。由共青团中央、教育部指导成立的中国高校传媒联盟，目前签约理事高校达 247 所，会员媒体近千家，成为全国高校媒体交流、共享、提高、互惠的合作平台。此外，北京、天津、江苏、四川、福建、江西、上海、河南、广东、陕西等地方高校传媒联盟相继成立,成为中国高校传媒联盟的重要组成部分。

微博已经成为异军突起的高校媒体新秀。2009 年,新浪微博在中国上线后,微博在高校发展迅猛。据有关资料介绍,2012 年是高校微博快速发展的一年。到 2012 年 11 月止,通过新浪官方认证开通官方微博的国内高校达到了835 所。微博已经成为高校开展宣传的新平台。作为新的宣传媒体,微博具有及时性、方便性、互动性等特点,对高校思想政治教育工作来说,既是机遇又是挑战。首先在思想上,高校领导要看到微博迅猛发展的态势,要提高对微博在高校思想政治工作中重要性的认识,主动迎接"微时代"的到来;其次在工作中,要尽快建立高校官方微博,已经建立了官方微博的,要整合学校、部门、教师、学生微博的资源,明确微博的定位,努力提高微博的影响力,包括活跃度、传播力和覆盖面三大指标;还要在队伍建设上尽快建立网络编辑部,由专人负责微博的管理和运行,及时更新,回复问题,努力提高高校微博的吸引力。总之,要抓住机遇,建好队伍,充分发挥微博的舆论引导、树立形象、互动交流、信息服务等作用,为大学生思想政治教育提供新的平台。

5. 从传播反馈的角度看,要加强高校媒体的受众调研

高校媒体要改变"我写你看,我播你听"的衙门作风,主动到师生中面对面听取意见。可以通过问卷调研的方式,背靠背听取师生意见。针对师生意见建议,总结经验教训,坚持"贴近实际、贴近生活、贴近群众"的原则,积极主动开展"走进基层、改变作风、改进文风"活动,到师生一线中去、到教研室去、到教室去、到实验室去、到学生寝室去,用心写才能写好新闻,开创高校传媒工作的新局面。

(本文为 2012 年江西省教育厅人文社科课题"高校媒体研究"〈编号:MKS1225〉的主要成果之一,曾以《发挥好高校媒体的思想政治教育作用》为题刊发于《中国高等教育》2013 年第 8 期)

高校媒体实务研究

高校校报如何宣传先进文化

先进的文化是人类文明进步的结晶,又是推动人类社会前进的精神动力和智力支持,影响人的精神和灵魂,渗透在社会生活的各个方面。高校是繁荣和传播先进文化的重要力量和生力军,作为高校党委机关报和以服务师生为宗旨的校报,就应当成为宣传先进文化的重要载体。

一、高校校报为何要宣传先进文化

江泽民在建党 80 周年大会上强调:发展社会主义文化,必须继承和发扬一切优秀的文化,必须具有世界眼光,增强感召力……同时必须结合新的实践和时代的要求,结合人民群众精神文化生活的需要,积极进行文化创新,努力繁荣先进文化,把亿万人民紧紧吸引在中国特色社会主义文化的伟大旗帜下。

按照这一要求,校报工作者就要努力掌握和发展现代传播手段,通过校报积极弘扬先进文化,促进先进文化的繁荣和传播。

(一)高校的历史使命使然

大学是传播和发展先进文化的重要阵地,对全社会具有重要的影响和辐射作用。《中华人民共和国高等教育法》第五条规定:高等教育的任务是培养具有创新精神和实践能力的高级专门人才,发展科学技术文化,促进社会主义现代化建设。

（二）校报的自身使命使然

我国的高校校报与生俱来就是先进文化的一个重要组成部分,理所当然应繁荣和传播先进文化。

1.校报与先进文化的互动关系

代表先进文化的前进方向,用先进文化打造自己的品牌,这是校报与生俱来的历史使命。江泽民明确指出:新闻媒体是党和人民的喉舌,应准确、鲜明、生动地宣传中央的精神,应及时、如实、充分地反映人民群众的意愿。作为上层建筑的文化,在意识形态领域的斗争从来就没有停止过。尤其是在高校,如果校报不用先进文化去影响和教育师生,各种消极文化就会乘虚而入,腐蚀师生特别是青年教师和大学生。所以,宣传先进文化是一项关系社会主义事业后继有人的系统工程,校报是这一项工程中无可替代的组成部分。

同时,作为先进文化的重要组成部分的校报,应坚持指导思想"一元化"即坚持马克思主义的指导地位不动摇,这是先进文化的核心内容,在多元化并存、多元价值观激荡的社会转型时期,校报应高举先进文化的大旗,为探索中的青年教师和大学生指明方向,让人类文明的薪火生生不息,代代永传。

2.校报与青年教师和大学生的互动关系

青年教师和大学生是社会发展、民族振兴的后备力量,我们党的历代领导人都十分重视青年的培养问题。当前,我国处于社会转型时期,各个领域都发生或已经发生广泛而深刻的变化,青年思想政治教育的环境和主体都发生了很大的变化,他们广泛地接触社会,进行自我教育。校报是青年教师和大学生关心社会、增长才干、塑造高尚情操的重要渠道,是学校思想政治教育的重要补充。高举先进文化大旗的校报,传播了共产主义和科学文化,照亮了无数青年追求真理的道路。

3.先进文化与青年教师和大学生追求真理的互动关系

我国加入 WTO 后,社会经济成分和分配形式日益多元化,导致价值取向和文化体系也日趋多元化。特别是近年来所谓的大众文化、快餐文化的兴盛,对青年亚文化的构建产生消极影响,致使一些青年教师和大学生追求享受、拒绝高尚,不屑于对人生真谛和社会发展终极目标进行深层次的思考。甘于平庸,不思进取,甚至乐于追求低级趣味,精神空虚,虚度年华。校报致力于弘扬先进文化,繁荣和传播代表先进文化作品,鼓励青年师生积极投身先进文化的创造,为他们创造的先进文化提供传播渠道和阵地,用先进文化影响和塑造青年师生的文化品位,使他们成为先进文化的最大受益者和最佳传播者。

二、高校校报如何宣传先进文化

校报要宣传好先进文化,就要做好"两个坚持",处理好"四个关系"。

(一)坚持正确导向

江泽民强调:舆论导向正确,是党和人民之福;舆论导向错误,是党和人民之祸。一个新闻事实的报道或不报道或如何报道,都要牢牢把握正确的舆论导向,需要很高的把关水平和引导水平。

1.提高把关水平

把关舆论导向的核心是必须坚持正确的办报政治方向和指导思想。江泽民关于舆论工作的五个"有利于"为提高把关水平提出了具体要求和标准尺度:有利于推进改革开放,建立社会主义市场经济体制,发展社会生产力;有利于加强社会主义精神文明建设和民主法制建设;有利于鼓舞和激励人们为国家富强、人民幸福和社会进步而艰苦创业、开拓创新;有利于人们分辨是非,坚持真善美,抵制假丑恶;有利于国家统一,民族团结,人民心情舒畅,社会政治稳定。因此要把好政治大局关,把好舆论监督关,把好稿件质量关,把好选人用人关。

2.提高引导水平

报纸光有把关还不够,还需要有较高的引导水平。提高引导水平,不仅要提高业务水平,更需要提高思想政治素质和相关文化科学素质。不善于学习,不研究受众,不讲究艺术,不改进方法,没有高超的引导水平,正确导向也只能是"空中楼阁"。提高引导水平是全面的,包括思想、道德、价值、行为、生活、知识、服务等,也就是说,凡是要在校报上刊登的要闻、综合报道、大学生活、文艺副刊等,都有一个正确引导的问题。

（二）坚持全面准确

"以科学的理论武装人,以正确的舆论引导人,以高尚的精神塑造人,以优秀的作品鼓舞人",是党中央对宣传工作及宣传工作者提出的明确要求。这里面,准确是基础。

1.信息内容要准确

校报反映的主要内容是有关学校改革发展和教学科研方面的新成果、新举措、新问题。报道面虽较小,但涉及的却是社会主义教育事业、文化事业和精神文明建设,对师生的影响很大。因此,校报传播的任何信息都必须准确无误。

2.语言文字要准确

国家语言文字工作委员会要求我国公民使用规范的汉语语言文字。作为高等教育工作者和校报工作者,在规范用语、减少字词差错方面当起到示范作用。

3.引经据典要准确

校报在繁荣和传播先进文化时要注意继承和发扬优秀民族传统文化,对历史人物和史实的传播要依据权威版本记载的历史事实,切忌虚构离奇的情节,切忌杜撰、戏说。

（三）处理好"四个关系"

1.要处理好弘扬主旋律与提倡多样性的关系

主旋律代表着时代精神,反映着社会主流和历史趋势。校报工作者要以弘扬主旋律为己任,大力宣传先进、健康的思想文化,弘扬社会正气,倡导科学精神,用正确的理论武装人。多创作优秀的新闻作品,多出精品,努力为社会进步提供强大的精神动力,着力为师生创造一个纯洁清新、健康向上的思想文化环境。要坚决反对和抵制在新形势下把思想文化市场化、自由化、庸俗化的错误倾向,更要防止出"噪音",防止干扰主旋律,防止产生消极影响。在弘扬主旋律的同时,还应坚持"百花齐放"的方针,提倡多样化。既要做好政策宣传、舆论引导方面的报道,还要在反映社会、介绍知识、服务师生上下工夫,登载的作品,涉及面要广泛,文笔要生动,内容要丰富。只要能够使读者得到教育和启发,得到娱乐和美的享受,各种作品都应该受到鼓励。

2. 处理好继承与创新的关系

创新是一个民族的灵魂。创新是保持校报先进性的关键,继承则是保持校报先进性的源泉。校报工作者既要继承一切优秀的人类文化成果,做到古为今用,洋为中用;又要学习、借鉴和运用其他科学知识,不断提高校报宣传的实效性,报道形式要新颖活泼,内容要贴近社会、贴近生活、贴近师生,做到知识性、趣味性、可读性有机的结合,以满足师生对文化生活的多层次、多方面的需求。要强化创新意识和策划意识,解决好报道不深、缺乏新意、缺乏吸引力的问题。要不断开拓新的报道领域,不断探索新的报道形式,不断采用新的报道手法,不断登载富有新意的优秀作品。

3. 处理好正面报道与舆论监督的关系

校报应该善于把握社会生活的本质,以正面宣传为主,着力反映校园生活中积极健康的东西。要通过宣传党的路线方针政策、改革开放的巨大成绩、校园中涌现的先进典型等,引导人们正确看待形势,了解社会的主流,树立前进的信心;通过对学校重大改革措施和热点问题的报道,因势利导,起到理顺情绪、化解矛盾、统一理想、凝聚力量的作用。同时,校报也不能回避现实生活中的消极现象,还要在舆论监督方面发挥积极作用,批评性报道要把握好度,掌握好分寸,注重社会效果,不利于安定团结、不利于学校稳定、不利于发展先进文化的批评报道不能发;批评报道不能感情用事,不能以偏概全,一定要做到事实准确、客观公平,有利于大局,有利于促进问题的解决和工作的改进。

4. 处理好事业发展与队伍建设的关系

校报要实现大的发展,必须有高素质的新闻队伍。江泽民在视察人民日报社时,要求新闻从业人员要打好五个"根底",即打好理论根底,打好政策、法律、纪律根底,打好群众观点根底,打好知识根底,打好新闻业务根底。要求新闻从业人员要政治强、业务精、纪律严、作风正。这是衡量一个新闻从业人员是否合格的标准,也是新闻从业人员努力的方向,是新闻从业人员保证新闻文化先进性取向的智力支持条件。为了实现校报新闻事业的发展,必须抓好校报从业人员政治、业务素质的提高,使校报从业人员能正确领会马列主义、毛泽东思想、邓小平理论和江泽民"三个代表"重要思想的内涵,努力掌握新闻专业和相关科学知识,真正成为党和人民信赖的、合格的校报新闻工作者。

(原载于《当代教育》2002 年第一期,合作者刘飞云)

高校校报如何制作新闻标题

标题源于新闻,但又能优于新闻。标题是新闻事实的集中反映,不能离开新闻而独立存在;但新闻标题又不能拘泥于新闻事实作简单的反映,而应以最精炼的文字、最生动优美的形式去提高和评价新闻事实,达到优化信息和吸引受众的效果,最大限度地实现新闻信息的传播和新闻内容的宣传。特别是在信息极为丰富、活跃的时代,标题对受众选择新闻和对新闻留住受众起着关键的双重作用。因此,在一定意义上讲,新闻标题的制作水平影响到新闻信息能否进入传播渠道和传播效果。

要提高一条新闻信息的传播质量,首先就应当在新闻标题的制做上狠下功夫,不仅新闻作者要着力于此,新闻编辑更要不断提高业务能力和业务素质,使出"妙笔生花"的本领。

新闻标题既然如此重要,那么怎样才能在不改变新闻事实的情况下制作一个别具一格而又内涵丰富的标题呢?作者根据自己从事高校校报新闻写作和编辑的一些心得和体会,认为运用新闻思维之一的异解思维方法,从不同的角度、不同的层面分析和研究事实(新闻信息量),发现新闻事实的特点,就能准确、鲜明地把握和反映新闻事实的本质(新闻信息值)。"异解思维"的目的是要创新,与众不同,更主要的是要透过新闻事实去认识其本质属性。苏东坡有一首著名的哲理诗:"横看成岭侧成峰,远近高低各不同。不识庐山真面目,只缘身在此山中。"该诗就道出了异解思维的真谛。异解思维又称求异思维、创新思维。在新闻标题制作中运用异解思维,可以收到最佳效果。下面谈谈两种制作新闻标题的方法。

一、用第三只眼看新闻事实,独辟蹊径,不落俗套,以"真"求"异"

标题是新闻信息进入受众视线的第一个"信号"。心理学告诉我们:"新奇的"新闻标题就像磁铁一样,能吸引受众、留住受众。

例:

①南昌师院音乐系试行师生双向选择学风大变

谈情的少了　弹琴的多了(主题)

(1994 年 3 月 8 日《南昌晚报》)

②不去苏杭　偏到井冈

十名大学生自费寻访先烈伟迹(主题)

(1994 年 5 月 5 日《赣江大众报》)

③"卖菜郎"张峰重返学堂

(1996 年 6 月 19 日《信息日报》)

④"没有钱苦一阵子,没文化苦一辈子"

幽兰农民子女自费上大学(主题)

(1995 年 2 月 13 日《人民日报》)

这四个例子中,①中的"谈情"和"弹琴"谐音,反映了两个与大学生相关的信息,也是社会最关心的事情,具有很强的时效性。②中的"不"字与"偏"字,形成鲜明的对比。"自费"二字更能抓住受众审判的眼光,似普通又新奇,直切主题,反映新闻信息值。③中"卖菜郎"是最能引起受众兴趣的信息,且不囿于事实本身,大有醒人耳目的效果。④"没钱苦一阵子,没文化苦一辈子"是出自农民口中的一句话,但却是人生的教训总结,也反映了新时期农民对文化知识的渴求。农民能自费送子女上大学,不仅反映了物质文明建设取得了成效,更反映了社会主义精神文明建设在农村取得的丰硕成果,此例用词虽不新,却敏锐地把最新的信息表达了出来,蕴含了极丰富的信息量。上述四例的共同特点是"异",有的是文字"异",有的是表现形式"异",所反映的信息实现了传播的效果最大化。从中还可看出这个"异"是在新闻信息本源中来"求"的,并不是瞎编出来的,要不然就与新闻的真实性原则不符。

二、戴着"显微镜"反复研究新闻事实,准确找到新闻事实的本质,从"峰""岭"走向"山"中(由表及里),以解求异,以"异"固"真"

①"严"字当头　"重"字把关

南昌职院注重选拔青年干部(主题)

(1994 年 12 月 6 日《江西日报》)

②人老心不老　八旬争入党

(1996 年 4 月 30 日《信息日报》)

③校规校纪岂是儿戏(主题)

(1996 年 5 月 22 日《青岛晚报》)

上述三例,都是一目了然地由标题直观新闻事实的本质,既有美的文学艺术性,又有效地传播了新闻信息,而这种"美化了"的新闻信息给受众带来的快感是建立在对新闻事实的深刻分析之上的。①中所反映的事实是党的干部建设问题,是党的一项重大工作,一般报道容易流于形式,比如用"严格选拔制度"或"重视选拔措施"等,没有吸引力。作者跳出窠臼,把住事物的本质,用"严"和"重"两个字概括,用"当头"和"把关"来比喻,并且使新闻作品富有活力,用轻松的文学形式化的标题反映了一项严肃的工作。②中的"八旬"老人入党反映了中国共产党是有坚实基础的执政党以及人民群众对党的执着追求之心,标题语言平直且口语化,却新颖地传播了生动的新闻事实。③中的"规""纪"与"儿戏"显然是一对矛盾,作者用问句的表现手法把矛盾"化解",鲜明、简洁地表达了所要传播信息的本质,优化了传播效果。

新闻标题的制作是新闻信息审美活动的一部分,是信息美学的"新颖度"和

"独创性"与新闻事实最优化的组合过程,是新闻传播者所给定的一部分新闻审美价值。高校校报新闻标题的制作,可以从中得到有益的启发。

（1999 年 5 月,合作者为刘飞云）

高校校报编辑部如何加强管理
—— 做好高校校报编辑部工作的几点体会

高校校报编辑部的普遍现状是人手少，任务重，责任大。校报虽小，却"五脏俱全"。从制定计划、组稿、采访、写稿、改稿、排版、校对、印刷、发行等有时间性的周期性工作，到联系作者、组织师生记者活动、稿费发放、文书档案等，有一系列的工作。主持编辑部工作一年多来，笔者深深体会到，要高质量完成各项工作，办好一张报，必须加强管理，加强思想政治工作。

一、理清工作关系，分清各自责任

编辑部的工作可以分为两大块，一是编辑工作，二是编务工作。制定计划、组织采编、改稿、排版、校对属编辑工作，组织记者活动、财务、文书档案属编务工作。根据现有人员的情况，我们进行了明确分工：编辑部负责人负责编辑部日常管理工作，并具体负责要闻版的编辑工作；一位编辑为外勤岗，兼管学生记者队伍和第二版的编辑工作；另两位编辑为内勤岗，负责财务、文书档案和三、四版的编辑工作。对两类岗位都制定了明确的岗位职责。每人都承担一个版的编辑工作，每人都分担一部分编务工作。由于任务到人，责任明确，大家各司其职，工作起来比较协调和谐。

二、搞清工作程序,制定工作制度

编辑部的工作虽然纷繁复杂,但其中许多事情又是有规律可循的。当工作到一定阶段后,应当静下心来仔细分析总结,找出规律,形成制度。

比如出报周期,这个时间表相当重要,编辑部很多工作都要据此才能作出安排。工作一段时间后,我们形成了一个比较明确的目标和周期:每月 10 日、20 日和 30 日见到新出的报,这是工作目标。围绕这一目标,我们安排采访、写稿、审稿、排版的时间,其他编务工作据此避开忙季,穿插进行。这样既保证中心工作顺利进行,又使编务工作得以顺利完成。

审稿制度:四审终审制。依次为责任编辑一审,编辑部负责人二审,宣传部负责人、院报副总编三审,党委副书记、院报总编辑四审。四审均要签写意见,一审要求在规定日期前完成,二、三、四审要求半天内审毕。只有通过四审以后才可能付印。四审终审制避免了宣传导向上的失误,减少了语病和错别字。

"五个一"制度。要求每个版面具备"一篇可读性强的文章,一个过目不忘的标题,一幅吸引人的图片,一篇有力度的论说文,一个有特色的栏目"。

校对制度。四校终校制。依次是文字录入员的初次校对,责任编辑的二校,有关作者的三校,责任编辑的终校。特别是有关作者的三校,对保证质量、减少差错有重要意义。

稿费发放制度。及时准确地发放稿费,是尊重作者劳动的表现,为此我们印刷了稿费发放的明信片,要求经办的同志在出报一周内将稿费发到作者手中。这一做法得到作者的肯定。

发行制度。我们建立了一支学生发行队伍,健全了对内对外发行网络。校内发行要求将中层以上干部、高级以上职称教师的姓名写在报头上,送到他们的办公室,确保他们能够读到报;校外发行,为了尊重对方,要求一律手工抄写地址,写上姓名和称呼。这样的工作要求,使得发行工作量较大,但宣传工作的效果明显。

评报制度。每期报纸出来后三天之内必须完成。出报后,学生记者团的记者深入同学之中广泛听取意见,然后分组进行座谈评报。讨论时只记录观点不记姓名,大家能畅所欲言,因此每次评报均能听到一些真实的意见。这对编辑改进工作十分有利。

记者活动的规范化管理。学生记者开展活动都要围绕"提高记者素质"来进行,如每年10月的新闻培训活动,每年12月的书法比赛,每年3月的院报作品朗诵比赛,每年4月的外出参观采访等。这一系列活动都是为了提高学生记者的采写能力而精心设计的,有一定的内在逻辑顺序。

文书档案、图书借阅制度。每期院报的底稿、审稿单都分期存入档案;每期院报都存50份以上备用;逐步建立起新闻类小书库,借阅实行登记制度。

这些制度是编辑部成员从实践中总结出来的,因此容易得到大家的支持和拥护,执行起来效果比较好。当然随着情况的变化,制度应不断完善,以便更好地发挥它的作用。

三、加强思想政治工作

有了分工,有了制度,还要充分地调动大家的工作积极性。只有共同努力,同舟共济,工作才会不断进步。这就必须同时切实加强思想政治工作。思想政治工作不是空的,它必须结合实实在在的日常业务工作来做,贯穿到具体的工作当中去,才能取得实效。

首先,要关心同事在政治上的进步。主动向党组织反映入党积极分子的工作表现,帮助入党积极分子早日加入党组织;及时传达党的政策和党委有关文件精神,使大家了解党的政策和党委的中心工作,以便组稿和采写。及时传达编委会领导的指示和要求,并分解落实,组织实施,保证组织意图能够在校报宣传中得到实现。

其次,要关心同事在业务上的提高。我们四位编辑都是近几年从院校毕业的年轻人,为了进一步做好工作,提高自身素质,我们在集体商量的基础上决定,每人每学年必须写一篇新闻类论文,编辑部负责编印成册;每人每学期至少为记者团讲一次新闻课,并且纳入院科研处学术讲座的统一计划之中,计算科研工作量;每月举行一次业务学习,或者是请专家学者为四位编辑传授新闻编辑知识和经验,或是轮流主持集体讨论,交流学习心得。这都是大家商量,自己提出来的要求,可以说是自己给自己施加的压力,迫使自己去学习提高。这样做使大家觉得编辑部不光是在使用你,更主要的是在培养你,让大家在锻炼中尽快地成长起来。这种关心比说什么话都来得实在。

第三,在工作中经常通气,并且出好主意,协调好关系。为了畅所欲言,发挥大家的积极性和聪明才智,工作上经常通气是十分必要的。为此,编辑部每周一上午定时都要开例会,互通情况,沟通信息,讨论商量一些事宜。收文均要传阅,阅后要签名。平时大家也经常谈谈自己的一些工作体会,互相帮助,共同进步;有好的主意大家也会毫无保留地贡献出来。由于大家平时注意沟通,因此工作起来比较协调。有时工作中出现不协调现象,往往是由于沟通不够或不及时而产生的,通过交流和沟通,不协调现象能够比较好地得到解决。

一年多来,我们都是坚持这样做的,效果也比较明显,校报的质量在不断提高,广大师生也给予了较高的评价,校报上刊载的一些作品先后被省、市领导部门评为好作品一、二、三等奖,一些作品被省、市新闻单位转发,还有些作品被兄弟院报全文转发,部分兄弟院校还来函索要被报道对象的详细情况,浙江的一位知名集报爱好者还来函要求收集我校校报。这些都给我们以巨大的鼓舞和鞭策。

四、形成和巩固"谦虚谨慎、务实创新"的编辑部工作作风

我们的办报目标是努力在复刊三周年内走在全省高校校报的前列,走在全国职业技术高师校报的最前列,力争由我校牵头成立全国职业技术高师校报研究会。要实现这一目标,我们要继续得到上级领导部门、新闻单位、兄弟院校的支持和帮助,要继续得到校党委行政和全院师生的支持。我们编辑部全体同志

要快马加鞭,逐步形成和巩固"谦虚谨慎,务实创新"的工作作风。我们相信我们的目标一定能够实现。

（写于 1994 年 7 月,作者时任《南昌职业技术师院报》编辑部主任）

高校校报如何在校风建设中发挥舆论导向作用

——以《南昌职业技术师范学院报》为例

　　《南昌职业技术师范学院报》1992年恢复试刊以来,在学校党委行政的领导下,以邓小平建设中国特色社会主义理论为指导,坚持社会主义办报方向,坚持四项基本原则,围绕培养社会主义事业的建设者和接班人这一根本任务,在宣传党的方针政策,报道学校党的建设和思想政治工作、教学管理、学生管理、校园管理的动态,推动学校综合改革,提高学校知名度,弘扬正气,坚持唱响主旋律,为学校去年校风建设以优达标和今年校风建设再上台阶创造了良好的氛围,受到学校师生员工的好评,学校师生都亲切地称之为"我们的校报"。一年多来,先后有8篇校报作品获省市领导部门评定的一、二、三等奖,十多篇作品被省市新闻单位转发,有的文章被兄弟院校转发,有的学校收阅院报的有关报道后来人或来信索要有关资料。最近,江西省高校校报评估小组对我校校报进行了评估,总的评价是"起步较晚,进步较快,成绩显著,有后来居上之势",我校校报以优良的成绩顺利通过评估检查。

一、充分重视教学科研工作的宣传报道,为确保教学中心地位创造舆论环境

　　为确保教学中心地位,我校校报充分重视教学和科研工作的宣传报道。每年的教学工作会议、科研工作会议以及每年的教学观摩大奖赛,校报都要在头版重要的位置进行报道;学校十分重视青年教工工作,每年都有"青年教工工作

月",校报对此进行了重点报道。

校报还开辟"教师风采录"专栏,对学校的优秀教师进行报道,对一些离退休教师也进行采访报道,突出了教师的主导地位。校报还在中缝栏中辟有"祝你生日快乐"一栏,按出生月份逐次免费刊登全校教工的生日祝贺语。这个栏目对增强学校的凝集力有一定的作用。

校报经常对教学管理如学籍管理、考试管理、实习管理、科研动态等进行报道。校报还重点对教学改革如考试管理改革、招生改革、专业调整等进行报道,为这些改革的顺利推行创造了良好的氛围。

校报还对学校关于教师从事社会兼职必须登记进行了报道,为确保教师精力到位起了良好的引导作用。

二、把党建和思想政治工作放在突出的位置进行宣传报道

一年多来,校报集中力量报道了学校为贯彻党的十四大文件精神所做的部署,报道了学校师生学习贯彻《中国教育改革和发展纲要》、制定学校事业发展规划的情况,报道了新一届党委领导班子提出的工作思路。连续在一版开辟专栏,讨论宣传学校"学院有特色,学业有特点,学生有特长"的办学目标,使这一发展目标成为全校师生的共识,为学校工作的开展创造了良好的舆论环境。

校报还集中力量报道了学校改革发展的进展动态情况。近年来,我校党委抓住机遇,有计划有步骤地推行学校各项改革。校报为此开辟"基层改革新动向"专栏进行报道。如报道了工美系的学籍管理改革,建工系改革奖学金发放办法,音乐系试行试读制,应用物理系实行四本证书制等改革举措,还用专版报道了总务处、基建处等后勤改革的先进单位。其中一篇改革报道被浙江一所高校校报全文转载,两篇先后被南昌电台等新闻单位转发。这些报道为我校各项改革措施的出台和执行鸣锣开道,为我校深化改革创造了良好的氛围。

校报还集中力量报道了我校的先进人物和单位,为学校树立了一批先进典型。如报道了每年的优秀党员、先进工作者、三好学生、优秀学干;报道了全国

优秀教师舒宝璋、从事体育教学四十年的江志劭、一等三好学生徐灵，刊登了青年教工先进集体政史系、校风建设先进集体体育系党总支负责人写的经验介绍文章。这些先进人物和单位的报道，弘扬了正气，激发了全校师生学先进、赶先进、奋发向上的热情。

校报还及时对我校党校的培训活动、干部队伍建设、组织发展情况、"两课"建设动态、升旗活动等进行了报道，真正成为思想政治教育的重要阵地。

三、充分重视学生教育与管理的宣传报道

校报十分重视对学生教育与管理的宣传报道，专门开辟了"爱国主义教育专栏"，用近、现代史上的杰出人物的先进事迹对广大学生进行爱国主义、集体主义、社会主义教育。这个栏目曾受到省委宣传部负责同志的表扬。

校报还对学生工作进行了重点报道。对学生管理体制改革、管理制度改革如奖学金发放办法等进行了报道，对学生毕业就业进行了系列报道。

校报还开辟专栏介绍有突出贡献的校友，开辟专栏请老教师写校史回忆文章，对广大学生进行专业思想和爱校教育。

校报还固定在第三版"校园生活版"开展对学生关注度较高的热点难点问题的大讨论，如"下海"与"上山"的讨论。同时还拿出版面对校园热点问题进行追踪报道，比如大学校园如何文明着装的讨论等等进行报道。

校报对领导下系到班、教师联系寝室等学生管理工作亦有报道。

四、充分重视校园环境、校园秩序的宣传报道

校报加强了校园文化管理的宣传报道。学校有关部门制定校园文化管理条例后，校报在一版显著位置加以报道，立即在校园内产生了较好的效果。福建漳州师院、烟台师院收看我校校报的一篇报道后，先后来人来函索要我校的有关管理条例。

校报还有意识地引导学生课外活动的走向。由于受商潮冲击,我校学生也曾出现个人经商或沉溺于舞厅、游戏机的情况。恰好此时应用物理系组织全系电子制作大奖赛,吸引了全系大多数同学参加。校报及时组织采访报道,配发"编者按"在头版刊出,在同学中产生了一定的反响,为把同学们的注意力转移到学习上面来贡献了一定的力量。

校报还对治安、防火等情况进行了报道,增加了广大师生的自保意识。还对我校荣获市园林单位进行了报道,对一年一度的菊展进行了宣传。

五、加强批评报道,维护校风校纪的严肃性

校报在加强正面报道、弘扬正气的同时,实事求是看待学校存在的问题,加强了批评报道,维护了学院校风校纪的严肃性。今年英语考试期间,我校出现舞弊事件,不久一个系又出现了集体舞弊事件,学校领导知道后立即派调查组进行调查,在查清案情后分别进行了处理。校报分别在一版和三版显著位置刊登了查处的消息,对广大同学教育很大。据悉,本学期期中考试基本上制止了舞弊事件的发生。

六、加强对外宣传报道,提高学校的知名度

今年校报编辑部根据学校党委的要求,加强了对外宣传报道,至目前为止在中央、省、市新闻单位发稿几十篇。

校报编辑部还在校党委宣传部的统一领导和组织下,邀请中央省市驻赣十三家新闻单位的记者来校举办新闻发布会,先后在中央人民广播电台、光明日报、中国教育报、中央教育电视台等中央和省、市新闻单位发稿十多篇,提高了学校的知名度,产生了较好的社会效益。

七、密切关注校风建设的管理动态，及时通过校报等途径加以宣传，为校风建设的顺利进行鼓劲加油

校报密切关注我校党委抓校风建设的举措，一有活动立即加以报道，同时加强对各系校风建设的宣传报道，形成你追我赶争先进的校风建设气氛。去年，校报对校风建设的全过程，从签责任状、宣传鼓动到分解落实、检查评比、表彰先进等过程进行了报道，对各系各部门好的经验进行了宣传，及时推广了经验。另外编印《校风建设快讯》的不定期油印简报，指导广播站开设校风建设专题栏目，为我校校风建设以优达标在宣传舆论上作出了贡献。学工部为此主动拿出名额，表彰了五位学生记者。

校报在复刊一年多的时间内，之所以能为校风建设再上新台阶创造了一个良好的舆论氛围，之所以能够以优良成绩通过省高校校报评估检查，主要原因是：

校党委高度重视校报工作，把它作为一个最重要的宣传舆论和思想工作阵地。由党委副书记担任总编辑，党委会一年至少两次讨论校报工作，而且每次都解决实际问题，从人员编制、经费、办公室条件等方面给予保障。包括党委书记在内的 6 位院领导都为校报写过稿件，校长章启明出差北京还特地为校报自费买了 2 本新闻书籍，给校报同志以极大的鼓舞。

注重抓编、采队伍的建设。为了抓好编辑队伍的建设，学校尽可能提供条件让他们提高学历、外出学习考察，同时他们自己也自觉加强自学，每月请一位专家辅导，每学期为学生作一次讲座，每年写一篇学术论文。为了抓好教工和学生记者团两支队伍建设，建立了章程、制度。开展了一系列活动，如每年的新生入校后于 10 月举办新闻培训班，每年 12 月开展书法比赛，每年开展校报作品朗诵比赛。其中每年的新闻培训班都要邀请新华社、光明日报社、高校校报研究会的理事来校讲课。这些活动都是为了提高学生记者的采、写水平而设计组织开展的。通过这些活动，增强了团体影响力，使稿件滚滚而来。

注意抓岗位分工和制度建设。编辑部在理顺工作头绪后明确了岗位分工，职责到人。在此基础上制定了一系列制度，如编辑部每周一上午的例会制度、四审终审制度、校对制度、对内外发行制度、评报制度等。

另外，全院师生对报纸的关心、校内有关部门的支持、兄弟师校报和新闻单位的帮助对我们开展工作都是至关重要的。

（南昌职业技术师范学院是现在江西科技师范大学的前身，《南昌职业技术师范学院报》现在改为《江西科技师范大学报》。本文写于 1994 年 7 月，作者时任编辑部主任）

高校校报自选作品（人物通讯）

我读梁衡

一

　　我最早读到梁衡老师的名字,是在1998年第二期《新华文摘》上刊登的《大无大有周恩来》。读完文章后,我深深地被周恩来的人格魅力所感染。同时,我又惊叹于作者高超的文字技艺,把人人似乎都熟悉的但又表达不出来的周恩来最木质的东西给揭示出来了。那一年,我正在阅读中央文献出版社出版的《周恩来传》,上下两册150万字,此书对周恩来生平有详尽的叙述,但篇幅太长,我一时还未得要领。这时看到梁衡老师的《大无大有周恩来》,一下子就豁然开朗了,梁老师把我想说而又说不到点子上的话用"六无六有"概括得如此精辟透彻而又简明清晰,一下子就把我镇住了。记得那天前后有两批朋友来家聊天,我实在忍不住内心的激动,未等朋友先开口,我就首先向他们推荐这篇雄文大作,并要他们当场就读,全然不顾他们到我家来想说什么了。

　　由此开始,我就十分关注梁衡的文章了。1998年7月17日《人民日报》刊出了梁衡的《提倡写大事大情大理》。我又一口气读完了这篇文章,我觉得作者能写出《大无大有周恩来》一文并非是一种偶然行为,而是在这种写作理论指导下的自觉行为。

　　当时我并不知道梁衡原是国家新闻出版总署的副署长,现是《人民日报》副总编辑这样的身份,只是觉得这个人的文章不一样,有看头。一时我到处寻找梁衡的文章来读。

我首先想到学院图书馆,到图书馆情报部,我请他们帮我搜集梁衡的文章和有关梁衡的材料,结果一下子从《报刊索引》上摘出 38 条线索。那位热情的黄老师又把馆内报刊上的原文复印了一套给我。这一下我就从《青年作家》《北京文学》《特区文学》《新闻战线》等报刊上读到十多篇梁衡的文章。我如获至宝,将收集的文章做了一个剪报集,并在封面上庄重地写上"梁衡专题"字样。以后凡看到梁衡的文章就随时复印增加到册子内,这个册子至今还一直在随时收集梁衡的文章。

看一篇篇的文章还不过瘾,还要搜集有关梁衡的书籍。我最早买到的梁衡的书是《继承与超越——论干部修养》和《传媒新论》两本书,那是通过向中央党校出版社邮寄的。大约在 1999 年初,我的一位朋友告诉我,《江西教育》杂志代售梁衡的《数理化通俗演义》,我当即请朋友代我买回一本。有一次我偶尔翻看《中国剪报》,上面有则启事,报社设在北京的办事处代售梁衡的《新闻三部曲》和《名山大川》《人杰鬼雄》,我当时就打电话联系,询问清楚以后又立即联系本学院在北京进修的一位音乐系的老师,请他到办事处为我代购这 5 本书。学期末,这位男中音声乐教师带着行李和这 5 本沉甸甸的书挤上春运的火车回到了南昌,那天晚上他送书到我办公室来,我们聊了很长一段时间。他说你千里之外要买的书肯定不是一般的书,在车上他也就忍不住翻看了一些篇章,谁知一看就放不下手。以后我们常见面时,都会聊一聊梁衡的文章。

后来,我在南昌几家书店先后又淘到了《当代散文名家精品文库·梁衡卷》(四川人民出版社)、《把栏杆拍遍》等书。

一次偶然的机会,我买到一本《与传媒名流谈心》的书,里面收有梁衡答学者的专访;随后在四川出差时又买到一本《倾听梁衡》的书。通过阅读这两本书,我比较充分地了解到梁衡的成长经历、学术背景和思想历程,觉得梁衡离我们读者更近了。

在细细阅读《倾听梁衡》一书时,我注意到梁衡曾在清华大学作过一次精彩的演讲,"如果能买到那本书该多好"。说来话巧,第二天上午,一位自称是人民日报出版社的销售小姐打电话到办公室来,要推销一套大部头的政治读物。这类书好看不好用,要是平常我也就找个理由搪塞过去,但那天一听是人民日报出版社,我马上想到《名记者清华演讲录》不正是人民日报出版社出版的书吗?我便说:如果你能帮我找到《名记者清华演讲录》,我就要下你这套书。隔天,这位小姐在电话里兴冲冲地说,你要的书找到了。这样,一周以后这本书如期寄送到我的办公桌上,我迫不及待地打开包裹,直奔梁衡题为《哲人者,宁可舍其事而成其心》的演讲。要感谢演讲的记录整理者,他们完整地保留了演讲原貌,看起来现场感特别强,有身临其境之感,眼前浮现出梁老师在演讲时娓娓道来、神采飞扬的情景。

正是:读其文如闻其声,闻其声想见其人。

二

在读梁衡的文章和书籍时,我始终在思考一个问题,梁衡是如何写作的?他的成功之道是否带有规律性?

我边读边思考,梁衡成功的原因很多,比如丰富的人生阅历、文理兼备的知识结构、科学的治学态度、高尚的人格魅力等等吧。其中梁衡勤奋好学是根本的内因,他读过的书很多,背过的书也很多,这些书在他成长的过程中发挥了重要的作用。梁衡在不同场合多次提到的这些书,也像磁石般吸引着我,我也都尽量找来阅读。

梁衡第一本自己在书店里买的书是秦牧的《艺海拾贝》。那是他在读中学时,有一次在书店翻开《艺海拾贝》读到《社稷坛抒情》这篇有名的散文,一下子就被文中描写的意境所吸引,于是搜尽口袋里的零钱买下这本书,并以此为契机,写起了散文。这段叙述深深地吸引了我,我立即找来《秦牧散文选集》,拜读上文。

对梁衡影响最大的一本书是陈望道的《修辞学发凡》。他说:“我大学毕业后在农村劳动,有一次在一家农户的灶台上看到一本被撕掉几页的《修辞学发凡》，我不但仔细地研读了它，还作了详细笔记。这本书对我以后的散文创作和新闻研究作用很大，打个比方，就像长江、黄河同发源于一个巴颜喀山一样，我关于文学和新闻的一些新思想都能从这本书里找到源头。后来评论界所称的我的偏重理性的散文其实是来源于这本书中的一篇范文《月夜的美感》，当年我把这篇数千字的长文抄了好几遍，背得滚熟。前几年北京出版社新编一本《散文家喜爱的散文》，我推荐的就是这一篇。我所做的关于新闻和文学的区别的研究，其中一个思想就是来源于这本书所界定的积极修辞和消极修辞。想不到这一年多，在最荒凉最落后的地方倒为我打下了最扎实的基础。"梁衡还在多处提到过这本书，于是我多方打听，终于在不久前买到了一本上海教育出版社出版的《修辞学发凡》，便细细研读起来。

梁衡老师多次说过，背书是记者的基本功，做记者的人要经常背诵一些范文。他说有一段时间他出门采访都随身带着萧统主编的《文选》，利用时间温习一些范文。于是我就买来岳麓书社出版的《文选》上下两册，选读了一些文章，特别认真看了梁衡提到的枚乘的《七发》。

梁衡在一篇文章中写道："七十年代末，无意中看到一本薄薄的新校点的《浮生六记》，语言之清丽令人如沐春风，一见就不肯放手，以后又研习再三，从中得到不少启发。"于是我又托人从北京买来作家出版社出版的《浮生六记》，认真把这六篇文章看了一遍。

梁衡还很推崇姚鼐的《登泰山记》，我也找来《清代散文选注》认真阅读。

就这样，在梁衡老师的文章引导下，我省去了挑书的环节，直奔好书，一本接着一本读，扩大了自己的读书面。

如今，我通过多种途径淘来的梁衡的书和他喜好的书，都整整齐齐地摆在我书架最顺手的那一层，只要一有空，我就会去探访拜读，跟梁老师作心灵的交流。

最为遗憾的是，我至今仍未买到人民教育出版社出版的《梁衡文集》全套，因为面世不久其中好几册就已卖断货了，现在北京、南昌的书店很难凑齐一套，看来我只能等再版了。梁衡为了帮助学文的人过语言关而编写的《学文必背丛书》，也是我想看而买不到的。

古人是："爱人者，兼其屋上之乌。"

而我是："爱书者，兼其书中之书。"

三

读了梁衡的书，又读了梁衡书中提到的书，自觉收益不小，许多方面像是被人往上推了一把，在一些会上说出来的话使不少同行觉得有新鲜感。一次，湖北省属高校一位主要负责同志听了我的一次发言，会后主动找我交流，并询问我是哪所大学毕业的。我毕业的学校名气不大，说了人家也没有印象。但我有时想，我从1998年开始，这么多年一直读梁衡老师的书，并且自觉地读了梁老师书中"指定"的书单，能否取得梁老师门下"函授"的在职研究生同等学力证书呢？

自己读了好书，总不能老掖着、藏着，于是我总是在学院每学期举办的"院报大学生记者通讯员培训班"上推介梁老师的理论和书籍。一时间，南昌市几乎所有书店内《新闻三部曲》和各种版本的梁衡散文集都被同学们买走了。

"读其文，赏其字。"一次偶然的机会，我看到梁衡老师1999年8月为《江西教育》期刊社五十年的题词："载道明理，育人传经。"作为一件书法作品，内容和形式结合得十分完善，我复印了一份，存入专题剪报本。

自学了八年梁老师的书，我想如果有机会能当面聆听老师的教诲，面授一次就好了。但转念一想，我与老师不沾亲带故，怎么会有机会见到老师呢。这么一想，这件事也就没放在心上，但老师的书照读、文照看、字照赏。

机会总是偏爱有准备的头脑！2005年8月，我出差北京，一次偶然的机会，经同学和朋友联系介绍，梁衡老师欢迎我去见面。那天一早，我在同学的陪同下，来到静谧的人民日报社大院内，在副总编辑办公室，见到了神交已久的梁衡导师。梁老师那天很忙，一家省级卫视台的记者正在梁老师办公室做着采访梁老师的一些准备工作。梁老师与我们握过手后，示意我坐在他办公桌正对面。

真是"其人如文",真诚！亲切！这是我见到导师的第一印象。

对梁老师来说,他是第一次知道我,在此之前,他从来不知道有这么个人这么多年这么执着地读他的书。对我来说,虽是第一次见面,但我"认识"他已八年之久,所以我见着梁老师,尽管他是中央重要部门的副部级干部,但对我来说好像是一见如故,见到的是一位相识已八年之久的老朋友。

"来的路上我还在翻你的书呢！"我说。目光对视,我马上就产生了信息流,抓紧时间汇报了我这些年来读老师的书的收获和体会。老师听完后说:"那你差不多把我的书都读了。"老师这句话宽慰了我没有买到老师文集的遗憾。

梁老师询问了他在江西几位朋友的情况,还主动问起我工作的教育学院的发展情况。他说他父亲解放后在太原教育学院工作过。我介绍了一下全国教育学院发展中遇到的定位问题。看老师听得仔细,这么关心教育事业和教育学院的发展,我临时决定,冒昧地请梁老师为我所在的《江西教育学院报》出版200期题词。可能是老师有"父亲在教育学院工作过"这个"情结"（Complex）,他当场答应为我们题词。后来他的题词是:"内圣而外王,先学而后教。"这充分体现了梁衡老师对教育事业特别是中小学教师教育的期待和希望。

一切都那么意外,一切又都那么顺利,一切又都那么亲切。

古人是:"亲其师,信其道。"

而我是:"信其道,亲其师。"

（本文一部分内容发表于《江西教育学院院报》2006 年 12 月,全文在《文化艺术报》2006 年 12 月 13 日刊发;《中国剪报》2006 年 12 月 20 日全文转载）

梁衡精神之旅

—— 寻找梁衡成功的原因

一

梁衡是成功的,这是因为他的作品已被社会各界读者广泛认可,业内专家学者高度认可,上下各级组织充分认可。

梁衡的散文作品《晋祠》于 1982 年入选中学课本后,先后又有《夏感》(1985 年)、《觅渡、觅渡、渡何处》(1997 年)、《跨越百年的美丽》(1998 年)、《读柳永》(2002 年)、《把栏杆拍遍》(2003 年)等多篇入选中学、师范学校课本,作为范文被师生讲解诵读。他是健在的作家中作品入选教材最多的人。《大无大有周恩来》《把栏杆拍遍》等多篇文章入选《新华文摘》,作为精品被读者传阅、谈论。2005 年 6 月 11 日在瞿秋白就义 70 周年前,《觅渡》一文被刻为碑文,伫立在常州瞿秋白纪念馆东侧,①作为纪念馆一个重要的景点,永远被来自四面八方的游人品赏、观摩。

梁衡的作品影响到了社会各个层面的读者。青岛啤酒集团董事长亲自向全体干部写了一封推荐信,说:“梁衡同志所著《大无大有周恩来》是篇好文章……请同事们认真阅读和思考《大无大有周恩来》这篇感人至深的好文章。让周恩来伴我们到永远。”

梁衡的作品在业内被高度认可。季羡林先生认为,在中国文学史上,散文大家的传统名篇无一不是惨淡经营的结果。季先生认为自己和梁衡都是“经营派",而且他(指梁衡)的经营还非同寻常。一般写人物能写到形似,已属不易,写到神似不啻为上乘。可梁衡却不以神似为满足,他追求一种更高的水平,异常执着地追求。季先生为他这种执着的追求所感动,一时竟想不出一个恰当的名词,反复揣摩,觉得梁衡追求的是王国维先生《人间词话》中多次讲到的"境界"。季先生说:"在并世散文家中,能追求、肯追求这样一种境界的人,除梁衡以外,尚无第二人。"②

北大发起的"二十世纪末中国散文论坛"将梁衡推为"二十世纪末中国散文十家"之一。

以梁衡作品为研究对象的课题、书籍和博士、硕士、学士论文近年也多了起来。比如《梁衡散文研究》(辽海出版社 1999 年版)、《倾听梁衡》(新华出版社 2004 年版)和《论梁衡的人格文化散文》(《江西教育学院学报》2004 年 4 月)。1998 年夏,在辽宁锦州召开了一次由专家学者参加的梁衡作品讨论会。③

梁衡"新闻三部曲"《没有新闻的角落》《新闻绿叶的脉络》《新闻原理的思考》三本书已成为新闻界人士案头必备书和新闻学子读硕攻博的必读书目。北京大学新闻与传播学院的教授、博导徐泓对梁衡十分推崇,有一次在演讲中特别向同学们推荐介绍梁衡,指出特别是学新闻的人应该好好看看梁衡的东西,因为他是记者出身,他的散文里包含着一种政治眼光。④

梁衡的作品也是出版界近年来少有的一个热点和卖点。自从他的第一本书《夏感与秋思》1986 年出版以来,到 2004 年初为止,共有 10 多家中央和地方出版社为梁衡出版各种书籍的版本共 58 种。⑤

在百度网站上,输入"梁衡"二字,光滚动屏就有 75 屏,每屏 10 条,有关"梁衡"的信息总共就有 750 条。

梁衡的成就得到了组织上的充分认可。1987 年 3 月梁衡由《光明日报》山西记者站站长调任国家新闻出版署副秘书长,不久任署研究室主任、报刊司司长,1993 年 10 月升任副署长,2000 年 3 月任人民日报副总编辑。梁衡还是中国作家协会全委会委员、中国人民大学博士生导师。2001 年,梁衡被人民教育出版社聘为教材编写总顾问之一。

梁衡的作品多次获奖，比如政论文章《当干部与讲政治》获中宣部"五个一工程奖"；报告文学作品获青年文学奖、赵树理文学奖；《数理化通俗演义》获全国优秀科普作品奖等。

二

梁衡是怎么成功的？他的成功对年轻人来说是否有可学性？这是我多年来读梁时思考的一个问题。近日笔者再一次阅读了手边多年来收集的有关图书和剪报、资料，围绕梁衡的成功原因这一主题，作了一次愉快的梁衡精神之旅。本人愿意把在"旅途"中拍摄的"写真照"和随感呈现给大家。

1. 丰富的人生阅历

梁衡走过的道路并不是一帆风顺的，他经历过三次挫折。第一次是考大学时专业不对口。他自小喜欢文学，考大学时走对了路，却入错了门，高考时报考了中国人民大学语言文学系。结果语文系没有录取，却进入了历史档案系。在人大档案系，梁衡度过了激情燃烧的一段时光。经过几年专业思想的教育，他已沉下心来攻历史档案学了。他的人生观、价值观与政治情节都是在人大形成的。当时人大的校长是吴玉章，副校长是郭影秋，在这些老一辈革命家的完美形象熏陶下，他形成了一种积极的、主流的、建设性的人生观与价值观。

正当他雄心勃勃，准备毕业后大干一番事业时，又赶上了"文化大革命"，梁衡被分配到了内蒙古临河县，县里又把与他一起的年轻人分到一个生产队里去锻炼。"白天挖渠、挑土、锄地，晚上躺在炕上睡不着，看着窗外数星星。"学好了专业知识却英雄无用武之地，有抱负无处施展，这算是梁衡第二次挫折。

他不甘心日子就这样白白过去，一年以后，他被调到县委宣传组，工作了一年，随后又在《内蒙古日报》当了两年记者。后调回山西老家，在省委宣传部干了四年行政管理工作。1978 年 8 月，他报名做了《光明日报》驻山西记者站记者，在那个没有新闻的角落干出了出色的成绩，不少新闻稿都上了头版头条。报社把他列为省部级后备干部，并送到中央党校学习。正当他全身心投入学习，并计划如何开展工作时，一封匿名信把他给"告"了。身正不怕影子歪，梁衡去上访，领导的回答是："问题是没有，这一拨儿是把你误了。"这是梁衡的第三次挫折，也是最大的一次挫折。

经历就是财富。正如梁衡在《壶口瀑布》一文中所说的，从黄河的"挟而不服""压而不弯"地"勇往直前"，很自然和贴切地想到了人们的经历，"经了许多磨难就有了自己的个性"，"也就铸成了自己伟大的性格"。梁衡正是在各种磨难中练就了自己坚强的意志和毅力，为走向成功奠定了基础。

2. 完备的知识结构

梁衡从小喜欢文学，却对数理化没有兴趣。那枯燥的公式定理，算不完的习题，一想起来就头疼，所以数理化成绩不太好，这是梁衡学生时代的一个苦恼。成为记者时的梁衡，因为工作的关系经常接触到教育、科技，看到在校学生读书之苦，就又想起自己小时候也备尝数理化之苦，于是便萌发了为在校学生写一本数理化的通俗读物的念头，通过人物形象、故事唤起学生的学习热情，培养学习兴趣，变苦为乐，"加一层薄薄的糖衣"。几年下来，梁衡一边收集资料，一边把古今中外科学家的发明创造原理、趣闻逸事统统认真地过了一遍，不但自己把数理知识搞了个烂熟，而且用通俗易懂的语言把它"翻译"过来了。通过这一个回合，梁衡的数理化知识大增。"从我自己的体会看，在完成了科学史和散文方面的这些研究，出了这两本书之后，如同换了一个人，好像自己由孩子长成了大人，觉得内心充实了许多，手中的笔力也增加了许多。采访时因为科学中的各学科都曾大略涉猎过，所以再不像原来那样无知、自信和轻飘，就很容易和采访对象知识上相通，感情上契合。"⑥何止如此，从此以后，梁衡在写作时就可以旁征博引，一般的文章在举例时总是引用文史范围内的一些例子作论据；梁衡的文章则既有文史哲的例子，又有数理化的例子，而且是信手拈来，恰到好处，完全不受知识面的影响，可以驰骋在广袤的知识海洋里，从而增加了文章的科学性、知识性、趣味性和可读性、说服力。梁衡文理交叉的知识结构，使得他写作时游刃有余，新意迭出。这是一般的散文家、政论家所不具备的。

如果说梁衡在大学时期受到的教育是政治启蒙，奠定了他一生的世界观、人生观、价值观基础的话，那么梁衡早年接受的中小学教育和家庭教育，则是文学艺术的启蒙，奠定了他一生文学创作的功底。

梁衡的父亲是个老教育工作者，新中国成立前在根据地教书，解放后做了霍州县长，后来到太原教育学院做校领导。"父亲给了我一个示范，他一边工作，一边做学问。他的文学底子很厚。"梁衡很小就喜欢去父亲的办公室看书。在父亲潜移默化的示范下，梁衡从小就喜欢看书，从中学开始就背《古文观止》里的一些优美文章。父亲的这种教育对梁衡来说是润物无声的一种早期教育。

梁衡对自己的中小学老师充满感激。他对文学感兴趣不能不归功于中小学教师早年给他播下的火种，梁衡说："在我的中学教育阶段甚至还在小学教育阶段，都遇到了很好的语文老师……特别是高中语文老师，真是博学。他们对我的影响很深，我从中得益匪浅。""高中语文教师是一位很好的老师，他叫李光英，年纪很大，我上高中时他已经六十多岁了。他家里有一大箱一大箱的线装书，都是一些经史子集，用那种大檀木箱子装着……他对文史非常熟，讲课时可以面对我们，手指夹拿着粉笔，不看后面的黑板，随便勾出一幅画来。讲到杜甫的诗，'柴门鸟雀噪，归客千里至'，他随便点几只麻雀，画一个长袍大褂的人，意境就出来了，学生的兴致也非常高……他能把古文念出味道来，让你愿意听，愿意学。所以，老师培养学生的兴趣非常重要，学生感兴趣，那门课程自然觉得轻松，就成了一种享受。"[⑦]

从梁衡的经历可以看出教师在教书育人中的重要作用。要想教出优秀的学生，教师本身就要非常出色。正是看到了教师对青少年成长的重要作用，梁衡才给教育战线的《江西教育学院院报》出刊 200 期题词。2005 年 8 月，梁衡给这所专门培养中小学教师的学院院报的题词是："内圣而外王，先学而后教。"[⑧]从中可以看出梁衡对未来的教师寄予的厚望。

3. 科学的治学态度

梁衡的学术研究，始终围绕自己的职业和事业，研究项目来自于工作，研究成果又指导自己的工作。用他自己的话说："总是这样地不安生"，"我这个人有一个毛病，就是不管干什么，干着干着就不满足于一遍一遍地重复，就想去研究其中的道理。"边实践边理论,边创作边研究。他当记者的时候,研究新闻写作;搞管理,又研究宏观新闻学;写散文,又研究写作理论。"梁氏理论"由于来自自己"生产劳动"一线,都是从切身体验中抽象概括出来的,是建立在实践基础之上的理论,因而没有空洞的说教,就显得特别管用。梁衡的学术研究带有很强的现实意义。他曾说,其实我做的所有学问,包括科学史演义、散文理论、新闻学、中小学语文教育观等,都有很强的实用目的。⑨他总是用从实践中得来的理论进一步指导自己的创作实践。

梁衡思考问题、解决问题、撰写文章,时时都追求新意,因此,梁氏理论新意迭出。他总能发人之未发,言人之未言,显示了他的思想深度和理论高度,而思想深度和理论高度来源于他科学的治学态度。

一个有思想的人,想不成功都难。

当记者时,梁衡研究新闻写作。他认为记者职业最能锻炼人,青年人最好先干四年记者。梁衡认为一个好的记者就要是学者。研究新闻写作,梁衡的成就有:

一是体现在梁氏新闻定义。梁衡认为:"新闻是为广大受众所关心的新近发生的事实的信息传播。"这是对陆定一定义的补充,增加了"受众"和"信息传播"。⑩

二是体现在梁衡新闻写作三公式。梁衡认为叙述是新闻工作的基本功。有景的叙述更可信;带情的叙述才动人;含理的叙述更深刻。

公式一,怎样写消息:三点定位法。"一条消息,最核心的其实不外乎:事实要为受众所关心、信息传播要有时效性,因而衍生出消息的写作所要必备的三点:事实、受众与新鲜度。"⑪

公式二,怎样写通讯:"内核外延法"。梁衡认为:"消息和通讯最大的区别是:消息是信息的直接报道,而通讯是在信息基础上的延伸。根据其延伸的目的不同,通讯有人物通讯、事件通讯、工作通讯、风貌通讯等。但无论通讯如何延伸,不管其文字有多长,形式有多繁杂,经过剥壳取核,最后它还是一条消息。因此,如果说通讯是一个仙桃,那么消息就是不可或缺的桃核。"⑫

公式三,怎样写头条:"三点一线法"。他说,打靶时有一个术语叫三点一线,头条写作也有个"三点一线",这就是:政策、形策和事实,或者是中央精神、基层民情和事实。⑬

三是提出"消息不能散文化"。梁衡曾经提出新闻写作要借鉴文学创作,但当有人提出"消息写作的新突破在于散文化"时,他却坚决反对,他说:这样会引起两点偏差:一是内容失实;二是形式的夸大导致新闻功能的削弱。他还列出了新闻与文学十二个方面的重大不同。比如就本质而论,新闻的本质是信息,文学的本质是艺术;就功能而论,新闻的功能重传播,文学的功能重审美;就选材而言,新闻以事情为主,文学以人物为主,等等。⑭

搞管理,梁衡又研究宏观新闻学。新闻出版署成立以来的这几年正是国家发生深刻变化的时期,改革开放、社会主义市场经济都给新闻出版业提出了许多新问题。梁衡把实践中遇到的问题上升到理论的高度来思考。梁衡说:"新闻学可分为微观新闻学和宏观新闻学。微观新闻学又可以称为业务新闻学,宏观新闻学可以称为社会新闻学。""宏观新闻学作为一个体系,它的研究对象应该包括:新闻的社会属性功能和责任;新闻业的发展规律;新闻业的管理机制;新闻队伍的培养、管理。只有这个科学体系建立并完善起来,才可能为建设中国特色的社会主义提供信息服务和舆论服务。"⑮

梁衡提出:"报纸的本质是信息,其主要功能是传播;图书的本质是知识,其主要功能在积累;期刊的本质是文化,其主要功能既有传播又有积累。"⑯

梁衡提出,报纸期刊有四个属性:政治属性、文化属性、信息属性、商品属性。梁衡早在1992年9月就提出报刊有市场属性,这在国内尚属首次。

梁衡提出,在全球化趋势下,国与国之间的期刊竞争,实际上就是品牌间的竞争。我们要充分发挥自己的优势,树立自己民族的报刊品牌。

写散文,梁衡又研究写作理论。这集中体现在他的《文章五诀》一文中。他说:"写文章有没有诀窍? 怎样才能让人爱听爱读? 诀窍是有的,这就是写文章的规律,要说清它,不知有多少专著专论……变化再多,也会有几样基本的东西,概括起来就是形、事、情、理、典五个要素,我们可以称之为'文章五诀'。其中形、事、情、理正好是文章中不可少的景物、事件、情感、道理四个内容,又是描写、叙述、抒发、议论四个基本手法。五字中'形'、'事'为实,'情'、'理'为虚,'典'则是作者知识积累的综合运用。"

梁衡对文学与政治的关系把握得非常到位。80年代,他主要批评"左"的模式。"文化大革命"前和"文化大革命"时期,作家写东西都要突出"政治"。有许多很优秀的作家为了求政治效果,损害了自己的艺术生命。杨朔就是很可惜的一位,他有许多写得好的散文,但是几乎成了一个模式。不管记人记事,最后都归结到政治上,这就扼杀了艺术。梁衡觉得应该像当年韩愈提倡"古文运动"一样,来一次文章的回归,特别是山水散文必须回归山水自身的美。1981年5月,梁衡在《汾水》杂志上发表了《关于山水散文的两点意见》。第二年在《光明日报》上发表了《当前散文创作的几个问题》,最早对"杨朔散文模式"提出批评。同年4月发表的《晋祠》,当年就被选入中学课本。整个80年代,他都在思考散文美的回归,思考文学怎么摆脱政治的强求。

到了90年代,经过改革开放十多年后这个问题基本解决。但是又出现了另一种倾向,就是在创作中,特别是散文创作中无视政治,专写风花雪月、男欢女爱,出现了所谓的"小女人散文"、"小男人散文"……这种现象应该重视,应该有个解决办法。我们不能从一种倾向走向另一种倾向,文学应该理直气壮写大题材。[17]1998年7月梁衡在《人民日报》发表《提倡写大事大情大理》,又发表了《大无大有周恩来》《把栏杆拍遍》等这样的大散文。

做博导,又研究新闻教育规律。梁衡提出,博士要有四项基本能力,即"博大精深,批判精神,创新能力和实践能力"。对他的这一提法,中国人民大学新闻学院博导方汉奇教授在全国高校新闻学博士生培养研讨会上给予了充分肯定和赞同。[18]

当顾问,梁衡又研究起教材教法。2001年,人民教育出版社聘请8位专家学者担任"义务教育标准实验教科书"总顾问,梁衡是其中一位。他又"不安生",又研究起了教材教法。

在给《中小学教材教法》杂志创刊题词时,梁衡写的是:"教材是本,教法是宝。"梁衡认为，"语文学习的方法固然很多，但我以为最基本的也是最简单的办法之一就是背书。""这种知识的积累方法，好比先贮存上许多干柴，以后一有火种，自然会着。""强调背和记，决不是限制创造，文学是继承性很强的，只有记住了前人的东西，才可能进一步创新。"⑲

梁衡认为："如果承认背书这个教学法是'宝'的话，就要说到教材这个'本'了。教材也要用'背'的标准来编……所谓背的标准就是除了在内容上站住脚以外，在语言艺术上词、句、章法都要符合语言规律和艺术标准。别人背了你这篇文章后，就可以去组合他自己的文章，去再创造。""所以我想，教材是范文，是最高标准，要符合可以给学生背的标准，像武术的套路一样。"⑳梁衡甚至自己动手编了一套《学文必背丛书》，以帮助学文的人过语言关。

4. 理想信念与道德修养

2002 年 6 月 5 日，清华大学邀请梁衡做学术报告。梁衡在报告的最后对同学们说："同学们善于思考很好，也可以有各种各样的看法，包括对党和政府的工作也可以提批评和建议，但是对国家、对民族、对事业，就像对你的父母一样，一定要有百分之百的、十二分的热忱，这是基础，没有这个基础，你有一点小小的挫折，就会怨天尤人，甚至怨政府、怨社会。然而，最后吃亏的是你自己。毛泽东在井冈山时，曾有一段时间被排挤，职务都免掉了，只剩个毛委员，军权也没有了，什么都没有了。曾经有人说，你干脆另拉队伍干吧。毛泽东说这不行，还是要依靠组织，不能搞分裂。个人是很微弱的，一个人与祖国和事业的关系就像与父母的关系一样，是一种无论如何也割不断的血缘关系。只要把握住这个基本点，在人格上、道德上、事业上就不会出大错，就会有成就。"㉑

1968 年梁衡被分配到内蒙古黄河边的一个小县里，白天劳动，晚上睡不着，看着窗外数星星。但过一段时间，适应环境后，梁衡那颗有所作为的心又萌动了，他开始找书读，背了很多文章和诗歌，抄了几大本读书笔记。他仔细研读了陈望道的《修辞学发凡》，还作了详细笔记。这本书对梁衡以后的散文创作和新闻研究作用很大，是梁衡关于文学和新闻思想的源头。

1984 年，梁衡遭人告后从"第三梯队"名单中撤销。这对梁衡的打击是很大的。梁衡抱着"无论何时,总有所为"的信念,在墙上写下"不想"两个大字,并给自己写了两句座右铭:"报国之心不可无有,治学之志不可稍息。"在日记上写了一首打油诗自勉:"能工作时就工作,不能工作就写作。二者都不能,就读书、积累、思索。"[②]历史上有许多情况下是不能工作也不能写作的,但是谁也不能剥夺你的思考权,这两年梁衡埋头完成了《数理化通俗演义》。

季羡林这样评价梁衡:"梁衡是一位肯动脑,很刻苦,又满怀忧国之情的人,他到我这里来聊天,无论谈历史,谈现实,最后都离不开对国家、民族的忧心。难得他总能将这一种政治抱负,化作美好的文学意境。"[③]

梁衡在接受《中国传播学者访谈》一书记者采访时说:"在我的全部修养观中,有两点我是时时不敢松气:一是惜时,二是尽力。人生苦短,在时间这种资源上,只有节流却再没有开源的可能。我们唯一能努力的就是拼命地利用它。当记者的那几年,每到年初我就自制一张大工作年历贴在墙上,并题这样几个字:'时不待我,我何饶你;孜孜以求,锱铢以计。'"[②]在长时间的记者采访工作中,梁衡发现有两个时间空白是可以利用的:一是早晨起床到早饭前,这时无论是陪同的人还是被采访的人都不会上门。梁衡在这个时间一般是背书。记者的基本功中,文字功是极重要的,应该像艺人"曲不离口"一样,经常背诵和熟读一些范文。有一段时间,他出门都带着《历代文选》,利用早晨的时间,将过去学过的一些范文重新习背。第二种时间空白段,是刚到一地,还未接触采访对象,没有正式开始工作时,这一方面可以抓紧采访前的准备工作,另一方面可以完成上次采访的稿子,有时就带一个正在写作中的散文稿,抓紧时间搞点"副业"。他有几个大本子,分门别类贴着许多五花八门的资料,使用起来十分方便,成了他在新闻、文学、科普和政论几个领域写作的主要工具。他当记者时,出门尽量不结伙,特别不要人陪,主要是为了避免应酬而浪费掉途中和住招待所后的许多时间。时间,只要肯见缝插针地利用,总还是有的。

梁衡的修养还体现在"真诚"二字上。梁衡的学生们都说梁老师特真诚。比如,他可以把自己当年在"第三梯队"时被人诬告的事公布出来,说明自己坦荡无私,如果真有点什么猫腻,谁还敢提当年这件事!还比如,有一次他在清华演讲,有一个学生问他"如果有来生,你选择什么?"梁衡的回答再次显示了他的真诚坦荡的英雄本色。他说:"做官。"他刚一说出口,台下马上被他的真诚所感染,发出会心的笑声。在这个时代还有这么真诚的人!梁衡接着说:"我这样说是因为我这个年龄和身份已经不会被人误解为还有什么野心。现在,对'权'和'官'有一种曲解,有人当官就为谋私。其实官和权从来都是为了给人民办事的,是为了实现自身最大抱负的。大官大权易成大业,这是客观事实。要不为什么历代、现在都有那么多的人抢着做官,而且官员中出的名人、伟人总比平民中出的多? 你不能说人家都是有私心。""'文化大革命'后期许多被打倒的干部又复出干什么? 就是重新做'官'。包括小平同志,他们重新做了官,才可能干出许多了不起的事。有理想的年轻人,要敢于说出这样的话,做一个心忧天下,有贡献,有成就,经得起百姓评说的官。许多整天跑官的人,反而不敢说这句话。"⑤

凭着这颗真诚的心,梁衡总是把自己所知所得毫无保留地写出来,告诉读者。我有时想,如果梁衡去当教师,那他一定会是一名出色的教育家。因为他有一颗真诚的心,他不但会告诉你这是什么,而且还会告诉你为什么会这样,怎么才能做到这样,而且这一切的过程会让你十分愉悦。他从来不知道卖关子,从来不晓得留一手,他像巴金那样,恨不得把自己的那颗心掏给读者。

注　释

①侯涤、殷朝晖:《"觅渡文碑"书秋白英名》,《常州晚报》2005 年 6 月 12 日。

②季羡林:《追求一个境界》,《季羡林全集》第 6 卷,东方出版中心 2002 年版,第 740 页。

③⑤⑦⑨⑪⑫⑮成青华等:《倾听梁衡》,新华出版社 2004 年版,第 147、162、12—13、150、243—244、245、285 页。

④⑰㉑㉒㉕方芳等主编:《名记者清华演讲录》,人民日报出版社 2003 年版,第 193、298、312—313、305、310 页。

⑥⑬梁衡:《没有新闻的角落》,人民出版社 1997 年版,第 356、60 页。

⑧梁衡:《江西教院报》2005 年 11 月 15 日一版。

⑩⑭梁衡:《传媒新论》,学习出版社 1998 年版,第 2、68 页。

⑯梁衡:《新闻原理的思考》,人民出版社 1996 年版,第 31—34 页。

⑱参见 http://exam.21tx.com,2005 年 7 月 13 日.人民网,张振亭。

⑲梁衡:《当代散文名家精品文库·梁衡卷》,四川人民出版社 1997 年版,第 409—410 页。

⑳梁衡:《对语文教材编写的三点意见——在人民教育出版社的座谈讲话》,《课程教材教法》1999 年第 8 期。

㉓季羡林:《追求一个境界——读梁衡散文》,《走近政治》,党建读物出版社 2003 年版。

㉔成青华:《与传媒名流谈心》,新世界出版社 2002 年版。

（写于 2006 年 5 月,其中一部分 2006 年 6 月发表于《江西教院院报》,全文发表于《北京教育学院学报》2006 年第 2 期）

中国电视新闻学研究的先行者
——黄匡宇教授

黄匡宇是江西教育学院中文系 1960 届毕业生,现为华南理工大学新闻与传播学院教授、南方传媒研究所所长。他在 1990 年出版的《电视新闻学》被《中国新闻年鉴》1991 年版认定为"我国第一本系统研究中国电视新闻节目的学术专著"。他是从江西教育学院大专层次走出来的一位大学教授、研究生导师,是我国电视新闻语言学研究的先行者和开拓者,是我国传播学界、业界具有较大影响力的学者。

三十年冒烟

"人间万事出艰辛。"黄匡宇在 1960 年至 1990 年的三十年内,教过书、写过新闻、拍过电视片,还搞过美术宣传,等等,有着丰富的人生阅历。

1958 年黄匡宇在南昌师范读二年级时,到新建县望城岗小学实习半年,实习结束,在《江西教育》杂志发表长篇特写,讲述他带领学生投入勤工俭学的故事,算是教过小学生,有过小学教师的经历。

1959—1960 年,他在江西教育学院中文系大专班学习。在读书期间,他兴趣广泛,积极参加学院组织的各种文体活动。他曾经回忆说,读大学时,每餐要吃三大碗饭,每天绕操场跑一万米步,还代表学院参加过江西省大学生运动会。

青年时期的体育锻炼,为他日后从事学术研究奠定了良好的身体条件。

1960年,黄匡宇毕业,被分配到南昌县从事教育工作,先后在向塘中学工作2年(1960—1962)、渡头中学6年(1962—1968年)、莲塘一中4年(1980—1984年)。十多年中小学教书育人的生涯,是黄匡宇人生中最难忘记的一段岁月。莲塘一中高中1982级三班的学生是黄匡宇在中学的关门弟子,这个班的同学至今对黄匡宇充满敬意和爱戴。上世纪80年代初的高中教育一切都是围绕着高考指挥棒转,竞争的氛围弥漫校园。但黄匡宇任班主任的高一(3)班却始终是"生动活泼的那样一种局面"。他教书育人成效明显,他教的书生动形象,入耳入脑。比如他上《荷塘月色》一课,讲得绘声绘色,在教学中还播放了名家朗诵的磁带,讲完课后,又亲自带学生到南昌市郊的青云谱参观八大山人书画陈列馆,要求同学们仿照朱自清的文风写一篇散文。这篇课文的讲授给同学们留下了深刻印象。他的一位学生说,每次去北京出差,都要抽空去看一看清华园的荷塘,这都是因为黄老师讲的《荷塘月色》留下的印象太深了。他不但教好书,而且花费大量的时间来育人。每周一下午第三节课他都会准时召开班会,总结上周班级工作,强调本周学习要求。在班会上,他总要给大家讲大道理,说要用大道理来管小道理。他说个人的命运总是和国家的前途不可分的,每个人都要做大写的人;他说人的一生冒烟的时间多,发光的时间少;他说要不浮躁,就要练"坐功"。他还通过放幻灯片、听贝多芬的《命运》等名曲、欣赏摄影作品、推荐自愿订阅《上海青年报》等等办法,来扩大同学们的知识面。他还发动大家开展班级文体活动。黄匡宇的班级文化工作,为70多位同学输入了正确的人生观、价值观,这个班的同学毕业后走向社会,各方面素质都很好,没有出现一个"次品""废品""危险品"。由于观念的统一,这个班凝聚力很强,毕业20多年了,每年都有聚会。师生之间、同学之间互相帮助、互相提高。这其中,黄匡宇老师是这个班的灵魂。黄匡宇教过的学生很多很多,但他最引以为自豪的就是这个班的学生。

这30年中,黄匡宇有14年的时间从事农村新闻报道工作,先是被南昌县委宣传部选中任新闻报道员,后又被省、市委宣传部门任用为特约记者,还是

《南昌晚报》杂文专栏"灯下谈"的特约作者。这期间,他发表的文字、图片作品逾 2000 件。

那段时间,他为了赶着给报社发稿,自己亲自冲洗胶卷、晒照片,所以每次下去采访都带着全套的设备。那时农村经常没有电,他用块红布帘把窗户蒙住,然后把相纸和底片夹好以后,把红布掀开一下,室外的自然光进来就曝光了,再盖上,接着显影、定影,然后就派人送到报社去。

黄匡宇就是在这样的条件下完成自己的工作。当有人问到这十几年的记者生涯对学术研究有什么作用时,黄匡宇说:"肯定帮助大的,当记者的过程实际上就是一个实践和积累的过程。积累什么呢? 我认为一个是对于语言的认识和把握,另一个则是对事件的认识和把握。"

1980 年下半年,黄匡宇被南昌市电化教育馆和中央电教馆借用从事电视教学片的拍摄与编辑工作。这期间,他南下广州拍摄了秦牧的《花城》,还北到新疆天山拍摄了《天山景物记》,到长江拍摄了《三峡》,几年下来共拍摄了三十多部电教片,积累了大量的电视摄影经验。

由于黄匡宇在摄影摄像方面有这么长时间的积累,江西大学新闻系在 1984 年调他去做摄影教师。他一边教学,一边开始从事学术研究,撰写论文 20 余篇,其中《论新闻照片的屏幕价值》获江西省电视学会论文一等奖、中国广播电视学会优秀论文三等奖。

从 1960 年大学毕业至 1990 年他的第一部专著《电视新闻学》出版,整整 30 年,是黄匡宇积极实践、积累经验的 30 年,是人生中默默无闻地冒烟的 30 年。这 30 年为他今后事业的发展奠定了扎实的基础。

三十年发光

是金子总会发光。

1988 年春,黄匡宇调华中理工大学新闻系任教。1993 年,他又被暨南大学新闻系调去任教,直到 2003 年 12 月退休。2004 年初,华南理工大学聘他为教授、南方传媒研究所所长,参与该校新闻与传播学院的组建工作。

1990 年 3 月,黄匡宇的学术专著——30 万字的《电视新闻学》由华东师大出版社出版发行了。这标志着黄匡宇老师的学术研究达到了高峰。从此,黄老师学术成果一发而不可止。十多年来,黄老师先后出版了《理论电视新闻学》(1996 年中山大学出版社出版)、《广播电视新闻学》、《电视新闻学教程》(1998 年广东高教出版社出版)、《广播电视新闻学概论》(1999 年暨大出版社出版)、《电视新闻语言学》(2000 年中国广播电视出版社出版)、《电视画面创作技巧》、《电视节目编辑技巧》、《当代电视摄影制作教程》(2005 年复旦大学出版社出版)。由于研究成果丰厚,黄匡宇曾两次(1996、1997 年)去台湾,多次去香港的高校与电视台讲学,讲题有《全能式记者的培养与大摄影观念的形成》等,颇受好评。

黄匡宇的学术研究,开创了中国电视新闻学这门新型学科。1990 年出版的《电视新闻学》被《中国新闻年鉴》1991 年版认定为“我国第一本系统研究中国电视新闻节目的学术专著”,该书被武汉大学等十几所高校用作教材。对该专著的一些观点,北京广播学院学报《现代传播》曾组织过讨论,反响甚大。

黄教授因其理论建树独到和学术成果丰硕而受到中国传播学界和业界的关注。在我国著名新闻史学家、复旦大学教授徐培汀著《20 世纪中国的新闻学与传播学》一书的第六章“广播电视新闻学研究”中,系统为中国广播电视新闻学研究的学者立传,其中专述的五位学者中,四位都是北京广播学院著名教授(其中二位已故),第五位就是黄匡宇。在对五位学者的评述中,黄匡宇所占的文字量是较多的。在北京广播学院、中国人民大学发起撰著的《中国传播学者访谈》书系《倾听传媒论语》中,黄匡宇是受访的 25 位中国知名传播学者之一(每人约一万字篇幅)。

复旦大学教授孟建、武汉大学教授罗以澄、北京广播学院教授胡智峰都对黄教授的学术成果予以高度评价。

黄匡宇教授的学术成果突出的方面有:

黄匡宇开辟了中国电视新闻学中"语言研究"这一新的领域

在几十年的学术积累过程中，黄匡宇阅读了几十本中外学术著作，发现除克拉考尔和李蒸幼的著作外再没有涉及影视语言问题的。即使是克拉考尔的著作也只有很小的篇幅提及电影语言问题，可见以往的研究者普遍忽视影视中的语言元素研究。克拉考尔试图从语言的角度去研究，但由于他自己不是搞电影研究的，没有办法把语言理论和电影实务的东西整合到一起。黄老师的优势在于他是学中文的，对基础语言有着一种天生的敏感，加上他又有长期的影视操作实践经验，所以他就有条件把基础理论和实践经验天然地整合在一起。

30 多年来，黄教授专注电视研究，而且还只研究电视新闻，研究电视新闻又钟情于电视新闻语言，他研究的口子开得很小，所以确立起来的成果无可替代，甚至无可超越，这是因为电视新闻语言的结构只可能有这么一个框架，后来者都只可能去丰富这个框架，而不可能创设出新的框架，后人要研究电视新闻，就必须经历电视新闻语言这一关，跨越不过的。这是黄匡宇教授在电视新闻学树立的一座语言符号山峰。

黄教授在 1990 年出版的《电视新闻学》中将电视新闻语言分为语言符号系统和非语言符号系统两大类。在 2000 年的电视新闻学的著作里，他对电视新闻语言符号构成系统进行了修正，将电视新闻语言的符号系统分成抽象语言系统和具象语言系统两大类。抽象语言符号包括播音语言、现场语言和文字；具象语言系统又分为客观性具象语言和主观性具象语言，客观性具象语言在电视新闻中指由所有被摄任务的体态语言及其环境因素所构成的非语言符号，包括形体动作、面部表情、服饰衣着、空间、音响、色彩等。这类符号的最大特点就是客观性，只能在新闻现场凭借敏感去捕捉、发出和选择。主观性具象符号是指镜头运用技巧和利用蒙太奇语言的逻辑形式形成的表达方式，包括线条、光线、色彩、影调、角度、景别、蒙太奇、特技等技巧。这是黄匡宇教授率先构建起来的电视传播的语言框架与模式。

黄匡宇教授深有感触地说："研究电影、电视，不从语言符号入手，把握不住语言符号和非语言符号的整合规律，想要在影视研究中有真知灼见的建树，怕是很难。"

黄匡宇教授针对电视界缺乏理论依据的"声画之争",首先提出了"声画双主体"结构的理论

在此之前,中国电视界对电视新闻的"声音"和"画面"之间的关系谁为主谁为次进行了近20年的争论。"主画说"列出一大堆论据,将"声音语言"贬入"解说"行列,并由此罗列出"解说词"为画面服务的"解释""说明""补充"等功能,这一说是"电影观念"的产物;"主声说"则以"去掉画面也可以得到一条完整新闻"为由而轻视画面,这一说显然是报纸、广播观念衍生的理论。

黄教授分析说,产生这种分歧的原因是争论双方采取了不同价值标准,反映出的是一种片面思维的结果,这无异于就"一个活人是骨骼重要,还是血肉重要"这类问题展开讨论。

黄匡宇援用语言学理论对此进行了分析。他说,应用语言学认为:任何形式语言的应用和研究,都离不开对于语言环境的依赖。按照这一命题要求,对于电视新闻语言声画关系的认识,只有置于"多类符号综合传播新闻"这个语境中进行观照,才可能得到符合实际需要的结论。电影类的艺术声画理论,有可能将电视新闻引向邪路;报纸、广播的新闻标准,则可能使电视新闻成为它们的附庸。电视新闻声画关系的独家标准是:多类传播符号有机融汇,给人们以视听兼备的信息满足。

基于以上分析,黄匡宇教授提出了"声画双主体结构"的理论。他说,我们应该这样看待"声"与"画"的关系:在"新闻"这个特定的语境中,每一种声音都影响着观众对所看见的东西的反应,每一个图像都决定着观众对所听到的声音的反应。任何割裂这种"互为反应"的做法,都将使电视新闻的信息量受到损害。因此我们说:电视新闻的声画关系,是以声画各尽所长而又相互融汇的双主体特点而存在的。这种有机融汇和默契互证,使新闻报道内容显得更为确凿、翔实。双通道的理想传播效果,使图像、声音各自相对的重要性得以充分显现。

黄匡宇率先于全球电视界用语言学研究电视声画结构,做出了科学权威的

解释与结论。他提出的"声画双主体"结构理论,科学地论述了"声音"的叙述功能和"画面"的证实功能,从而为持续近二十年的"声画"之争画上了圆满的句号。武汉大学李元授、复旦大学张骏德、南京大学宋林飞等知名教授在他们的著作中都系统地引用了黄匡宇的上述成果。

黄匡宇这一研究成果也为一线电视新闻从事者提供了理论指南,全国有200多家电视台把《电视新闻学》用为业务教材。

黄匡宇针对电视节目包括新闻节目的内容和形式的关系,提出了"内容为王,形式是金"的科学定位

20世纪末开始,电视传播进入快速发展期,每个电视台每个栏目都在想办法提高收视率。那么怎样才能留住观众? 黄教授说,一个节目有没有魅力,无非在于内容和形式两个方面,要把节目做到好听好看,就得寻找内容与形式的最佳整合。

黄匡宇分析说,我们是一个讲了几千年"文以载道"的国度,《易经》中有句话说:"形而上者谓之道。"意思是说,事物的形式是不重要的,只有事物之所以成为这些事物的道理才是最重要的,道理是无形的,所以在形之上。受这种文化观念的影响,现实中新闻理论的走向和新闻业务的轨道背道而驰,形式问题长期遭受理论的冷漠、忽视以至无视的命运。在这种偏见中,内容的地位是至高无上的,内容决定形式,形式依赖内容,形式是内容的支配物和派生物。

1998年中央电视台成立40周年之际,由中央电视台研究室牵头举办的跨世纪的都市电视的研讨会上,黄匡宇教授就指出,从大众传播形式这个角度来讲,"内容大于形式"这个命题就值得修正。众所周知,传播形式最强的就是电视,报纸次之,广播更次之,电视是时间版面,与报纸的空间版面不同,是顺序传播的,它的保存性差,特别是新闻节目。你播得不好,"形式"不行,观众就换频道,你后面的内容再好也看不见了。从这里可以看出,我们的电视新闻一定要有个好的形式。

黄教授分析说,电视的语言、构图、摄影、策划、编排,它们首先表现为声画兼备的时空传播形式。电视新闻节目传播形式的好坏决定频道的生死存亡。

他在 5 年间曾对 3000 个受众调查样本进行研究,结果表明:新闻节目在 60 秒钟内、综艺节目在 90 秒钟内、电视剧在 120 秒钟内、纪录片在 80 秒钟内若不能在光、影、声、色给人以耳目一新的形式冲击,观众就会按动遥控器宣判该频道的死亡而"另寻新欢"。受众调查样本研究还表明,某一频道的某一节目若能在节目开始的 60 秒钟至 120 秒钟之间以过目难忘的形式留住观众 3 次,那么这个频道这一节目往往会成为某观众下次看电视的首选。从上述意义上说,电视节目传播形式大于内容。有鉴于此,他提出,在电视节目摄制过程中,技巧首先孕育的是形式;在电视节目传播过程中,节目首先吸引观众的还是形式。"内容为王,形式是金。"

黄匡宇教授的学术研究是跨学科进行的,他是文理相通的通才

他除了具备中文和新闻理论等文科知识外,还精通电子电器、摄影、摄像的器材使用等理科知识,因此,他才写得出《当代电视摄影制作教程》这样文理科交叉的电视专业核心技术的教材。该书采用"大摄影"——摄影、电影、电视——的思维一体化的文化观念,对电视摄影诸要素进行了深入细致的解析。该教材入选复旦大学博学教材丛书,作为新世纪高校教材的精品隆重推出。

黄匡宇教授的学术成果来源于实践,又指导实践,而且身体力行自己的学术理论

他先后为央视、凤凰卫视等多家电子传媒出谋划策,其建议屡被采纳,并产生了积极的社会效益和经济效益。他还担任了广东卫视、广州电视台、江苏卫视、南京电视台的常年顾问。更为惊人的是,从 2006 年起,黄匡宇教授走向了荧屏一线,担任广东卫视《粤港澳零距离》节目的主编和主播。

如果从 1990 年他出版第一部专著算起,黄匡宇"发光"已 16 年了。现在,他仍然精力充沛地工作在电视新闻学教学和科研一线。我衷心祝福他继续发光十年、二十年、三十年,为中国的电视新闻事业作出更大的贡献。

(写于 2007 年 8 月,《江西教院院报》2007 年 12 月刊发,江西省广播电视局《今视网》2008 年 1 月 14 日全文发表,获 2008 年全国教育学院院报研究会好新闻一等奖)

毕生奉献教育事业的人

——记从教 40 周年的单发喜同志

用"童颜鹤发"来形容已从事教育工作满 40 周年、个头中等的南昌职业技术师范学院离休老干部单发喜再恰当不过了。40 年来,他教过小学生、中学生、中专生,一直教到大学生。其间他还在省市教育行政部门任过职,做过市教育局的副局长,离休前是学院的党委书记。面对这么丰富的人生经历,单书记谦虚地和记者说他这辈子只是和其他同志一道,办过"两校一班"。

单书记说的这一"班",是指 1947 年 5 月,他在中正大学求学时利用课余时间与其他同学一道创办的"村童野读班"。他动情地告诉记者,他是用人民提供的贷学金才上大学教育系的。上学后他总想把自己所学的知识报答为自己提供衣食的人民,于是他牵头与几位要求进步的青年学生一道在大学附近的望城岗的野外创办起了流动的"村童野读班",专门把穷人家的孩子组织起来,免费提供学习用具,进行义务教育,并且进行家访,开展一些济贫活动。这个"班"一方面教育了村童,另一方面也使一批青年大学生深入农村接近农民,开始走上与工农相结合的道路。这个班的很多"教师"后来成为当时中正大学民主学运中的骨干,以后其中有些人投奔到解放区,单发喜和几位同学参加了中共地下党组织,都纷纷参加了革命。因此,单发喜和他参与创办的这个"班"被载入了江西青年运动的史册。

新中国成立后的 1954 年,正值我国进入社会主义建设高潮之际,各条战线迫切需要人才。受省教育厅的派遣,单发喜同其他几位同志一道创办了南昌第一高中,这是新中国成立后我省第一所专门为高校输送人才的摇篮。他先后担任该校教导主任、副校长、校长、支部书记等职。严格规范的管理,很快使这所学校人才辈出,毕业生绝大多数都考入了高校,其中不少考入重点大学。这个学校的毕业生,如今大多数已成为各条战线上的主力军。

60 年代,单发喜曾任南昌市教育局副局长。1974 年,他调南昌教育学校(后不久改为南昌师范学校)任党总支书记、革委会主任。在任的第三年即1977 年(恢复高考的那年)12 月,市教育局任命他为负责人,与史骏飞、张洪椿、马志山、熊戈、邹牛仔等几位同志一起筹建江西师院南昌分院。在短短的两个多月内,他与其他同志一道,风雨兼程,日夜奔波,完成了修建校舍、选调教员、招收学生和选购教材、教学设备等大量的艰巨工作,保证了学校如期于 3 月 15日开学上课。5 个月后,学校又奉令全部迁到现址下罗,同时招收第二批学生。当时的办学条件极差。几年间,担任院党委书记兼院长的单发喜团结党委一班人,带领全院师生员工,战胜了许多困难,积极提高教育质量,终于使学校立下了脚跟,奠定了基础,学生毕业后在社会上反映很好。

1984 年,南昌分院改为南昌师专,单发喜任党委书记。他在提出"分院的生命在于质量"的基础上,进一步提出了"师专的前途在于改革"的办学思路。学院党委根据全国教育工作会议的精神,提出要主动适应时代发展的需要,大力发展职教事业,培养职教师资的学校发展思路。这一想法很快得到省市领导的鼎力支持,国家教委有关领导也十分赞赏,并于 1984 年批准我院在师专的基础上筹建南昌职业技术师范学院,市委先后任命单发喜、周绍森、杨贵山、蒋如铭、章启明等同志为筹建领导小组成员,单发喜书记任组长,同年招收了工美专业的第一届职教专业学生入校。经过几年的筹建,1987 年 12 月,国家教委批准南昌职业技术师范学院正式成立。从此学院进入了一个崭新的发展阶段。

单发喜书记离休后,1990 年被民主选举为院离退休协会的会长。1991 年10 月,学校又聘请他担任新成立的教学督导室负责人。单书记继续为党的教育事业默默奉献着。

单书记告诉记者,学院前十年创业有成,靠的是党的领导,十一届三中全会路线的指引;靠的是艰苦奋斗,发奋图强;靠的是坚持改革,不断进取;靠的是同心同德,团结一致。

40年来,单书记默默耕耘在党的教育战线上。他为江西教育事业的振兴和发展,为培养更多的合格人才,尽了心,出了力,作出了很大贡献。

单书记是个兴趣爱好十分广泛的人,他爱好集邮,喜欢下围棋。

尊敬的单书记,在此我们祝愿你——养怡之福,可以永年。

(原载《南昌师院报》1994年9月5日庆祝第十个教师节专刊的第二版)

附言:我最早知道单书记的名字是在1981年底,那时我是南昌县渡头中学初三(2)班的团支部书记、班长。1981年底学校发给我们班团支部一本《南昌青年运动回忆录》,是由共青团南昌市委员会编辑,中国人民政治协商会议江西省委员会文史资料研究委员会纳入“江西文史资料”丛书而出版发行的,是向建党60周年的献礼读物。在这本书中就有一篇单发喜撰写的《望城岗上的村童野读班》。这是我第一次知道单书记的名字。这本书我一直珍藏到现在。

1985年9月我从南昌具莲塘一中考入南昌职业技术师范学院历史系,第一年在班上当班长。由于历史系领导的推荐,我作为院学生会委员的候选人之一参加了1986年4月9日召开的院第七届学代会,与易萍、李昱、支林、何长平一起被选为院学生会委员。会后,由团委老师带着我们几个当选的同学一起到时任校党委书记单发喜的办公室谈话。单书记向我们几个人表示了祝贺,并提出了希望和要求。这是我第一次与单书记直接交谈。

单书记离休后,担任了学院离休退休协会会长,每个月定期来学院组织开展活动。1990年10月,在蒋如铭副书记的推荐下,我调回学院党委宣传部,主要从事《南昌师院报》的编辑工作。由于采访离退休协会工作的关系,我与单书记近距离交往多了一些。1994年上半年,为筹备纪念第十个教师节,学院要集中宣传一批从教几十年的优秀教师和教育工作者,我受学院委派,第一次上门对单书记作了专题采访,与自己心目中仰慕多年的“老革命”有了几次长谈的机会,于是就有了这篇通讯。

为引春风到下罗

——记历史系创办人蒋文澜副教授

来复晨昏马达歌,年光忍舍赣江波。愚公锄出南昌院,巧妇炊成历史料。
马列精神重抖擞,洪都气象见嵯峨。石田苦汗浇桃李,为引春风到下罗。

——书奉文澜同志

这是南昌市历史学会名誉会长、原南昌职业技术师范学院历史系教授徐高
祉先生书赠即将因年龄而卸去历史系主任的蒋文澜先生的一首诗,时为 1984
年。蒋文澜先生对此曾诚恳地表示:实受之有愧。他说:"我虽然拼命地工作,
也有些成绩,但在工作上也存在一些缺点,甚至出过岔子。"作为记者,经过采访
后,我觉得徐老的诗是对他的客观评价,因此选该诗的末句为本文题目。

创办历史系

1978 年,蒋老师调入学院任新设置的历史科(后改称系,今称政史系)主
任。开头两三年,系里只有五六名教学人员(开办时只有 3 名),且均为老年教
师,要承担本系两个专业班和政治系、中文系的通史课的繁重教学任务,加上没
有专职非教学人员,因而每个教师的工作量都很大。作为系主任,蒋文澜老师
肩上的担子就更重了,他经常要开两门课,每周上课 8 ~ 10 节,又是系里负责
人,从系主任、教学干事、辅导员到班主任(80 级)都是他一肩挑! 同时,他还担
任过市历史学会副会长兼秘书长及省历史学会、党史学会理事,参与社团学术

活动,工作是繁忙的。开办当年,系里没有教材,他就迎难而上,带领全系一班人自己动手编写。1978年,他和黄栻两人合编了《中国古代史讲义》;1984年,他为中文系干修班学员上中国近代史,因一年的课程要半年上完,为保证质量,就吸收史学界最新成果,自编中国近代史讲义。以上两种讲义,七八十万字,他都是利用晚上和节假日精心撰写的,并自始至终坚持做到了上课前两天将编印好的讲义发到学员手中,让学员进行预习,使师生在教与学两方面收到事半功倍的效果。这样,既为学生学习创造了便利条件,又保证了教学计划的顺利完成。学期结束时学生成绩均为优良,因而受到学员的好评。

1982年初,湖南零陵师专校长率领该校历史科教师来访学院历史系时曾说:"你们这种艰苦创业的奉献精神,在全国高等学府中是罕见的。"

蒋老师教学严谨,他每次上课,必写课时计划,史料翔实,条理清楚,不迷信书本,结合自己的研究心得,提出个人的看法,除思想性外且带趣味性,因而讲得生动,深受同学们欢迎。

在他严谨的教学作风带动下,经过全系教师的共同努力,多年来培养了一批质量高的毕业生,他们走向社会,在各自的岗位上作出了贡献。有的是全国优秀教师,有的成了博士生、硕士生,有的成为地方各级政府机关的领导干部。可谓是石田苦汗浇出了天下桃李。

醉心于抗战史的研究

围绕教学工作,蒋老师着重研究抗日战争时期的军事史。十多年来,他还搜集了很多有关书刊,复印和摘抄了几百万字的资料。他的卧室除了一张床、两个箱子和一张桌椅外,"半壁江山"就是书橱装的书刊和资料。他收集的资料分类存放每类一袋,有全国抗战史、江西抗战史、南昌抗战史、每次大捷战役史、空军抗战史、海军抗战史、侵华毙命的日军高级将领资料、日机多次狂炸蒋介石资料、中国军队各地受降资料等类别。他看过的书和资料都保管得很好,没有一点卷角,他圈划重点的方法是用直尺划红线;他发现书上有错误的地方,就像校对一样用红笔予以校正;他撰的文稿很整洁,一笔一画,一字一格,一目了然。

多年来,他发表了不少有分量的著作、论文。主编出版了《中国现代史》,与人合编了《中学历史知识》等书;发表了《上高会战》《德安万家岭战役》《记南昌沦陷到南昌受降》《一、二、三次长沙会战》《南昌空军抗战史》《在江西抗日战场上的中国共产党》等抗战史方面的论文 20 余篇。其中不少获省、市、学院论文奖,有的文章被台湾省有关杂志全文转载,具有一定影响。近来,他正在撰写抗战纪实作品,以迎接抗战胜利五十周年。

毕生的追求

蒋老师 1926 年出生,家里世代贫穷,没有出过读书人。他曾深情地对我说:"解放前我家颠沛流离,读书很少,解放后换了人间,优越的社会主义制度为广大青年创造了良好的学习条件。"1949 年 6 月,他报名参加了军管会举办的"中小学教师暑期讲习会",后又参加教师业余进修学校的学习,毕业时成绩优异,旋又考入江西师院历史系,1955 年 8 月毕业,在调入学院之前大部分时间在中学从事历史教学。

1950 年 1 月,他加入了共青团。从 1955 年 9 月起,他多次向组织要求入党,争取了三十三年之久,直到 1988 年 5 月被学院党组织批准为中共党员,实现了自己的政治夙愿。在接受采访时,蒋老师激动地说:"做一名无产阶级先锋队的成员是光荣幸福的,我一定做好一个合格的党员。"

蒋老师退休后曾对我说过,"老有所养""老有所乐"体现了社会主义的优越性,但作为一名党员,还必须"老有所学""老有所为",这是继续对社会作贡献,使晚年生活更富有意义。

他是这样说的也是这样做的。1989 年"六四"动乱期间,他退休在家,却主动协助系里做学生返校的工作。他到系里查找了几名学生家庭地址,逐个到学生家里做细致的工作,使他们按期返校复课,为稳定学院正常教学秩序作出了贡献。

　　几十年来，蒋老师一直以党员的标准严格要求自己，教书育人，为人师表。"石田苦汗浇桃李，为引春风到下罗"，不正是他的真实写照吗？

（原载 1994 年 3 月 20 日《南昌师院报》）

长于著书立说的胡长书

——记政史系离休副教授胡长书

"去年,一位香港老板,他是我亲戚的朋友,家产上亿元,在江西投资美术装饰分公司,聘我为总代理兼办事处主任。我跑了两个月后,觉得自己不能适应那种生活环境,整天迎来送往,实在是浪费时间,非我所长。因此,我辞去了那个职务,还是搞我的著书立说。"当记者问及这位著述颇丰的南昌职业技术师范学院政史系胡长书副教授面对文人下海是怎样想时,他这样率直地道出了心底话。

胡长书副教授的确长于著书立说,至今他共编写教材五本、专著两本、历史人物传记一部、大型工具书一本,洋洋洒洒几百万字,堆积起来已有数切了。

胡老师说,最早写书是为了配合教学,恢复高考的1977年,考生手头上没有资料。任教于南昌五中的胡长书老师与人合编了《中学地理复习资料》,流传很广。江西人民出版社知情后,约他与人合作,编印出版了《中学地理知识》一书,十分抢手。于是,《江西青年报》请他撰写有关地理高考模拟试卷及其答案。南昌地区一度传说,胡长书会抓高考题目,以至于1984年广东省地图出版社请他主持编写了《地理高考辅导丛书》共6册,在全国发行,影响了众多学子。

1980年,胡老师调入学院,先后任地理系、政史系讲师、副教授。几年内,他先后开设了世界历史地理、世界经济地理、中国旅游地理等课程。他在1986年为南昌职业技术师范学院旅游系开设的中国旅游地理课,在全国是较早的。那时全国没有一本正式的教材,为了保证学生的学习,他约请全国部分省市旅游局的专家、全国部分高校的教授参与，由他主持，编写了《中华揽胜》一书，在全国有一定的影响。接着他又主编了《中国旅游地理》一书，作为许多高校的通用教材。

除了编写教材外，胡老师还将自己的科研工作与时代前进的步伐紧密结合起来，把注意力转向了祖国的经济建设和改革开放。1985年，他主持并约请14所本科院校和包头市市长乌杰（现山西省副省长）编写了《中国经济战略的布局》一书；接着又与政史系徐耀耀副教授合编了《中国对外开放的格局与前景》一书。这两本书创立了新的学说，在国内外都产生了很大的影响，成为了解中国区域经济和对外开放的首选书。眼下，胡老师受中山大学出版社的委托，与江西省证券公司、江西财院、江西省港台经济研究所等单位的专家学者一道，编写《中国股票上市公司大全》一书。出版社计划出中、英两个版本。

胡老师著书立说的面很广。他还擅长撰写有关历史人物的纪实文学作品。由江西省文史馆徐浩然先生提供史料、胡老师执笔的反映蒋家王朝两代"总统"经历的纪实文学作品《父子总统》年前已由中国友谊出版公司出版，在国内外同时发行，市场上颇为畅销。

笔者问胡老师，搞科研有没有什么诀窍？胡教授告诉记者，他曾应邀在陕西师大作过一次题目为"科研如何选题"的报告。他说，搞科研一要基础好，要有相关学科的知识；二要有一定的敏感性，要善于发现问题。作为青年人，应有强烈的求知欲望，否则做学问便无从谈起。

笔者认为勤奋也是胡老师成功的一个重要原因。为了写书，胡老师几十年来阅读了大量的书籍，作了几百万字的笔记，可谓厚积薄发。更难能可贵的是，这些著作是他在业余时间和离休后写成的。

1949年，胡长书18岁那年便参加了革命工作。1954年，他由部队保送福建师院进修四年，之后他一直从事地理教学工作。1960年转业到江西师院地理系任助教，"文化大革命"下放后回南昌五中，1980年调入学院。三十多年来，他培养了大批优秀的人才，可谓桃李满天下。他在教学中采用启发性教学方式，善于调动学生参与的积极性，颇受学生们的欢迎。

当记者问他今后有何打算时,他说,眼下准备与人合写抗战方面的书籍,以迎接抗战胜利 50 周年。

"老骥伏枥,志在千里,烈士暮年,壮心不已。"我们祝愿这位一心著书立说也颇擅长著书立说的胡长书副教授写出更多更好的书来,为祖国的文化事业增光彩!

(原载 1994 年 11 月 25 日《南昌师院报》)

杨老师和他的妻子与儿子

一栋四周围着高楼的平房,整洁的房间四壁水渍斑驳。没有华美的家具,只有门楣上所悬的中共南昌县委、南昌县人民政府所授予的"教师世家"的荣誉牌鲜艳夺目。这就是年已65岁、一生奉献给教育事业的杨老师居住的场所。也就是在这既用餐又待客的房间里,2006年6月中旬,我们伴着屋外的风雨声,听说了一段真实的不幸和在不幸中的杨老师的感人故事。

"为了减少家庭的负担,我选择了不需交学费的师范。但我从来没后悔过我当初的选择,当老师是光荣的!"

杨老师叫杨秋华,1941年出生在一个农村教书匠的家庭。命运使杨秋华的家庭与教师这个职业结下了不解之缘。他父亲是老师,他自己是老师,大女儿嫁的是老师,二女儿幼师毕业当的还是老师。杨老师在回忆他如何走向教师的职业时说:"我的父亲解放前就在武陵洪毅做小学老师,后来解放了,父亲分到了南昌天花宫小学任教。那时父亲工资并不多,而家里兄弟姐妹却不少。为了不给家里添负担,我在南昌第九中学毕业后,就自愿选择了学费全免的南昌师范中师培训班。"

1960年7月25日,毕业于南昌师范学校的杨秋华被分配在南昌县幽兰中学,开始了他的执教生涯。不久,国家充实小学基础教育时,他毅然去了南昌县渡头公社罗舍小学任教。1971年他转到渡头中学任教。1984年杨老师被调到向塘二中任教,直至1994年退休。杨老师整整在教育战线奋斗了34年,为国家基础教育事业作出了贡献。杨老师教过的学生也不计其数,可谓桃李满天下。1993年9月10日,南昌县教育局、南昌县德育工作领导小组办公室授予杨秋华老师"优秀班主任"光荣称号。

在34年的从教生涯中,杨老师一直是用"教书育人,为人师表"来鞭策自己。在教学上他一丝不苟。他长期担任语文课老师,上语文课轻车熟路。但在上世纪80年代初,渡头中学缺乏英语老师时,本是语文老师的他主动要求担任英语老师。为了教好学生,他刻苦自学,每天四点杨老师就起床背英语。他把英语单词制作成小卡片,随身带着,随时背着。杨秋华老师是一个十分注重教师形象的老师,总是穿着整洁的衣服走进教室。深知老师的言行对于学生的影响的他,在讲台上特别注意自己的言行。他对学生是严格的,尤其是在做人的方面。"读书首先应该学做人,要认认真真做人,要做一个堂堂正正有责任感的人。"杨老师总是这样教导着一届又一届学生,一届又一届学生在杨秋华老师的关怀照顾下长大了。他教过的学生以及学生的家长们多年后仍对他心存着一份感激与惦念。

杨老师兴趣爱好广泛,书法绘画、笛子和单簧是他最拿手的绝活。遒劲有力的毛笔字、悠扬动听的笛子声、扣人心弦的单簧声使杨老师成为当地的名人。1971年在渡头任教时,多才多艺的杨秋华老师被借调到南昌县小学教师文艺宣传队工作。在上世纪80年代中,渡头影剧院是当地最好的文化阵地,当地领导点名要杨老师书写制作院名。在退休后,多才多艺的杨秋华老师被南昌第二师范聘请担任美术普师班的专业课老师。

退休后的杨秋华老师生活安稳,他最大的快乐是常常有学生去看望他。每当有学生和学生的家长亲热地叫一声"杨老师"时,杨秋华的脸上总是洋溢着满足的笑容,他觉得当老师真是一种光荣。每当拜访他的学生嘘寒问暖:"杨老师过得好吗?"杨秋华老师总是回答说:"好!好!"

其实,自1994年起,杨老师平静的生活就发生了转折。

这一年，杨师母因类风湿关节炎开始行动不便了。

"每个人遇到这样的事都要这样做，且不说四十年夫妻的情与义，更有一份道德的责任在其中，我应当照顾好她！"

1965 年，杨老师经人介绍认识了师母，多才多艺的杨老师和美丽贤淑的师母一经相遇，就一见钟情，一看倾心，两颗真诚的心撞在了一起，碰撞出爱情的火花，开始了一辈子真诚的爱情之旅。结婚后，相亲相爱的杨老师和师母有了爱情幸福的结晶：两个女儿和一个儿子。

1994 年，师母患上了类风湿关节炎，到了 1998 年病情开始恶化。本有内风湿的她忽然患上了脑血栓，一场高烧使她全身关节弯曲，全身大部分瘫痪，生活不能自理。从此，杨家大部分的开销都用在了杨师母的医药费上。十多年来，杨师母所吃的药能满满装下一汽车。可是杨秋华老师却十年如一日，端水喂药照顾着瘫痪的妻子。

每天清晨 5 点整，杨老师便起床锻炼身体，用杨老师的话是"为更好地照顾妻子而准备"，因为杨老师觉得要是自己也生病了，那两个老人就只能拖累儿女了。锻炼了一个小时后，杨秋华老师开始煮稀饭，烧开水。等到把一切准备就绪后，再唤醒老伴，帮她穿衣服、洗脸、梳头、喂稀饭。等老伴吃好早饭休息了一阵后，杨老师便开始为老伴按摩，轻轻拍打老伴的头，用热水敷头，刺激大脑血液循环。天气好的时候杨秋华老师便会用轮椅推着老伴上街逛逛。每当他们行走在街上时，很多人都会羡慕地看着杨师母。晚上睡觉前，杨秋华老师又会帮老伴周身按摩一小时。夜里因为瘫痪的杨师母动弹困难，翻身、起夜都得杨老师帮衬着。这十多年来，杨老师没睡过一个安稳的觉。可杨老师却从来没厌烦过杨师母，反而更加地耐心。

爱干净的杨老师总是细心地把老伴收拾得干干净净的，衣服绝对不能有污渍，头要一星期洗两次。这些都是杨秋华老师一人帮老伴打理。聪明好学的杨老师还自己帮老伴剪头发。杨老师不仅在身体上给予老伴无微不至的照顾，并在精神上注意给予支持鼓励,想方设法使老伴心情愉悦。在杨秋华老师周到的照顾下,杨师母没给儿女增添一点负担。"让儿女们安心做好自己的工作,过好他们自己的日子",是杨老师晚年最大的心愿。在杨老师的努力下,一家上下日子虽然辛苦,但过得也还平静。

"当听到儿子的病情以后,我简直如五雷轰顶,我对儿子说只要人在,什么问题都好解决。可昂贵的手术费使我一筹莫展。"

老天捉弄人,屋漏偏逢连夜雨,不幸的苦难一个接着一个。

他的大女儿杨群柳,本在南昌县瓷厂工作,可是由于工厂效益不好,她被迫下岗回家,现在向塘二中做学生宿舍管理员,每月只有三百元的生活费。

不久,毕业于南昌幼师、在建材厂幼儿园工作的二女儿杨群英又因建材厂倒闭而下岗了,整个家庭生活变得更加的紧张。

可是只要一家人过得平平安安,杨老师也觉得知足了。

有时候,老天实在是不公,更大的不幸降临到了这个不幸的"幸福之家":儿子杨彬竟然在 2005 年患上了白血病!

得知这不幸的消息,全家人都惊呆了。瘫痪的妻子老泪纵横:"天啊,就让我替我儿子死一千次一万次吧,我都心甘啊!我的儿呀!"

觉得如五雷轰顶的杨老师强忍着泪水。他无法相信这么健壮、这么年轻的儿子竟然会得白血病。

杨彬曾在新疆乌鲁木齐一空军部队的卫生所里当过四年义务兵,是一个英俊潇洒、性格开朗的小伙子。退伍回来后,杨彬被分配到江铃公司总装车间工作。在部队他是一个好战士,在单位他是一个好职工。乐观、开朗的他有极好的人缘。

杨彬有一个幸福的小家庭,爱人在同一个车间工作,小孩才几岁。

确诊后,杨彬在南大二附院住院治疗。杨老师总是鼓励儿子说:"事情总会有解决的办法,一定要把病治好,只要人在,什么问题都好说。"

经二附院医生的精心治疗,目前,杨彬的病情基本稳定。可要治好病,目前只有骨髓移植的办法。经二附院医生多方联系,中华骨髓库中已经有了可以和杨彬相配的线索,只要准备七八十万元,就可以进行骨髓移植手术了。杨彬就有希望了。可是七八十万对于当了一辈子老师的杨秋华和整个家庭目前的状况来说,简直就是个天文数字。就是全家砸锅卖铁也弄不到这么多的钱啊,到哪里去弄这么多的钱?

杨彬所在的江铃公司总装车间的同事们得知杨家的情况后,自发地为杨彬捐钱,把全厂筹得的3万多元送到了这个不幸的家庭,这是全厂有史以来义务捐献最高的金额。拿着这笔钱,杨家上下感动得泪流满面。儿子杨彬对父亲说:"等我好了,我一定要好好工作,报答我的单位,报答一切帮我的好心人。"杨秋华老师看着儿子,一阵阵的心痛。

杨老师的亲戚得知情况后,都尽力支持。

杨老师还做好了卖房子的准备。

目前所有的钱凑在一起,对70万的费用来说简直是杯水车薪。如何治好儿子的病,如何筹钱? 成为令杨老师难眠的心事……

安定好了儿子的事,杨老师又得赶回家里,瘫痪的妻子离不开他。可他的心还在医院,他常常买些土补品,炖汤给儿子送去,他只能把对儿子的爱与牵挂全融在为他煲的汤中。每天晚上,等照料完妻子,他总要打个电话给儿媳和儿子,细细询问着儿子的点点滴滴。

……

每天早上5点,杨老师还是一样的起床晨练,每天杨老师还是一样一天两次帮老伴按摩,每天晚上,杨老师也都会给儿媳打个电话,和儿子聊聊天……

2006 年 6 月

(本文合作者为蔡奕、胡秋生)

高校学报自选作品（论中国特色社会主义理论体系）

论"一国两制"及其哲学基础

"一国两制"即一个国家两种制度,是邓小平为解决历史遗留下来的香港、澳门、台湾等问题而提出来的科学理论。

一、港、澳、台问题是历史遗留问题

香港、澳门问题是历史上殖民主义者侵略中国遗留下来的问题,是分别属于中国和英国之间、中国和葡萄牙之间的问题。香港自古以来就是中国领土。1840年英国发动鸦片战争,强迫清政府于1842年签订《南京条约》,永久割让香港岛。1856年英法联军发动第二次鸦片战争,英国1860年迫使清政府缔结《北京条约》,永久割让九龙半岛尖端。1898年英国又乘列强在中国划分势力范围之机,逼迫清政府签订《展拓香港界址专条》,强行租借九龙半岛大片土地以及附近200多个岛屿(后统称"新界"),租期99年,1997年6月30日期满。中国人民一直反对上述三个不平等条约。

澳门自古以来也是中国领土。1553年葡萄牙人借口进贡物品受潮,借地晾晒进而上岸居住,私设官吏,修筑城墙炮台;1557年他们以协助平定海盗名义,通过贿赂当地中国官吏占据澳门;鸦片战争后,葡人见英国以武力夺取香港,便效仿扩大侵占地盘。1849年,葡萄牙人竟驱逐清政府官吏和海关人员,强占整个澳门半岛。中国政府历来未与葡方签订割让、租借领土主权的条约。

　　台湾问题属于中国的内政。1945 年 8 月"二战"结束后,日本宣布无条件投降,被日本占领了五十年之久的台湾回到了祖国怀抱之中。但是蒋介石为了实现独裁,发动了全面内战。这一倒行逆施引起饱受战火之灾、爱好和平的国人强烈不满,以中国共产党人为代表的正义力量进行了坚决的自卫并进行了针锋相对的斗争。在人民的支持下,中国人民解放军摧毁了国民党反动军队的主力,国民党在大陆的统治基础覆亡了。1949 年 12 月 11 日,国民党中央党部迁往台北,从此开始了两岸的对峙与隔绝。这是两岸的中国人都不愿意看到的事情。

二、"一国两制"思想的形成与发展

　　怎样解决历史上遗留下来的港、澳、台问题? 新中国成立后,我们党的两代领导人都一直在探讨和寻找祖国统一的方式和途径。

　　以毛泽东为代表的第一代领导集体十分重视对台工作,毛泽东坚信祖国必定要统一。1955 年 4 月,周恩来率团出席万隆会议时,毛泽东指示周恩来,"可相机提出在美国撤退台湾和台湾海峡的武装力量的前提下和平解放台湾的可能"。1956 年 10 月,毛泽东会见有关朋友,表示如果台湾回归祖国,一切可以照旧,台湾可以实行三民主义,可以同大陆通商,但是不要派特务破坏,我们也不派"红色特务"去破坏他们,谈好了可以签个协定公布。台湾可以派人来大陆看看,公开不好就秘密来。台湾只要与美国断绝关系,可派代表团回来参加人民代表大会和政协全国委员会。周恩来参加了会见,并具体解释说,蒋经国等安排在人大或政协是理所当然的,蒋介石将来总要在中央安排,台湾还归他们管。这是以毛泽东为代表的第一代领导人关于和平解决台湾问题的最早设想。不久,1957 年 4 月在欢迎苏联领导人的宴会上,当周恩来谈到国共两党过去合作过两次时,毛泽东当即提出"我们还准备第三次国共合作"。1960 年 5 月 22 日,毛泽东主持中共中央政治局常委会议,研究并确定了关于台湾问题和对台工作的总方针。毛泽东根据国际形势和海峡两岸的实际情况,适时提出台湾只要和大陆统一,除外交必须统一于中央外,所有军政大权、人事安排大权均由蒋介石掌握,所有军政及建设费用不足之数悉由中央拨付;双方互约不派人员去做破坏对方的事情。中共中央领导人还一再表示:台湾当局只要一天守住台湾,不使台湾从中国分裂出去,大陆就不改变目前对台湾的关系。正是在中国共产党的和平统一政策的感召下,1965 年 7 月,前国民党政府代总统李宗仁从海外归来。上述史实足以说明中国共产党第一代领导人的胸襟宽大,他们以民族利益为上,表达了采用和平的方式方法统一祖国的愿望,为"一国两制"构想的提出奠定了基础。

"文化大革命"期间,探讨和寻找祖国统一道路的工作受到影响,进展不大。

党的十一届三中全会重新确立了马克思主义的思想路线,以邓小平为核心的第二代领导集体从实际出发,实事求是地制定了一系列方针政策,同时又重新开始了探讨和寻找祖国统一的方式和途径问题。1980 年 1 月 16 日,邓小平在《目前形势和任务》一文中把实现祖国统一和维护世界和平、加紧经济建设当成当前要做的三件大事,足见他对祖国统一大业的重视。1981 年 8 月,邓小平重申除在三种情况下(和平方式根本行不通、台湾变成外国的基地、台湾反攻大陆)不排除被迫使用武力外,我们要力求通过和平方式解决台湾问题。9 月 30 日,全国人大常委会委员长叶剑英发表《关于台湾回归祖国实现和平统一的方针政策》即完成祖国统一大业的"九条建议",提出统一后,台湾可以作为特别行政区,享有高度自治权,并可保留军队,中央政府不干预台湾地方事务。台湾现行社会、经济制度不变,生活方式不变,同外国的经济、文化不变。私人财产、房屋土地、企业所有权、合法继承权和外国投资不受侵犯。

1982 年 9 月 24 日,邓小平在会见英国首相撒切尔夫人时,第一次公开谈到了香港问题。邓小平说,关于香港的主权问题,中国在这个问题上没有回旋余地。坦率地说,主权问题不是一个可以讨论的问题。现在时机已经成熟了,应该明确肯定:1997 年中国将收回香港。在谈到怎样保持香港繁荣时,他说,香港的繁荣,根本上取决于中国收回香港后,在中国的管辖之下,实行适合于香港的政策。香港现行的政治、经济制度甚至大部分法律都可以保留,当然,有些要加以改革,香港仍将实行资本主义,现行的许多可行的制度要保持。

1984 年 2 月 22 日,邓小平在会见美国客人时,第一次使用"一个中国,两种制度"的文字表述。他说,我们提出的大陆与台湾统一的方式是合情合理的。统一后,台湾仍搞它的资本主义,大陆搞社会主义,但是是一个统一的中国。一个中国,两种制度。香港问题也是这样,一个中国,两种制度。6 月,他在同香港有关人士谈话时说,我们的政策是实行"一个国家,两种制度",具体地说,就是在中华人民共和国内,十亿人口的大陆实行社会主义制度,香港、台湾实行资本主义制度。1986 年 9 月 2 日,邓小平在答美国记者问时重申,我们采取"一国两制"的方式解决统一问题。他说,中国的统一是中华民族子孙的愿望,统一有利于台湾的安全。1987 年 4 月,他在会见香港特别行政区基本法起草委员会的委员时说,我们的社会主义制度是有中国特色的社会主义制度,这个特色很重要的一个内容就是对香港、澳门、台湾问题的处理,就是"一国两制"。这是个新事物,这个新事物是由中国提出来的,所以叫中国特色。1990 年 4 月 7 日,邓小平在会见泰国客人时说,我们相信,最终将靠"一国两制"把我国统一起来;同年 9 月 15 日,他在同马来西亚客人谈话时说,实现祖国统一,再没有比一国两制办法更合理的,表明了他对采用"一国两制"完成祖国统一大业所抱的必胜信心。

1995 年 1 月底,江泽民在《为促进祖国统一大业的完成继续奋斗》的重要报告中,就祖国统一问题提出了"坚持一个中国的原则是实现和平统一的基础和前提;对于台湾同外国发展民间性经济文化关系,我们不持异议;进行海峡两岸和平统一谈判,是我们一贯主张;努力实现和平统一,中国人不打中国人;面向 21 世纪世界经济的发展要大力发展两岸经济交流与合作,以利于两岸经济共同繁荣,造福整个中华民族;中华各族儿女共同创造的五千年灿烂文化,始终是维系全体中国人的精神纽带,也是实现和平统一的一个重要基础,两岸同胞要共同继承和发扬中华文化的优秀传统;二千一百万台胞,不论是台籍还是其他省籍,都是中国人,都是骨肉同胞,手足兄弟;我们欢迎台湾当局的领导人以适当身份前来访问,我们也愿意接受台湾方面邀请,前往台湾"等推进祖国和平统一进程的八点看法和主张。这篇讲话精辟地阐述了邓小平"一国两制"的思想,是对我党第一代、第二代领导人关于台湾问题方针、政策的新发展,也是第三代领导集体在当前形势下对祖国统一大业的宣示,具有重要意义。

三、"一国两制"的哲学基础

"一国两制"具体地讲就是,世界上只有一个中国,就是中华人民共和国,这是前提,在统一的中华人民共和国全部领土内,大陆实行社会主义制度,中国的主体是社会主义;但同时允许某些区域实行资本主义制度,比如香港、台湾等成立特别行政区,享有高度的自治权。

"一个国家,两种制度"的政治构想,是中华民族政治智慧的伟大创造,也为和平解决世界上一系列有争端的问题提供了一些有益启示,引起世人关注。探讨"一国两制"的哲学基础对于我们加深理解这一构想是大有裨益的。

1."从实际出发,实事求是"是形成"一国两制"构想的第一个哲学基础

根据辩证唯物主义关于物质决定意识的原理,我们在观察问题和处理问题时,就应该坚持从实际出发,实事求是。辩证唯物主义告诉我们,世界是存在于人的意识之外的物质世界,而人的意识是物质的产物、物质的反映,是物质决定意识,而不是意识决定物质,这就要求我们按照物质世界的实际情况决定工作方针,我们的思想、理论、观点、计划、方案、办法以及路线、方针、政策都必须如实、正确反映客观存在的事实,即主观必须符合客观。

从实际出发,实事求是,是我党的思想路线。邓小平正是按照我们党的这一思想路线,大胆地提出了"一国两制"构想。1984 年 12 月,他在会见英国首相撒切尔夫人时说,如果"一国两制"的构想是一个对国际上有意义的想法的话,那要归功于马克思主义的辩证唯物主义和历史唯物主义,用毛泽东的话来说就是实事求是。这个构想是在中国的实际情况下提出来的。他接着说,中国面临的实际问题就是用什么方法才能解决香港问题,用什么方式才能解决台湾问题。只能有两种方式,一种是和平方式,一种是非和平方式。而采用和平方式解决香港问题,就必须考虑到香港的实际情况,也考虑到中国的实际情况和

英国的实际情况,就是说,我们解决问题的办法要使三方面都能接受。如果用社会主义来统一,就做不到三方面都接受,勉强接受了,也会造成混乱局面。在此前一次会见香港有关人士时他说,近几年来,中国一直在克服"左"的错误,坚持从实际出发,实事求是,来制定各方面工作的政策。正是在这种情况下,我们才提出用"一个国家,两种制度"的办法来解决香港和台湾问题。

2. "对立统一规律"是"一国两制"构想形成的第二个哲学基础

对立统一规律就是事物矛盾运动的规律。矛盾就是反映事物内部或事物之间的对立和同一及其关系的基本哲学范畴。对立和同一,这是事物矛盾所固有的两种相反而又相成的基本关系或基本属性。矛盾的同一性是指矛盾着的事物既对立而又存在相互之间内在的、有机的、不可分割的联系,是体现对立面之间互相吸引的一种趋势,对立的双方不仅有共同的基础,而且彼此之间还包含有某些共同点,即异中之同,这样才能形成对立的同一,才具有矛盾的同一性。

对立统一规律是唯物辩证法的基本规律之一。邓小平运用这一规律,分析海峡两岸之间的矛盾关系,看到了它们之间的同一性,这就是:(1)双方都认为台湾和大陆是不可分割的统一体,台湾自古就是中国的领土;(2)双方都认为只有一个中国,反对"两个中国";(3)双方都认为中国应当走向统一;(4)双方都希望通过和平方式实现统一。邓小平正是看到矛盾双方有同一性的一方面,相机提出"一国两制"的构想的。1987年4月,他在会见香港特别行政区基本法起草委员会委员时说,中国的统一是全中国人民的愿望,是一百几十年的愿望,一个半世纪了嘛! 从鸦片战争以来,中国的统一是包括台湾人民在内的中华民族的共同的愿望,不是哪个党哪个派,而是整个民族的愿望。正是在正确分析矛盾的同一性基础之上,邓小平提出了"一国两制"的构想。

3. 可能与现实的辩证关系,是构想"一国两制"的第三个哲学基础

列宁说:"马克思主义的政策是以现实的东西,而不是以可能的东西为依据的。"现实性是指现在的一切事物、现象的实际存在性,是已经实现了的可能性;可能性是指包含在现实事物中的、预示着事物发展前途和种种趋势,是潜在的

尚未实现的东西。可能性和现实性是对立统一的，因此是能够相互过渡、相互转化的。把握可能与现实的辩证关系，对于正确地、充分地发挥人的主观能动性具有重要的指导意义。可能与现实的统一，使人的主观能动性有发挥的余地。人们可以依靠自己的努力把可能的东西变成现实的东西，在现实中展示出继续前进的光明前景。

邓小平正是按照这一哲学规律，从实际出发，考虑可能与现实的原则，提出和平统一祖国的设想的。1984 年他说，我们提出的大陆与台湾统一的方式是合情合理的。世界上的许多争端用类似的办法解决，我们认为是可取的。根据这一构想，我国政府在广泛听取香港同胞和各界人士意见的基础上，经过与英国政府的反复谈判，1984 年 12 月 19 日两国政府在北京正式签署了关于香港问题的联合声明，明确中国在 1997 年收回香港，恢复行使主权。这个协议的达成，是"一国两制"这一理论由可能变成现实的首次胜利。接着，解决澳门问题也提上了日程。经过中葡政府谈判，1987 年 4 月，中葡两国政府签署了联合声明，宣布中国将于 1999 年 12 月 20 日对澳门恢复行使主权。港澳问题的顺利解决，表明用"一国两制"的办法解决台湾问题具有现实可能性。

江泽民在 1995 年春节前夕的讲话中指出：早日完成祖国的统一，是中国各族人民的共同心愿，无限期地拖延统一，是所有爱国同胞不愿看到的。纵观中国历史发展的轨迹，统一是主流。香港回归已成定局，用"一国两制"的理论继续完成祖国统一大业，既是我们党的长期方针、国家的基本国策，又是历史发展的必然趋势，是任何人都阻碍不了的。

（本文入选 1997 年 6 月江西省"邓小平祖国统一思想"研讨会）

"三个代表"是中国共产党八十年历史的重要结论

　　中国共产党即将迎来建党 80 周年大典。如何科学地认识 80 年历史？正确总结 80 年历史经验？江泽民 2000 年 2 月在广东的重要讲话可以帮助我们找到很好的思路。他说，我们党七十多年的历史，可以得出一个重要结论，这就是，我们党之所以赢得人民的拥护，是因为我们党作为中国工人阶级的先锋队，在革命、建设、改革的各个历史时期，总是代表着中国先进社会生产力的发展要求，代表着先进文化的发展方向，代表着中国最广大人民的根本利益。江泽民"三个代表"重要思想，科学地总结了中国共产党 80 年历史经验，可以说是我们党的立党之本、执政之基、力量之源。

一、80 年来，中国共产党始终代表先进社会生产力的发展要求

1. 中国共产党是适应新型社会生产力发展的需要而产生的

　　1840 年鸦片战争以后的中国社会，是一个半殖民地半封建社会，帝国主义、封建主义严重阻碍了中国社会的发展，人民生活在水深火热之中，各种反抗斗争风起云涌。农民领导的太平天国、义和团运动，资产阶级维新派领导的戊戌变法，资产阶级领导的辛亥革命，都试图改变中国的现状，但都先后失败了。伴随着帝国主义的入侵和民族资本主义的发展，一个新型的阶级——工人阶级产生了。这个阶级的出现在当时是新生事物，是先进生产力的代表。俄国"十月

革命"的一声炮响,给中国送来了马克思列宁主义。五四运动的爆发,使马克思主义和中国工人运动结合起来,中国共产党就在这样的历史背景中产生。从中国共产党的产生背景就可以看出,中国共产党是当时社会先进生产力的代表,是工人阶级的先锋队。

2. 新民主主义革命推翻了影响生产力发展的三座大山

党产生以后,认真总结农民运动、维新变法和资产阶级革命失败的教训,科学分析了当时中国的主要矛盾是帝国主义和中华民族之间的矛盾、人民大众与封建势力之间的矛盾。1922年,党的二大确定中国革命分为两步,破天荒地在中国人民面前提出了彻底的反帝反封建的纲领。此后,中国共产党领导工人阶级,掀起了第一次工人运动高潮。在探索中国革命发展道路上,毛泽东深刻认识到了中国的实际情况,逐步形成了以农村为中心、农村包围城市的中国革命道路的理论,在农村根据地开展土地革命,有力地促进了农村生产力的发展。从大革命时期起,以毛泽东为代表的中国共产党人就对新民主主义革命理论进行了探索,到抗战期间,基本上形成了无产阶级领导的人民大众反帝反封建的新民主主义革命阶段的总路线。在这条总路线指引下,经过抗日战争、解放战争,中国人民推翻了阻碍中国社会生产力发展的帝国主义、封建主义和官僚资本主义这三座大山,砸碎了束缚生产力发展的旧的生产关系的枷锁。

3. 社会主义革命使先进的社会主义制度在中国大地上建立起来了

新中国成立后,在完成了国民经济恢复、土地改革和稳定政权的任务后,中国共产党根据国内阶级矛盾的变化和生产力发展的要求,适时地提出了"一化三改"的过渡时期总路线,促进了国家工业化,实现了对农业、手工业和资本主义工商业的社会主义改造,从而在中国大地上建立起社会主义制度,为生产力的发展奠定了广阔的舞台。

4. 中国共产党领导中国人民不断地探索中国特色社会主义发展的道路

党的八大根据国内主要矛盾和主要任务的变化,指出保护和发展生产力已经成为国家政权的主要内容,要集中主要力量发展生产力。1957年至1968年,是我国全面建设社会主义的时期,在党和人民的艰苦奋斗下,社会主义取得初步成绩,这段时期生产力得到了长足发展。"文化大革命"十年在生产关系上做文章,忽视发展生产力,使社会生产力的发展受到严重伤害,但也为探索社会主义生产力的改革提供了可资借鉴的反面材料。

5. 社会主义改革大大地解放和发展了生产力

十一届三中全会以来的20多年,以邓小平为核心的第二代领导集体,通过改革开放,在解放和发展生产力方面作出了杰出贡献。中国共产党根据社会主义初级阶段的现实状况,提出了"一个中心,两个基本点"的社会主义初级阶段的总路线。经济改革由农村到城市,由经济领域到政治、科技、教育文化等领域,全面展开。1992年,邓小平在南方谈话中提出社会主义的本质是解放生产力,提出以是否有利于解放和发展生产力作为衡量的标准。党的十四大确立我国经济体制改革的目标是建立社会主义市场经济体制,大大突破了生产力发展的体制束缚。1997年,党的十五大进一步在所有制上有新的突破,确立了公有制为主体、多种所有制经济共同发展的基本经济制度,大大解放和发展了社会生产力。对外开放由设立特区开始,逐步全面展开。面对经济全球化趋势,党和政府抓住机遇,决定加入世贸组织,现谈判工作大局已定,这将开启我们对外开放工作的一个新阶段,为生产力的发展提供更广阔的空间。面对日新月异的科学技术,党中央决定实施"科教兴国"战略,以科技创新为动力,抢占科学生产力的制高点。1987年,我国开始实行"863计划",1996年开始启动中科院知识创新工程,这些都将推动中国现代生产力朝更高的方向发展。

毛泽东曾经说过:"中国一切政党的政策及其实践在中国人民中所表现的好坏、大小,归根到底看它对于中国人民的生产力发展及其帮助大小,看它是束缚生产力的,还是解放生产力的。"回顾80年的历程,我们党始终代表中国社会先进生产力的发展要求,无论是革命和建设年代,还是改革开放新时期,中国共产党都坚定地率领全国人民为解放和发展生产力而奋斗,这是贯穿80年党史的一根红线。

二、80年来,中国共产党始终代表先进文化的前进方向

1. 党诞生之初,就与先进文化的前进方向联系密切

起始于1915年的新文化运动,是一场反封建文化运动。这次思想启蒙运动使人们的思想获得解放,一时各种西方思想大量涌入,无政府主义、自由主义、实用主义等等先后进入中国。马克思主义也被介绍到中国来。不同的是,马克思主义吸收了世界文明最优秀的成果,科学地反映了人类社会历史发展的客观规律,是无产阶级认识世界、改造世界的科学思想。因此,马克思主义是人类社会近现代先进文化前进方向的代表,是一切先进文化的旗帜。由于中国共产党是中国工人阶级的先锋队,党的性质决定了党从诞生之初就把马克思主义作为自己的思想理论基础和旗帜。

2. 马列主义、毛泽东思想和邓小平理论是先进文化的灵魂

中国共产党用马列主义的普通原理指导中国具体实践,完成了两次革命。一次是以毛泽东为核心的党的第一代领导集体领导中国人民完成新民主主义革命和社会主义革命,把一个半殖民地半封建的旧中国变成了一个独立自主的社会主义新中国;一次是以邓小平为核心的党的第二代领导集体领导人民进行改革开放,解放和发展生产力,中国大地发生了翻天覆地的新变化。这两次伟大革命,分别实现了马克思主义同中国革命、建设实际相结合的两次历史性飞跃,形成了两大理论,这就是毛泽东思想和邓小平理论。这两大理论与马列主义是一脉相承的,是马列主义在中国发展的新阶段,对发展马列主义作出了重大贡献。马列主义、毛泽东思想和邓小平理论是中国革命、建设和改革的指导思想,也是中国先进文化的灵魂。

3. 党的政策始终引导先进文化的前进

毛泽东在1939年10月至1940年1月,先后发表了《〈共产党人〉发刊词》《中国革命和中国共产党》《新民主主义论》等重要著作,系统阐明了新民主主义理论,规定新民主主义的文化纲领是实行民族的科学的大众的文化。在延安

文艺座谈会上,毛泽东深刻阐明了文艺工作为人民大众服务的根本方向,有力地推动了新民主主义文化建设。新中国成立后,确立了马列主义、毛泽东思想在国家意识形态中的指导地位,在探索有中国特色社会主义文化建设过程中,毛泽东提出了"百花齐放,百家争鸣"的方针和"推陈出新"的口号;提出了"古为今用,洋为中用"的方针,正确处理了传统文化和现代文化、外国文化和中国文化之间的关系问题。因为先进的文化只能在现有的思想认识和文化遗产的基础上进行创建、构造和发展。继承民族传统文化和现代文化,借鉴外来文化,是构建先进文化的重要举措。改革开放以来,中央坚持"两个文明"建设一起抓的方针,大力加强社会主义精神文明建设。党的十二届六中全会、十四届六中全会,专门讨论社会主义精神文明建设问题,并都作出了决议。党的十五大面对跨世纪的时代要求,制定了社会主义初级阶段的文化纲领,这就是以马克思主义为指导,以培养有理想、有道德、有文化、有纪律的公民为目标,发展面向现代化、面向世界、面向未来的,民族的科学的大众的社会主义文化。面对经济全球化和信息网络化的挑战,党坚持以科学的理论武装人,以正确的舆论引导人,以高尚的精神塑造人,以优秀的作品鼓舞人,始终注意唱响主旋律,打好主动仗,提倡多样化,为提高全民族的思想道德素质和科学文化素质,做了大量工作,取得了明显收效。

三、80 年来,中国共产党始终代表最广大人民群众的根本利益

1. 中国共产党一诞生,就标明自己代表绝大多数人的根本利益

党的一大通过的党纲申明"我们的党定名为'中国共产党'",名字是标志,也是旗帜。党一诞生就公开地表明我们党的最终奋斗目标是建立共产主义社会,是为整个人类的彻底解放而奋斗的,是代表着绝大多数人的根本利益的。

2. 履行自己的诺言,为最广大人民的利益而奋斗着

新民主主义革命时期,我们党代表全中国人民的根本利益,探索出一条有中国特色的革命道路。党同广大人民群众一起为此进行了艰苦卓绝的斗争,许

多共产党人为此冲锋陷阵,不惜献出生命。据统计,全国有名可查的烈士有370余万人。李大钊、瞿秋白、蔡和森、向警予、邓中夏、彭湃、陈延年等是早期革命先烈的代表;方志敏、刘志丹、黄公略、左权、杨靖宇、赵一曼等是为中国人民的解放事业而壮烈牺牲的光辉典型。新中国成立后,我们党代表人民要求改变旧中国经济文化落后状况的愿望,开始探索一条有中国特色的社会主义改造和社会主义建设道路。这种探索一直持续到十一届三中全会,党着眼于最广大人民群众的根本利益,顺应时代潮流,实行改革开放,建立社会主义市场经济体制。在社会主义建设和改革的大舞台上,党和人民群众艰苦奋斗,开拓进取,在各条战线上谱写了一曲曲全心全意为人民服务的凯歌。焦裕禄、雷锋、孔繁森、李素丽、徐虎等就是其中的典范。近年来,在全国各条战线上评选表彰的各类先进模范人物中,85%以上是共产党员。特别是在保卫祖国、抢险救灾以及人民生命财产遭受损失的关键时刻,总是共产党员冲锋在前,显示了共产党员忠诚为人民谋利益的本色。

3. 为了更好地履行自己的宗旨,党一贯以来对自己的成员从严要求

党的一大纲领就明文规定要加强对党的工作的监督。早在中央苏区时,党就开展了反腐败斗争,对贪污行为进行了严惩。在延安时期,党就开展了廉政建设,受到人民群众和民主人士的拥护。在新中国建立前夕召开的七届二中全会上,党中央和毛泽东号召全党在胜利面前必须保持清醒的头脑,务必保持谦虚、谨慎、不骄不躁和艰苦奋斗的作风,时刻警惕不要被资产阶级的捧场和"糖衣炮弹"所击中。新中国建立初期,党中央惩办了刘青山、张子善,有效防止了腐败现象的滋生蔓延,维护了党的形象,密切了党同群众的关系。十一届三中全会以后,邓小平反复强调要两手抓,两手都要硬,并把党风廉政建设作为关系到党生死存亡的大问题来抓。以江泽民为核心的第三代领导集体,创造性地运用延安整风经验,在全党县处以上领导班子、领导干部中开展"三讲"教育,现在又在全国基层组织开展"三个代表"教育,使领导干部和基层干部普遍受到了一次深刻的马克思主义教育,受到了一次群众观点、群众路线的再教育,促进了作风的转变和拒腐防变自觉性的提高。另一方面,党狠抓大案要案的查办,对成

克杰、胡长清处以极刑,起到了很好的警示作用,得到了人民群众的好评和拥护。

认真总结历史,得出正确的结论,是一个政党成熟的标志。"三个代表"是中国共产党 80 年光辉历史的重要结论。我们党之所以能够取得新民主主义、社会主义革命和建设以及改革开放的辉煌成就,根本原因在于党坚持了"三个代表"思想;之所以出现这样那样的问题和曲折,归根结底在于违背了"三个代表"重要思想。这是运用马列主义哲学的立场、观点和方法,全面总结中国共产党 80 年历史经验作出的科学论断。值得一提的是,江泽民适应时代发展的新要求、新趋势,创造性地将先进生产力、先进文化、人民群众的根本利益三者科学有机地结合在一起,形成一个内涵丰富、意义深远,有鲜明时代背景和时代精神的新体系,绝不是历史的简单复述,而是理论创新的典范。"三个代表"思想必将指引我们的党谱写历史的新篇章。

(原载《江西教育学院学报》2001 年综合版)

论江泽民对党的思想路线的继承与发展

关于党的思想路线,完整的表述是:"一切从实际出发,理论联系实际,实事求是,在实践中检验真理和发展真理。"毛泽东的表述是"实事求是";邓小平的表述是"解放思想,实事求是";江泽民在 2002 年 5 月 31 日的讲话中说:"坚持解放思想、实事求是的思想路线,弘扬与时俱进的精神,是党在长期执政条件下保持先进性和创造性的决定因素。"①在这里,江泽民用"解放思想,实事求是"和"与时俱进"并列来表述党的思想路线。我认为这是江泽民对党的思想路线的继承与发展。

到目前为止,新闻媒体在报道江泽民一些讲话时,有时表述为"解放思想,实事求是,与时俱进";有时表述为"解放思想、实事求是,与时俱进、开拓创新"。②准确的表述估计要到十六大前后,由中央的正式文件公布。我个人认为前一种表述更为精炼。

一、党的思想路线的提出和发展沿革

我们经常讲党的路线、方针、政策,路线包括思想路线、政治路线、组织路线等。而思想路线是基础,有什么样的思想路线,就会有什么样的政治路线、组织路线。可见思想路线在路线、方针、政策中的基础性作用。我们党历来十分重视思想建设。思想路线,又叫认识路线。不同政党,有不同的认识路线。我们党的指导思想是马克思列宁主义。马列主义的核心是辩证唯物主义,辩证唯物主义是一个宏伟的理论体系,又是外来的,能不能用一种让中国普通党员、老百姓比较容易接受的表达方式来把握其本质精髓,以便于群众理解和接受,几代中央领导集体为此作了不懈的努力。

毛泽东为此花了大量的精力,第一次提出了"实事求是"的思想路线的表述。他为什么要把"实事求是"作为党的思想路线的表述呢?这就要从党当时指导思想的情况来看。党在1921年成立以后,由于经验不足,对当时中国革命一系列问题还没有弄清楚,党在指导思想上十分幼稚,先后出现右倾和"左"倾的思想错误。由于陈独秀的右倾错误思想,党放弃了对革命的领导,导致大革命失败;由于瞿秋白、李立三、王明的"左"倾错误,使革命根据地和党的力量几乎损失殆尽。这些错误直接导致了第五次反"围剿"的惨败。在遵义会议上,党的组织路线和军事路线得到纠正,但还未从思想根源上找出原因。毛泽东较早地发现了党在指导思想上的错误和在右倾与"左"倾之间摇摆不定的问题,并试图解决。在第一次国内革命战争时期,毛泽东就十分注意调查研究,他深入农村,写出了《中国社会各阶级的分析》《湖南农民运动考察报告》等文章;1930年,毛泽东针对红军和党内存在的本本主义(又叫教条主义),写了《反对本本主义》,提出了"没有调查,就没有发言权"的著名论断,抨击了照搬照抄的保守思想路线。到延安后,毛泽东在1937年撰写了《实践论》《矛盾论》等光辉论著,丰富和发挥了马克思主义的认识论和辩证法,为党的思想路线奠定了理论基础。1941年5月,毛泽东在《改造我们的学习》中第一次对"实事求是"作出了科学解释。他指出,"实事"就是客观存在着的一切事物;"是"就是客观事物的内部联系,即规律性;"求"就是我们去研究。他赋予"实事求是"以崭新的思想内涵。至此,党的思想路线已被明确地表述出来。这是"马克思主义中国化"的最经典的表述形式之一。这年冬天,毛泽东为中央党校题写的校训就是"实事求是"四个字。1942—1945年三年的整风教育运动,使全党思想统一到了"实事求是"的思想路线上来。1945年党的七大正式把"实事求是"作为党的思想路线。

"实事求是"一词最早见于《汉书》,有治学处事求真的意思,历来为学者文人所推崇。湖南长沙有一座建于宋代的岳麓书院,在其讲堂正门有"实事求是"的匾额。把这样一个中国文化人耳熟能详的一句格言改造为内涵全新的一个词,并把它作为党的思想路线,是毛泽东继承中华传统文化,又发展马克思主义、传播马克思主义的杰作。正是在实事求是的思想路线指引下,毛泽东领导全党和全国人民作出了两大历史性贡献:一是"中国新民主主义的胜利";二是"中国社会主义改造的胜利"。③

邓小平对党的思想路线的表述是"解放思想,实事求是"。邓小平为什么要加上"解放思想"这几个字? 这也要同当时党和国家面临的形势结合起来理解。1976 年粉碎"四人帮",从危难中挽救了党和国家。但当时主持中央工作的华国锋坚持"凡是毛主席作出的决策,我们都要坚决拥护;凡是毛主席的指示,我们都要始终不渝地遵循"。如果按照这个思想路线,就要继续坚持"以阶级斗争为纲",那么要摆脱困境,拨乱反正,建设四个现代化国家就是一句空话。坚持什么样的思想路线问题再次被尖锐地提了出来。邓小平勇敢地站出来说话,深入剖析了"两个凡是"的错误,支持和领导了"真理标准"的大讨论。这次大讨论成为继延安整风运动之后的又一次思想解放运动。在十一届三中全会召开之前的中央工作会议上,邓小平作了题为《解放思想,实事求是,团结一致向前看》的重要讲话。随后召开的三中全会彻底否定"两个凡是"的方针,重新确立和丰富了马克思主义的思想路线。邓小平科学地阐述了实事求是与解放思想的一致性。他说:"什么叫解放思想? 我们讲解放思想,是指在马克思主义指导下打破习惯势力和主观偏见的束缚,研究新情况,解决新问题。""解放思想就是使思想和实际相符合,使主观和客观相符合,就是实事求是。"④在解放思想、实事求是的思想路线的指引下,邓小平领导全党和全国人民作出了两大历史性贡献:一是正确评价了毛泽东的历史地位;二是开创了建设有中国特色社会主义的道路。

二、江泽民提出"与时俱进"的过程和时代背景

江泽民提出"与时俱进"是有一个过程的。2001年他在"七一"讲话中说："马克思主义具有与时俱进的理论品质。如果不顾历史条件和现实情况的变化,拘泥于马克思主义经典作家在特定历史条件下,针对具体情况作出某些个别论断和具体行动纲领,我们就会因为思想脱离实际而不能顺利前进,甚至发生失误。这就是我们为什么必须始终反对以教条主义的态度对待马克思主义理论的道理所在。"[⑤]这是江泽民在正式文件中首次提出"与时俱进"。

2002年4月,江泽民在陕西视察时的重要讲话中再次提到"与时俱进"。他说："解放思想、实事求是,与时俱进、开拓创新,是马克思主义活的灵魂,也是我们认识新事物、适应新形势、完成新任务的根本思想武器。"[⑥]

2002年5月31日在中央党校的重要讲话中,江泽民又一次指出："坚持解放思想,实事求是的思想路线,弘扬与时俱进的精神,是党在长期执政条件下保持先进性和创造性的决定性因素。我们党能否始终做到这一点,决定着中国的发展前途和命运。""我们一定要适应实践的发展,以实践来检验一切,用发展着的马克思主义指导新的实践。"[⑦]至此,党的思想路线的新的表述方式呼之欲出。

江泽民提出"与时俱进"的时代背景是:

1. 应对国际形势变化的需要

当前的国际形势可以概括为政治多极化、经济全球化、文化多元化、科技高新化、信息网络化。单就科学和技术高新化而言,人类在经历以生物和金属材料为主要特征的农业文明,以热能和电能为主要动力的工业文明之后,即将进入以信息控制为主导的科业文明(从科学角度来说);在经历以机器生产为标志的第一次科技革命,以电力机械和半自动化生产为标志的第二次科技革命以后,现进入了以电子计算机控制的全自动化生产的第三次技术革命(从技术角度来说)。科业文明和第三次科技革命的突出特点还表现在科学技术是打破国际竞争格局的根本动力。因为科技领域特别是高技术领域的一个突破,可以带

动一批产业的兴起和发展,可以促进劳动生产率大幅度提高。⑧这次科技高新化还与经济全球化同步进行,使得科技的竞争在全球范围内进行。先进国家更加发达,落后国家更加被动。面对这样一种国际形势,江泽民在"5·31 讲话"中说,"形势逼人,不进则退"。

2. 应对世界政党兴衰变化规律的需要

当前世界政党兴衰更替千变万化。比如苏联共产党执政 70 多年,但在一夜之间红旗落地,政权更迭,各种原因值得深思和借鉴,其中与苏共的思想路线出了问题不无关系。苏共长期固守马列主义词句,思想上趋于保守,后来却走向另一个极端,彻底背离马列主义,全盘西化。

比如在台湾地区"执政"了几十年的国民党,在 2000 年台湾地区领导人选举中被"民进党"击败,沦为在野党,"百年老店"坍塌的教训值得深思。国民党逃到台湾后,一度用"三民主义""国家统一"来凝聚党心民意。但李登辉上台后,逐渐背弃"三民主义",并从 1995 年 7 月 1 日起在台湾各种考试中删除"三民主义"的内容。⑨党内出现严重的思想混乱和信仰危机,致使党内产生严重的分裂,最终导致下台。

比如法国共产党曾在法国政坛上发挥过重要作用。二战时,法共拥有 30 万人的游击队,是法国反法西斯的一支重要力量;二战后不久,党员发展到 90 万人,法共在 1945—1948 年议会选举中得票率很高,每次都在 25% 以上,成为法国第一大政党,8 位党的领导人出任过法国政府的副总理、部长。⑩法共曾经在欧洲共产主义运动中显赫一时。但时至今日,法共在法国政坛上的影响力一落千丈,党员人数锐减。为什么会出现这种情况呢?据中国驻法国大使吴建民 2001 年在江西省领导干部双休日新知识座谈的一次报告中分析:主要原因是法共坚持党的阶级基础为传统的工人阶级,而把知识分子、白领阶层排除在外。随着科技的发展,传统意义上的工人越来越少,这样党的阶级基础越来越窄,党在整个社会和国家的影响力越来越小。

2000 年,江泽民在党的十五届五中全会上说:"九十年代以来,一些执政几十年的政党先后下台,有的已经衰亡。其中的根本原因是党的内部出了问题,认真分析这些政党的兴衰,加以借鉴,对我们加强党的建设很有意义。"⑪我们党走过了 80 多年的光辉历程,是拥有 6400 多万党员的世界第一大执政党。当前,我们党已从一个领导人民为夺取全国政权而奋斗的党,成为一个领导人民掌握全面政权长期执政的党;从一个受到外部封锁的状态下领导国家建设的党,成为在全面改革开放条件下领导国家建设的党。我们党的任务、地位、队伍以及所处的环境都发生了前所未有的变化,出现了许多新矛盾、新情况,能否跳出盛衰的周期律,就成为我党面临的一个巨大挑战。

3. 应对历史上王朝兴亡变化规律的需要

翻开中国历史,凡是兴旺发达时期,比如文景之治、贞观之治、康乾盛世,皆与开明皇帝及其领导的统治集团的励精图治有关。文景之治、贞观之治共同描绘出了中华汉唐文化的最亮色彩。康乾盛世长达一个多世纪,使中国农业文明发展到了顶峰。"这一时期,中国社会的各个方面在原有的体系框架上达到了极致。乾隆末年,中国经济总量占世界第一位,人口占世界三分之一,对外贸易长期出超,以致英国迟迟不能扭转对华贸易的逆差。"⑫江泽民在分析这段历史时说:"也正是在这一时期,西方发生了工业革命,科学技术和生产力加速发展。但是,当时的清朝统治者却不看这个世界的大变化,夜郎自大,闭关自守,拒绝学习先进的科学技术。最后,在短短的一百多年时间里,就大大落后于西方国家,直至在西方列强的坚船利炮面前不堪一击。这个历史的教训刻骨铭心啊!"⑬

三、与时俱进的典范

什么是"与时俱进"?我的理解就是紧跟时代发展而发展,紧跟时代前进而前进。江泽民在不同的场合对此作过阐述。如他在"七一"讲话中说:"社会实践是不断发展的,我们的思想认识也应不断前进,应勇于和善于根据实践的要求进行创新。"又说:"要坚持实践是检验真理的唯一标准,在党的基本理论指导下,一切从实际出发,自觉地把思想认识从那些不合时宜的观念、做法和体制中解放出来,从对马克思主义的错误的和教条式的理解中解放出来,从主观主义和形而上学的桎梏中解放出来。坚持科学态度,大胆进行探索,使我们的思想和行动更加符合客观实际,更加符合社会主义初级阶段的国情和时代发展的要求。"⑭

党的十三届四中全会以来,特别是党的十四大以来,以江泽民为核心的第三代领导集体,高举马列主义、毛泽东思想和邓小平理论伟大旗帜,坚持解放思想、实事求是的思想路线,弘扬与时俱进的精神,站在时代前列,把握时代特点,对新的实践进行了新的理论概括,继承、丰富和发展了马列主义、毛泽东思想和邓小平理论,这本身就是与时俱进的光辉典范。比如提出了"三个代表"重要思想。"三个代表"重要思想回答了在新时期"建立一个什么样的党,怎么建设党"的重大理论和现实问题,是指导党的建设和社会主义现代化建设的根本方针,是马克思主义在当代中国与时俱进的最新成果。比如,提出了社会主义市场经济理论,明确了改革的目标,提出了"依法治国"和"以德治国"相结合的治国方略。再比如提出了"科教兴国"战略、"可持续发展"战略和"走出去"战略。还比如,提出了要扩大党的群众基础的观点,要深化对劳动价值理论认识的观点等等。这些理论成果都是在党的思想路线指导下取得的,是与时俱进的成果,也是与时俱进的典范。我们有理由相信,在党的"解放思想,实事求是,与时俱进"的思想路线的指引下,在以江泽民为核心的党的第三代领导集体的领导下,我们党一定会在新的时期,取得"党的建设"和"社会主义市场经济体系建设"新胜利。

注　释

①⑦《人民日报》2002 年 6 月 1 日头版头条新闻报道。

②⑥《光明日报》2002 年 4 月 3 日头版头条新闻报道。

③薄一波:《若干重大决策与事件的回顾》,中共中央党校出版社 1991 年版,第 564 页。

同样的观点还见诸中共中央党校出版社 1998 年出版的《江泽民同志理论论述大事纪要》第 20 页。

④转引自全国干部学习读本《邓小平理论基本问题》,人民出版社 2002 年版,第 46—47 页。

⑤⑪⑭江泽民:《论"三个代表"》,中央文献出版社 2001 年版,第 165、72、166—167 页。

⑧全国干部学习读本《21 世纪干部科技修养必备》,人民出版社 2002 年版,第 9 页。

⑨韦弦:《沉舟侧畔千帆过——从一些政党的兴衰看加强执政党建设》,《时事报告》2001 年第 9 期,第 18 页。

⑩《各国共产党总览》,当代世界出版社 2000 年版,第 396 页。

⑫《落日的辉煌》,中共中央党校出版社 2001 年版,第 3 页。

⑬《学习时报》2000 年 7 月 17 日第一版。

（原载《江西教育学院学报》2002 年第五期）

论与时俱进

一、与时俱进的提出和词义

1. 江泽民提出与时俱进的过程

江泽民首次在讲话中使用"与时俱进"是 2001 年 1 月 10 日《在全国宣传部长会议上的讲话》中,他说:"要运用马克思主义的宽广眼界,运用当代最新知识丰富自己,不唯本本、不守教条,与时俱进,不断推进理论创新、体制创新、科技创新。"

江泽民再次论及与时俱进是 2001 年 7 月 1 日《在庆祝中国共产党成立八十周年大会上的讲话》中,他指出,马克思主义具有"与时俱进"的理论品质。如果不顾历史条件和现实情况的变化,拘泥于马克思主义经典作家在特定历史条件下、针对具体情况作出的某些个别论断和具体行动纲领,我们就会因为思想脱离实际而不能顺利前进,甚至发生失误。这就是我们为什么必须始终反对以教条主义的态度对待马克思主义理论的道理所在。

后来,江泽民又多次使用过"与时俱进"这个词。2002 年 4 月,江泽民在陕西视察时再次提到"与时俱进"。他说:"解放思想,实事求是,与时俱进,开拓创新,是马克思主义活的灵魂,也是我们认识新事物,适应新形势,完成新任务的根本思想武器。"2002 年 5 月 31 日在中央党校省部级班的讲话中,江泽民又一次指出:"坚持解放思想、实事求是的思想路线,弘扬与时俱进的精神,是党在长期执政条件下保持先进性和创造力的决定性因素。我们党能否始终做到这一点，决定着中国的发展前途和命运。"

在党的十六大报告中，江泽民对与时俱进的本质进行了阐述，他说："坚持党的思想路线，解放思想，实事求是，与时俱进，是我们党坚持先进性和增强创造力的决定性因素。与时俱进，就是党的全部理论和工作要体现时代性，把握规律性，富于创造性。能否始终做到这一点，决定着党和国家的前途命运。"

2. 与时俱进的词义

"时"指的是客观事物的现时状态及由该事物内部矛盾性所主要决定着的现时发展趋势。它是客观情况的总和。"与时"，即适时。

"进"，指的是人们的主观思想、认识、理论，必须随着客观事物的现时状态及发展的趋势而向前推进，即主观必须反映客观，思想理论必须符合客观实际。"俱进"，即同时推进。

"与时俱进"的基本内涵就是属于人们主观范畴的思想、观念、认识、理论必须和客观存在着的事物及其发展变化相符合、相一致，做到主观和客观、知和行、理论和实践的具体的历史的统一。

从词义上看，"与时俱进"与《魏书》中的"与时俱化"意思大体相近。大意是"任何事物都处在变化之中，一种认识，一种理论，一种行为，都要因时而变。只有在'时'中不断变化和发展，才是唯一正确的取向"。

用中国人熟知的词"与时俱进"来表述马克思主义的理论品质和精神状态，来阐释马克思主义的唯物辩证法的发展观，是以中国特有的语言、文化和智慧来阐释和传播马克思主义，使之具有"中国风格和中国气派"。

二、与时俱进的本质和意义

江泽民在十六大报告中指出：与时俱进，就是党的全部理论和工作要体现时代性，把握规律性，富于创造性。

（一）与时俱进，就是党的全部理论和工作要体现时代性

怎么理解时代性？时代性包括世界潮流、社会潮流。

江泽民在"5·31"讲话中指出，坚持与时俱进就一定要看到《共产党宣言》发表150多年来世界政治、经济、文化、科技等发生的重大变化；一定要看到我国社会主义建设发生的重大变化；一定要看到广大党员干部和人民群众工作、生活条件和社会环境发生的重大变化。

这三个"一定要看到"，可以概括为世情、国情、党情。

1. 关于国情

改革开放20年来，国情发生了很大变化。这些变化用江泽民的话来概括就是"四个多样化"。2000年6月，江泽民在中央思想政治工作会上有一个讲话，其中指出，改革开放以来，我们实行社会主义市场经济，因此出现了社会主义经济成分、组织形式、物质利益、就业方式日益多样化。"四个多样化"的出现使社会逐步出现了一些新的阶层。

出现了哪些新阶层？中国社科院进行了专题调研。课题组长是著名社会学家陆学艺。他的课题组以职业分类为基础，以组织资源、经济资源、文化资源的占有状况为标准，把社会划分为10个阶层：国家和社会管理者阶层（2.1%）、经理人员阶层（1.5%）、私营企业主阶层（0.6%）、专业技术人员阶层（5.1%）、办事人员阶层（5.1%）、个体工商户阶层（4.2%）、商业服务人员阶层（12%）、产业工人阶层（22.6%）、农业劳动者阶层（44%）以及城市无业、失业和半失业员阶层（3.1%）。

这个划分在社会上引起巨大反响，一些人想不通，工人阶级作为领导阶级，怎么排在第八？这当然只是学者一家之言。

下面我们来看看江泽民是怎么看这个问题的。在2001年"七一"讲话中，江泽民说："改革开放以来，我国的社会阶层构成发生了新的变化，出现了民营科技企业的创业人员和技术人员、受聘于外资企业的管理技术人员、个体户、私营企业主、中介组织的从业人员、自由职业人员等社会阶层……他们与工人、农民、知识分子、干部和解放军指战员团结在一起，他们也是中国特色社会主义事

业的建设者。"在江泽民的讲话中,新的社会阶层有 6 个,他们和工人、农民、知识分子一样,也是中国特色社会主义事业的建设者。

"多样化"的出现,使得我们统一思想的任务很重,改革开放的任务很重,维护社会稳定的任务很重。讲"国情",首先就要考虑这个情况。《毛泽东选集》第一篇文章就是《中国社会各阶级的分析》。面对现在这个国情,中国共产党必须正视,及时做出反应:怎么样才能代表更广泛阶层的利益,以取得他们的支持,扩大党的阶级基础。毛泽东在解释"什么是政治"时曾说:把支持我们的人搞得多多的,把反对我们的人搞得少少的,这就是政治。这句话太深刻了!

这是"三个代表"提出的一个重要原因。

2. 关于党情

党情可以概括为"两个转变":一是由"革命党"向"执政党"的转变;二是党的执政环境由在封闭、计划经济条件下向开放、市场经济条件下转变。这两个转变带来了两大挑战。

第一个挑战是,革命党怎么转向执政党? 这首先是观念上的挑战。革命党要革命,就要搞乱;执政党要执政,就要稳定。乱有乱的搞法,治有治的章法。因此判断一个干部,在革命时期,就要看他搞乱的本事,搞得越乱越好;在执政时期就要看他搞好团结,搞好发展。这个观念一定要在全党树立起来,从上到下都要树立起来。

第二个挑战是,执政党怎么样对待新阶层?

先说社会上的两种态度:一是傍大款,官员也有傍大款的;二是仇富,仅举两例:全国工商联副主席李海仓 2003 年 1 月 22 日遭枪杀,2 月 12 日温州亿万富翁周祖豹在家门口遇刺。

再看看党内的两种态度:

一是少部分同志不理解"七一"讲话,他们的观点是,因为《共产党宣言》中明确说"消灭私有制",怎么现在还允许私营企业主入党?

二是中央的态度,现在很明确,十六大报告指出:这些新出现的阶层,他们同样是有中国特色社会主义事业的建设者;要尊重和保护他们的劳动,要完善保护私人财产的法律制度。"七一"讲话还说:应该把经过长期考验,符合党员条件的社会其他优秀分子吸收到党内来。

出现的 6 个新阶层,可以说其中有个别人是暴发户,为富不仁的,甚至违法分子。但应当看到他们中绝大多数人的财产来源于诚实劳动,合法经营,他们在个人致富的同时,为发展社会生产力、增加就业作了贡献。还应该看到,这个阶层不少人是高知群体,是年轻的知识分子,党培养出来的大学生,这些人社会能量大,而且数量还在发展,会很快成为一种社会力量,如果作为执政党的共产党漠视他们的存在,他们就会逐步成为现有体制外的一种社会力量。与其如此,不如把他们中的优秀分子发展入党。

这是我们党主动应对时代挑战的对策,是我们党在意识形态上做出的重大战略转变:由"一个先锋队"变成"三个先锋队"。基辛格对此评价很高。2002 年 11 月 7 日,基辛格访华时说:不要低估了江泽民"三个代表"中所含的意义,他代表着中国共产党的变化。

3. 关于世情

世情可以概括为政治多极化、经济全球化、文化多元化、科技高新化、信息网络化。

政治多极化。美国、欧洲、日本、中国、俄国都可以算一极。但也有学者指出,应是一超多强,美国是超级大国。

经济全球化。指经济因素在全球范围内的配置。如波音飞机,其尾翼就在中国西安生产。加入世贸组织后,经济全球化进程进一步加速。

文化多元化。美国哈佛大学教授亨廷顿 1993 年在《文明的冲突》一文中说:世界文明主要分为西方文明与非西方文明。非西方文明包括伊斯兰文明、印度文明、中华文明、日本文明、拉美文明、东正教文明、非洲文明。他进一步分析说,原来的冲突发生在不同制度之间,现在和以后的冲突主要发生在不同文明国家之间,比如西方文明与伊斯兰文明。他的话在 9·11 事件中得到"验证"。关于文化多元化,国内学者抨击了亨廷顿的观点。因为决定事物矛盾的应该是经济基础。意识形态包括文明、文化,对经济基础有反作用,但不能说是决定作用。李瑞环在访问英国时说,中华文化的特征是"和合"文化,讲究的是"家和万事兴"。

科技高新化。从科学的角度说,我们经历了三次文明:农业文明、工业文明、知识经济。知识经济是江泽民在北大 100 周年校庆上提出的,后有专家指出应用"科业文明",这样比较对称。这一建议被采纳,中央编写的"全国干部读本"就采用了这个说法。从技术的角度说,我们经历了三次技术革命:第一次以机器生产为特征的技术革命,第二次以电力为特征的技术革命,第三次以电子计算机为特征的技术革命。第三次科技浪潮的特征是,一个高新技术的突破,可以带动一批产业,因此,高新技术是国际竞争的根本动力。

面对这"五化",江泽民常说:"形势逼人,不进则退。"

(二)与时俱进,就是党的全部理论和工作要把握规律性

"俱进"不是乱进,要符合规律性地进。有哪些重大规律需要把握呢?江泽民说:"我们要站在时代前列,立足于新的实践,把握住时代特点,运用马克思主义基本理论研究现实中的重大问题,不断深化对共产党执政规律、对社会主义建设规律、对人类社会发展规律的认识。"

那么什么是规律?列宁说:"规律就是关系。"下面就按照列宁的这个定义,对上述三大规律做出分析。

1. 关于共产党执政的规律

按照列宁的说法,规律就是关系,那么我们要处理好哪些关系呢?我想至少有以下三对关系:关于党和国家的关系;关于党和社会的关系;关于党和人民的关系。那么在这三对关系的处理上,要求在处理党和国家的关系时,党做到执政兴国;在处理党和社会的关系时,党做到执政安邦;在处理党和人民的关系,党做到执政为民。

这三大关系,都可以展开来说。我仅对第三对关系作点说明。

在处理党和人民的关系问题上,苏共的教训可作借鉴。

借鉴之一:党严重脱离人民,以至于戈尔巴乔夫在发表电视告别演说时,红场上没有任何反响。苏联解体前有一个民意测验,认为苏联代表工人的只占

4%,认为苏联代表全体人民的占7%,认为苏联代表党员的占11%,而认为苏联代表党的官僚、代表机关干部的占85%。这个数字很能说明党群关系问题。我一度怀疑这个统计有误,加起来超过100%。我向中央党校的一位教授请教,他说是可信的,因为身份有重叠的。

借鉴之二:党的高层严重脱离基层普通党员。很多普通党员说自己只有交党费、举手的权利,普遍感受不到作为党员的价值、自豪感、责任感。因此,苏共垮台,不但老百姓不起来反对,党员也感到无所谓了,这就是苏联"亡党""亡国""亡制"的更深层次原因。

2000年初江泽民提出"三个代表"思想,标志着我们党对共产党的执政规律有了清醒的认识。

2. 关于社会主义建设的规律

党的三代领导集体都对此进行了探索。

毛泽东,对如何建设社会主义作了艰难探索,写出了《论十大关系》。这是在计划经济条件下得出的社会主义建设规律。

邓小平,对"什么是社会主义,如何建设社会主义"作了系统的论述,形成了"建设有中国特色社会主义理论"体系,十四大把它概括为九个方面。

江泽民,继续探索"如何建设社会主义",在1995年发表了"论十二大关系",这是在市场经济条件下得出的社会主义建设规律。这次十六大,江泽民总结了十三年的历史,得出了十条基本经验,这些都是社会主义建设的规律。

十六大报告有一个新提法,把"有中国特色社会主义"简称为"中国特色社会主义"。看上去只相差一个字,一个是"有",一个是去掉"有"字,这里有什么含义呢?

我理解,从字面上说,当初提出要"建设有中国特色社会主义",说明当时还是没有中国特色的,现今经过20多年的建设,特别最近13年的建设,已经有了特色,就不再需要标明这个"有"字。

从实际上说,经过20多年,特别是13年的发展,中国取得了巨大的成绩。对社会主义建设规律的掌握也进一步深入。我这里举一个例子来说明。

毛泽东的《论十大关系》、江泽民的"论十二大关系"、十六大总结的十条基本经验都提到一个关系：国防建设与经济建设的关系。怎么正确处理这个关系？

前些年，我们的军费投入是比较低的。1999 年 5 月 8 日，美国轰炸我驻南大使馆的事件，给我们国家警醒作用很大。中国必须重视国防建设，要有撒手锏。那么现在应发展什么样的撒手锏？必须有能力对付美国的国家导弹防御体系（National Missile Defense，简称 NMD）和战区导弹防御系统（Theater Missile Defense，简称 TMD）。面对这个"盾"，我们必须有"矛"。

现在中国已完全掌握了这样的"矛"。

据 2002 年 11 月 27 日《参考消息》第八版的一个报道，中国现在生产的东风-31 导弹，有效射程是 8000 公里，可以打到美国西部任何城市。这种导弹可以携带 3 枚核弹头，同时打击 3 个目标，可在可移动平台上发射，而且我们的导航技术是美国的防御系统还不能侦察到的。

又据有关人士介绍，现在中国导弹射程已达 14000 公里，可以打到美国任何一个城市，而且导弹头是分制制导，多弹头，一变三，三变六。这是我们正确处理"国防建设与经济建设"的关系取得的成就，标志着我们对社会主义建设规律的熟练掌握。目前全世界社会主义运动处于低潮，没有强大的国防，怎么建设社会主义啊？

3. 关于人类社会发展的规律

主要研究资本主义与社会主义的关系。这个规律，马克思在《共产党宣言》中揭示了，这就是："资产阶级的灭亡和无产阶级的胜利是同样不可避免的。"

但资本主义不仅垂而不死，反而得到发展；而苏联这样一个发展了 70 多年的社会主义国家反而亡党亡国亡制。人们产生了许多困惑，感到社会主义前途渺茫。有关部门 2000 年对某省的处级干部搞了一个民意测验，其中 20% 的人认为自己说不清楚"是不是相信马列主义"，10% 的人认为"不一定非要相信马列主义"。理想信仰问题十分突出。新华社在发布胡长清案件的新闻稿中说他与党"离心离德"，据说他在境外常恶毒攻击党和政府。

江泽民在 2000 年 6 月中央思想政治工作会上提出并回答了"四个如何认识"，其中前两个认识就是"如何认识资本主义发展的历史进程"、"如何认识社会主义发展的历史进程"。

为什么资本主义国家得到发展？我个人的理解是：

一是高新技术救了资本主义，比尔·盖茨救了美国。

二是资本主义早就在向社会主义学习。比如美国，是一个实用主义国家，"有用的就是真理"。虽然它口里说反对社会主义制度，但实质上只要它认为有用的，就照搬照用，如福利政策、宏观调控的国家干预等，现在不仅美国，北欧、西欧一些国家都吸取了不少社会主义的合理因素，有的正溜向"社会主义"边缘。

所以英国广播公司在全球范围举行的"千年思想家"网上评选时，马克思的得票高居榜首。

尽管资本主义得到发展，但其基本矛盾没有变，生产资料私人所有与社会化大生产之间的矛盾没有变，因此，资本主义最终灭亡与社会主义最终胜利的人类社会发展规律并未改变。对此，我们要有清醒的认识。

三大规律，说明了"与时俱进"不能乱进。

（三）与时俱进，就是党的全部理论和工作要富于创造性

与时俱进的落脚点，要体现在"创造性"上。在江泽民的论述中，创造性与创新是同等意义的，我想说三个问题：一是创新的意义，二是创新的内容，三是创新的方法。

1. 关于创新的意义

创新是一个民族发展进步的灵魂；是一个国家兴旺发达的不竭动力；是一个政党永葆生机的源泉。

2. 关于创新的内容

包括理论创新、制度创新、科技创新、文化创新、教育创新，其中理论创新是基础。理论创新的成果集中体现在"三个代表"重要思想的提出。

3. 关于创新的方法

十六大报告指出,创新就要不断解放思想,实事求是,与时俱进。实践没有止境,创新也没有止境。

解放思想,实事求是,与时俱进,三者之间的关系是有机统一的完整整体。解放思想,强调的侧重点是人的主体性;实事求是,强调的侧重点是唯物论;与时俱进,强调的侧重点是辩证法。这样,三者构成一条辩证唯物主义的完整的思想路线。这是创新总的方法。

（江西教育学院党委中心组发言稿,原载 2003 年 4 月《江西教院报》）

论江泽民的三个创新

——学习《江泽民文选》新思想、新观点、新论断的体会

《江泽民文选》203 篇文章，121 万字，其中不少文章是第一次公开发表。《文选》中有不少新思想新观点新论断。我个人认为最突出的有三个方面：一是"三个代表"重要思想；二是社会主义市场经济体制；三是中国特色军事变革。这三点与江泽民反复强调的"三个创新"相对应。江泽民说："创新，包括理论创新、制度创新和科技创新。"

一、理论创新的突出成果是"三个代表"重要思想

"三个代表"重要思想的提出、发展和完善，有一个过程。2000 年 2 月在广东提出，2001 年"七一"讲话全面阐述，2002 年 11 月十六大写入《党章》，2004 年写入《宪法》，成为党和国家的指导思想。十六大之前，"三个代表"是党的建设指导思想；十六大之后，"三个代表"重要思想发展成为党的建设和社会主义建设的指导思想。"三个代表"重要思想涵盖了社会主义经济建设、政治建设、文化建设、社会建设等各个领域，涉及改革发展稳定、内政外交国防、治党治国治军等各个方面，是一个完整的思想体系。

"三个代表"重要思想最突出的贡献，在于用一系列新思想、新观点、新论断进一步回答了"什么是社会主义，怎样建设社会主义"的问题，创造性地回答了"建设什么样的党、怎样建设党"的问题。

（一）"三个代表"重要思想进一步回答了"什么是社会主义，怎样建设社会主义"

关于"什么是社会主义"

邓小平已做出了科学回答："社会主义的本质是解放生产力，发展生产力，消灭剥削，消灭两极分化，最终达到共同富裕。"

江泽民在这基础上进一步作了回答，提出："努力促进人的全面发展"，是马克思主义关于建设社会主义新社会的本质要求。

党的十六届六中全会提出：社会和谐是中国特色社会主义的本质属性。这样就再进一步回答了"什么是社会主义"这个问题。

关于"怎样建设社会主义"

我把它概括为"四个基本"：基本理论、基本路线、基本纲领、基本经验。

邓小平提出了"两个基本"：基本理论、基本路线。

江泽民在这基础上进一步作了回答，又提出了"两个基本"，即基本纲领和基本经验，基本纲领即党的十五大提出的在社会主义初级阶段的经济、政治、文化纲领，基本经验即党的十六大提出的十条经验。

（二）"三个代表"重要思想创造性地回答了"建设一个什么样的党，怎么建设党"

邓小平晚年交代"这个党要抓了，不抓不行了"。江泽民按照这个要求，聚精会神地抓了党的建设，提出了许多新思想新观点新论断。

关于"建设一个什么样的党"

这一点我们党早就明确了，那就是中国共产党是中国工人阶级先锋队。在这个基础上，江泽民对改革开放和发展社会主义市场经济条件下"建设一个什么样的党"进行了探索，江泽民探索的成果可以归结为"两个先锋，一个核心，三个代表"，即《党章》第一段话：中国共产党是中国工人阶级先锋队，同时又是中国人民和中华民族先锋队，是中国特色社会主义事业的领导核心，代表中国先进生产力的发展要求，代表中国先进文化的前进方向，代表中国最广大人民的根本利益。这段话的新意在于：由一个先锋队发展为两个先锋队。

关于"怎样建设党"

江泽民指出,执政党的建设,比没有执政的党的建设要艰难得多。总的办法是按照"三个代表"的要求,用改革的思路、以改革的精神来加强党的建设。《文选》中多处谈到党的建设方面的新的理论贡献,概括起来有五个"两"。

一是提出了"两个转变"的思想。就是我们党已经从领导人民为夺取全国政权而奋斗的党,成为领导人民掌握全国政权并长期执政的党;已经从受到外部封锁和实行计划经济条件下领导国家建设的党,成为对外开放和发展社会主义市场经济条件下领导国家建设的党。这是党的历史方位。

二是提出了解决"两大历史性课题"的思想。就是要全面推进党的建设新的伟大工程,以提高党的执政能力为重点,以从严治党为根本方针,把思想建设、组织建设和作风建设结合起来,把制度建设贯穿起来,进一步解决提高党的领导水平和执政能力,提高拒腐防变和抵御风险能力这两大历史性课题。

三是提出了"两个先锋队"的思想。就是中国共产党是中国工人阶级的先锋队,同时又是中国人民和中华民族的先锋队。

四是提出了"两个基础"的思想。就是坚持增强党的阶级基础和扩大党的群众基础。越是改革开放,发展社会主义市场经济,越要注意依靠工人阶级,增强党的阶级基础。同时,改革开放以来,我国的社会阶层发生了新的变化,出现了新的社会阶层。这些新的社会阶层都是中国特色社会主义事业的建设者。

五是提出了"两个纲领相统一"的思想。我们共产党人是最低纲领和最高纲领的统一论者。实现共产主义是我们的最高纲领,社会主义初级阶段的基本纲领是我们的最低纲领。我们既要树立远大理想,又要脚踏实地为实现党在现阶段的基本纲领而不懈努力。

这五个"两"当中,最有创新意义的是"两个先锋队""两个基础"。

(三)"三个代表"重要思想提出的背景

"三个代表"重要思想提出来后,有个别同志表示不理解。

有一些老同志提出,《共产党宣言》明确讲了,共产党人可以把自己的理论概括为一句话:消灭私有制。还有人提出,江泽民在 1989 年 8 月 21 日《在全国组织部长会议上的讲话》中说过:"这次会议的文件里面讲,私营企业主不能入党,我赞成这个意见。"这个讲话没有收入《文选》,但收入了《十三大以来重要文献选编》中册第 584 页。

《人民日报》原总编室主任、全国政协委员喻权域在中国社会科学院主办的《真理的追求》(2001 年 5 月)上发表一篇文章:《开国际玩笑——资本家可以加入共产党》。在同一期杂志上,还刊有吉林省委副书记林炎志的文章,标题是《共产党要领导和驾驭新资产阶级》,他认为,中国已经出现了新资产阶级,"私营企业主入了党,能量会比大多数工农出身的普通党员大得多。""'党内民主'肯定会向金钱民主发展。"2001 年 7 月 1 日"七一"讲话之后,这份杂志停办了。2006 年"两会"喻权域仍参加了会议,林炎志现仍是吉林省委副书记。这表明我们党内民主风气上升,在未写入党章前,对不同的观点允许讲话,允许争论。当然,在"三个代表"写入党章、宪法后,我没有发现他们有什么不同意见。值得一提的是,林炎志是中央党校原校长林枫的儿子,2006 年是林枫 100 周年诞辰,林炎志有文章回忆他父亲。

"七一"讲话之后的两个月,即 2001 年 8 月 31 日江泽民来到国防大学,在军队高级干部理论研讨班上有一个讲话,在《文选》第三卷第 333 页,是第一次公开发表的,以前从来没有看过。他深有感慨地说了这么一段话:"七一讲话并不是代表我个人的,而是代表中央讲的。我是党的总书记,当然要对这个讲话及讲话中提出的观点负政治责任。"

是什么原因促使江泽民提出"三个代表"重要思想? 又提出"两个先锋队""两个基础"呢?

原因之一是世界上不少政党丢失政权的惨痛教训。

比如苏联、东欧社会主义国家共产党,在一夜之间红旗落地,苏联更是亡党亡国亡制,教训十分深刻。江泽民在总结原因时说:"这里面固然有复杂原因,但很重要的一个原因就是阶级基础和群众基础的问题没有处理好。"(《江泽民文选》第 3 卷第 342 页)

比如法国共产党,二战前在法国政坛发挥了重要作用。二战时,法共拥有

30 多万游击队员,是法国反法西斯的一支重要力量;二战后不久,党员发展到 90 万人,法共在 1945—1958 年议会选举中得票率很高,每次都在 25% 以上,一度是法国第一大政党,8 位党的领导人出任过法国政府的副总理、部长(《各国共产党总览》第 396 页)。法共曾经在欧洲共产主义运动中显赫一时,但时至今日,法共在法国政坛的影响一落千丈,党员数量锐减。为什么会出现这种情况?主要原因是法国共产党坚守党的阶级基础是传统的一线蓝领工人,而把知识分子、白领阶层、粉领阶层、金领阶层排除在外,拒诸门外。随着科技的发展,传统意义上的一线工人越来越少,这样党的阶级基础越来越窄,党员中年轻人越来越少,党在整个社会和国家中的影响越来越小,因此在竞选中得票率也就越来越小。

这对中国共产党人有很大的警醒作用。

原因之二是我国社会发生了深刻变化。

由于实行改革开放和社会主义市场经济体制,在经济领域出现了"四个多样性",即社会经济成分、组织形式、就业方式、利益关系和分配方式多样化的问题。

"经济领域的深刻变化,带来了我国社会阶层构成的变化。过去,工人、农民、知识分子、干部和军人是最基本的社会阶层,现在又出现了新的社会阶层。"(《江泽民文选》第 3 卷第 340 页)

这些新的阶层包括民营科技企业的创业人员和技术人员、受聘于外资企业的管理技术人员、个体户、私营企业主、中介组织的从业人员、自由职业人员等社会阶层。通常称为"六个新阶层"。

"据不完全统计,2000 年全国私营营业主已达 176 万户,从业人员两千多万。无论是从经济实力来看,还是从人数来看,分量都不轻。如果我们不正视这个现实,不争取这支社会力量,甚至有意无意地把他们推到对立面上去,那在政治上对党是很不利的。"(《江泽民文选》第 3 卷第 341 页)

这就是江泽民提出"三个代表"重要思想、提出"两个先锋队""两个基础"的原因。

关于吸收新阶层入党,"七一"讲话中有明确规定。首先,工人、农民、知识分子、干部和军人等五个阶层的党员是党的队伍最基本的组成部分和骨干力量。这是大前提。其次,要把承认党的纲领和章程、自觉为党的路线和纲领而奋斗、经过长期考验、符合党员条件的社会其他方面的优秀分子吸收到党内来,并通过党这个大熔炉不断提高广大党员的思想政治觉悟。这里规定了严格的要求,一共有四条,要求和程序更严。

小结:从上述情况来看,江泽民是十分重视理论创新工作的。他曾说过这么一段话:"根据党章规定,明年应召开党的十六大……在此之前,必须进行一些深入的理论准备……我今年已经七十五岁……我深感,我现在最重要的工作,就是为今后党和国家事业发展创造一个更好的条件。邓小平晚年提出了许多十分重要的思想,特别是他1992年的南方谈话,澄清了当时困扰着人们思想的一些十分重大的问题。为我们这一代人创造了很好的条件。很多话,邓小平当时不说,我们这些人是很难说的……我现在的责任,也可以说我的历史责任,就是带头解放思想,勇于进行理论探索和创新。"(《江泽民文选》第3卷第335—336页)

二、制度创新的突出成果是社会主义市场经济体制

我们知道,"社会主义也可以搞市场"的思想,最早是邓小平在1979年提出来的,1992年他在南方谈话中又进一步进行了阐述,他起了开路先锋的作用。但至于具体怎么表述,社会主义怎样搞市场经济则是江泽民的贡献。邓小平解决了可不可以搞社会主义市场经济的问题,可以说是出了题,但这个题怎么破解,则历史地交给了江泽民。

1992年6月9日,江泽民在中央党校有一个讲话,他认为新的经济体制叫"社会主义市场经济"这个提法比较好。6月12日,江泽民向邓小平汇报,得到了邓小平的支持。党的十四大明确提出了要建立社会主义市场经济体制。关于这一点,我们可以看一下《江泽民文选》第二卷《通报中央政治局常委"三讲"

情况的讲话》,这篇文章是首次公开发表的。

江泽民关于社会主义市场经济的思想可以概括为"什么是社会主义市场经济,怎么样建设社会主义市场经济"。下面我们围绕这样的思路进行分析。

1. 什么是社会主义市场经济?

社会主义市场经济是社会主义条件下的市场经济的简称。社会主义条件下的市场经济,是市场经济,而不是计划经济。江泽民多次指出:我们搞的是社会主义的市场经济,"社会主义"这几个字是不能没有的,这并非多余,并非画蛇添足,而恰恰相反,这是画龙点睛。所谓"点睛",就是点明我们的市场经济性质。

社会主义市场经济体制是同社会主义基本制度结合在一起的。建立社会主义市场经济体制,就是要使市场在国家宏观调控下对资源起基础性作用。

2. 怎么样建设社会主义市场经济?

江泽民关于怎么样建设社会主义市场经济的论述和思想很多,可以概括为所有制制度、分配制度、社会保障体系、市场体系和宏观调控体系五个重要环节,其中最重要的是两个制度。

江泽民在十五大报告中提出:

社会主义市场经济要坚持公有制为主体、多种所有制经济共同发展的所有制制度;

社会主义市场经济要坚持以按劳分配为主体、多种分配方式并存的分配制度。

3. 建立社会主义市场经济体制的意义

意义一:对改革来说,它明确了我们改革的目标。

我们的改革,从一开始就有明确的性质和方向,改革是一场革命,改革是社会主义制度的自我完善。但改革的具体目标我们一直在探索,"摸着石头过河"。江泽民明确提出社会主义市场经济体制以后,我们的改革目标便十分清楚了,这些年的改革进展有序、社会保持长期稳定,我们改革的目标清晰是一个原因。

意义二：对国家和社会来说，它促进了政治体制、文化体制、社会体制的改革。

经济是基础，经济基础的变化，相应地要求上层建筑做出调整和改革。随着社会主义市场经济体制的建立和完善，政治体制、文化体制和社会体制的改革显得日益紧迫。中国特色社会主义是社会主义市场经济、社会主义民主政治、社会主义先进文化、社会主义和谐社会协调发展的伟大事业，而社会主义市场经济体制是前提、基础。

从这个意义上讲，美国作家库恩写的《他改变了中国——江泽民传》中"他改变了中国"这句话是有一定道理的。

意义三：对科学社会主义发展史来说，它改变了科学社会主义史的发展进程。

马克思恩格斯创立了科学社会主义。科学社会主义在列宁手上由理论变成现实。在科学社会主义几十年的探索中经历了两个阶段：

1917 年—1992 年是第一阶段，第一个社会主义国家苏联建立后实行计划经济体制，之后全世界 15 个社会主义国家都是实行计划经济体制。

1992 年 10 月中共十四大开始，中国探索建立社会主义市场经济，带动整个社会主义国家探索建立社会主义市场经济体制。越南现在推行的是"社会主义定向的市场经济体制"。

意义四：从现实意义上讲，它是统一当前改革之争的思想基础。

自从 1978 年实行改革开放以来，围绕市场与计划发生了三次争论。

第一次发生在 1980 年—1984 年，围绕社会主义可不可以搞商品经济进行争论。

第二次发生在 1989 年—1992 年，围绕社会主义可不可以搞市场经济进行争论。

2006 年这次争论算是第三次争论，围绕要不要继续改革的问题进行争论。

从 2005 年开始，媒体上刊登了不少关于医改、教改、房改以及国企改革、贫富差距拉大等五个问题的言论。特别是国务院发展研究中心的一份关于医改基本失败的报告，还有香港学者郎咸平关于国企改革导致国有资产流失的观点，在媒体上炒得很热。

学术界产生了较大分歧，大致分成两方：

争论的一方认为：这些问题之所以出现，是因为改革过了头。他们认为医疗、教育是公共服务产品，政府应该承担起责任，不能过度市场化。他们认为国企的改革，使国有资源大量流失，损害了国家的利益，工人大量下岗，动摇了主人翁地位，甚至有人说当初搞社会主义市场经济是错误选项。

学术界把他们称为"新左派"，代表人物有汪晖、甘阳、韩毓海、朝德强等。这一派的阵地是《读书》《天涯》杂志，另外还有乌有之乡等网站。

争论的另一方认为，医改、教改之所以出现问题，是因为改革还不够彻底，办法是要加大改革力度，允许私人资本进入，只有充分竞争、充分市场化才能把价钱降下来；国企改革还不够彻底，比如电力电信等行业收入过高，就是因为它是垄断行业，没有竞争，改进的办法是要产权清晰，进行改制，允许私人资本进入垄断性行业。这一派被称为新自由主义。新自由主义在美国的代表人物有科斯，在香港的代表人物有张五常，大陆的代表人物有徐有渔、许纪霖、贺卫方、朱学勤、刘军宁等，刊物有《公共论丛》等。

这两派论点都有明显的错误，这里不进行评论，其中某些观点似乎有一定的合理因素。

争论从2003年下半年开始，争了两年多。2006年，中央对此多次表态。

一是在2006年4月，中央出版了江泽民《论社会主义市场经济》专题文集，36万多字。该书收入了江泽民关于什么是社会主义市场经济、怎么建设社会主义市场经济以及为什么要建立社会主义市场经济等重大理论问题的论述，对统一当前的改革争论提供了理论基础。江泽民关于社会主义市场经济的论述基本都收到了这本集子中。

2006年8月10日出版的《江泽民文选》关于社会主义市场经济的论述有很重的分量。这些都有助于统一大家对当前改革的争论。

江泽民对体制创新的成果是十分重视的。在十六大报告文件起草小组会上,他说:"要对提出社会主义市场经济改革目标的背景和意义,做出扼要而又十分有分量的论述,使全党同志充分认识其重要意义,继续坚定不移地坚持社会主义市场经济的改革方向。"(《江泽民文选》第3卷第517页)

应该说,江泽民有先见之明,担心有人对社会主义市场经济体制的改革方向产生动摇。

二是党的总书记和中央党报党刊出来说话。

2006年3月6日全国"两会"期间,胡锦涛在参加上海代表团讨论时发表了讲话。

2006年6月1日出版的第11期《求是》杂志刊发署名石平的文章,题目是《坚定不移地推进改革开放,为"十一五"时期经济社会发展提供强大动力和体制保证》。

2006年6月5日人民日报发表署名钟轩理的文章,题目是《毫不动摇地坚持改革方向,为实现"十一五"规划目标提供强大动力和体制保障》。

两篇文章都引用和阐述了胡锦涛3月6日的讲话。胡锦涛的讲话和两篇署名文章的重要观点是:一是要坚定不移地推进改革开放,改革停顿下来不行,倒退更没有出路;二是毫不动摇地坚持改革的社会主义方向,用马列主义、毛泽东思想、邓小平理论和"三个代表"重要思想为指导,特别强调用科学发展观来统领当前的改革。

三、科技创新的突出成果之一是中国特色军事变革

江泽民长期从事科技工作和科技领导工作,对世界科技发展动态十分关注。无论是新型计算机的出现,还是人类基因序列图的绘制,还有"信息高速公路""数字地球""知识经济"等概念的提出,科学技术领域的每一项新突破,都引起了他的高度重视和思考。联系国内实际,江泽民提出了"科教兴国"等许多新思想新观点新论断。这里介绍江泽民关于中国特色军事变革的思想。

1. 江泽民为什么要提出中国特色军事变革

一是世界新军事变革形势逼人。

在江泽民任中央军委主席这十几年内，世界上有几次大的战争：1991 年海湾战争、1999 年科索沃战争、2001 年阿富汗战争。

海湾战争，多国部队 38 天空袭就完全摧毁了伊拉克指挥系统。

科索沃战争，北约部队 78 天空袭，南联盟就失去抵抗能力，南联盟的飞机一起飞就被北约部队打掉了。

阿富汗战争，美国凭借先进的信息侦察技术，对塔利班武装、"基地"组织的分散小股力量和洞穴实施精确打击，很快就使他们丧失抵抗能力。

江泽民敏锐地指出，人类战争形态正在发生深刻变化，世界新军事变革形势逼人。

世界新军事变革的核心是信息化。武器系统正在信息化，指挥系统、情报侦察、后勤保障都实现了信息化，而且是一体化的信息化。

信息化需要太空技术提供保障。海湾战争、科索沃战争、阿富汗战争都动用了 50 多颗卫星，因此，近年来太空技术成为新的战略制高点，美俄等军事大国正在争夺制天权。以前我们都知道有海军、陆军、空军，空军的航空飞机一般在地球的大气层飞行，越过大气层，就是航天了，现在有的国家要建天军了。据《江泽民文选》第三卷《论中国特色军事变革》介绍：俄罗斯已在 2001 年 6 月建立独立的航天兵；美国正在组建远征型航空航天部队；欧洲正在建立独立的伽利略卫星导航系统。古人说的"天兵天将"出现了。

总之，世界新军事变革形势逼人，这是江泽民提出中国特色军事变革的重要外因。

二是现实存在的国家安全威胁形势逼人。

1999 年 5 月 8 日凌晨，以美国为首的北约用导弹袭击中国驻南大使馆。这件事情对江泽民等中央领导震动很大。当天中央政治局常委会开会研究对策，前后一共研究了三次，江泽民最后都讲了话。讲话记录见《江泽民文选》第 2 卷第 321 页《同仇敌忾，团结御侮》，这是第一次公开发表。

江泽民在讲话中说:"从现在的形势看,国防建设必须进一步抓紧。我们爱好和平、维护和平,但总要准备有那么一天人家会搞到我们头上来,有备才能无患啊!经济建设是中心,国防建设也要不断加强。不然,一旦发生战争,我们就不能有效保卫经济建设的成果和祖国的安全。如果没有当年毛主席、周总理领导我们在非常困难的条件下搞出的原子弹、氢弹和人造卫星,我们不会有今天这样安全的局面,恐怕早就挨打了。在这个世界上,最后还是要拼实力的。我们要卧薪尝胆,一定要争这口气!"

三是台独危害形势逼人。

《江泽民文选》最后一篇文章是《我的心同人民军队永远在一起》,该文最后一段有一句话:"台湾问题是我最大的一个牵挂。""香港、澳门已经回归祖国,现在只剩下台湾问题了。""解决台湾问题,我们还是要坚持文攻武备的总方略。"他说:"军队必须抓紧做好反'台独'军事斗争准备。"

三个原因促使江泽民提出要大力推进中国特色军事变革。

2. 怎样推进"中国特色军事变革"

江泽民说,面对严峻的挑战,我们必须积极推进中国特色军事变革,核心是建设信息化军队。这方面内容集中在《江泽民文选》第三卷《论中国特色军事变革》一文中。

信息化军队一是人的信息化,培养选就一大批高素质的新型军事人才。二是武器装备信息化。江泽民提出:"我们历来反对唯武器论,但又十分重视科学技术,重视武器装备的作用。武器装备落后,缺少有效的制约手段,在战争中要取胜就会付出很大代价。"(《江泽民文选》第2卷第461页)

因此,江泽民提出要建设有自主知识产权的"撒手锏",《江泽民文选》中前后7次提到"撒手锏"建设问题,指出"要有所为有所不为,有所赶有所不赶"的策略,抓紧研制自己的"撒手锏"。

1991年海湾战争后不久,江泽民在一次座谈会上第一次提出要发展自己的"撒手锏"。

1992年中央决策要实施载人航天工程。当时有两个方案:一个是建航天飞机,一个是建航天飞船。后来中央还是决定实施载人航天飞船。7 年后的 1999 年 11 月 20 日神舟一号航天飞船在酒泉成功发射升空,次日返回,接着 2、3、4 号又成功了;2003 年 10 月神 5、2005 年 10 月神 6 载人航天飞船又成功了。

神舟飞船的成功有重大的意义。除了胡锦涛 2003 年答外国记者时说的"中国载人航天飞行的目的是开发和和平利用太空","开展……科学实验"(人民日报 2003 年 10 月 22 日)这一点外,还有重大的国防意义、经济意义和政治意义。

一是信息侦察作用。

杨利伟在太空中与自己的儿子通电话时说,可以看到美丽的祖国。这句话可以解读为他也可以看到美丽的美国!因为目前不存在领天权,杨利伟在太空中"想看就看"。从太空中看到美国,对我们"知己知彼"非常重要,因为我们头顶上有十几颗美国的卫星天天在看我们。

《参考消息》2005 年 1 月 29 日第八版《中国大地》转发俄罗斯《军工信使》周报 1 月 26 日的文章《中国宇宙之眼——中国正在部署全球电子侦察系统》。文章说,神舟二号着陆时,在电视台直播时,可以看到 7 根 1 米长的垂直天线,其中 3 根分开后可以延长到 4.5 米。这一发现顿时引起猜测:该设备是用来搜集电子情报的——西方专家普遍这样分析。

文章接着说,有专家认为,"神舟"5 号舱内装有光学侦察摄像仪。

二是克敌制胜作用。

目前世界上最先进的武器系统,是美国正在部署的"国家导弹防御系统"(简称 NMD)和"战区导弹防御系统"(简称 TMD)。美国为了预防别国首先对它使用核武器,搞了一套预防设备,就像用网罩一样把自己国家保护起来,这叫 NMD;还准备把日本和我国台湾保护起来,这叫 TMD。这样一来,核武国家失去优势,打破了核平衡。

中国如果不掌握"破解"NMD、TMD 的技术,那么统一台湾甚至自保都十分被动。

江泽民说:"要警惕和阻止美国吸纳台湾加入战区导弹防御系统。"(《江泽

民文选》第 2 卷第 570 页）

《参考消息》2005 年 10 月 16 日第八版《中国大地》有一篇题为《美日妄测神六"军事用途"》的消息，转发台湾《中国时报》2005 年 10 月 15 日的报道：美方军事专家认为，中共成功发射"神舟"系列火箭，意味着已掌握并熟练运用"小动量空间火箭技术"，而此技术正是克制美国战区导弹防御的关键。

我认为这就是我们的"撒手锏"！有了载人航天飞船，我们的制天权就有保障了！我们不仅能保护领海、领地、领空，我们还能保护领天了，标志着中国的科技实力、经济实力、国防实力、综合国力有了重大提升。

三是经济意义。

《参考消息》2005 年 10 月 16 日的那篇文章继续写道："此外，美军事专家指出，神舟六号也具备军事侦察与实验任务。此次太空任务长达 119 小时，两位太空人将有充分时空'想拍就拍'。"

不少专家臆测，中国也可能尝试将照片运用在对美贸易谈判上。例如，可拍摄美国农业区照片以掌握并评估美国农作物收成情况，作为中国在对美贸易谈判上的筹码。

四是政治意义。

我们的载人航天飞船把中国的领空权拓高到了领天权。美国前总统肯尼迪说过这样一句富有战略意义的话："谁能控制空间，谁就能控制地球。"可见，领天权、制天权是何等重要！神舟载人航天飞船的成功，标志着中国是继美俄之后第三个有航天能力的国家。

小结：江泽民的中国特色军事变革的思想特别是"撒手锏"工程的实施，神舟载人航天飞船的成功，意义深远，其作用现在还不太明显，十年、二十年、几十年后再回过来看，评价会更高。就像现在我们常常念起毛泽东搞的原子弹，几十年后，我们的子孙也会念起江泽民搞的神舟航天飞船。

总结

1. 学习《江泽民文选》，要把掌握思想体系与学习新思想新观点结合起来

学习《江泽民文选》，一是要掌握思想体系。胡锦涛在中央学习《江泽民文选》报告会上的讲话中指出，《江泽民文选》和"三个代表"重要思想是一个科学体系，涵盖了经济政治文化、内政外交国防、改革发展稳定、治党治国治军。学习《江泽民文选》和"三个代表"重要思想就要牢牢把握建设中国特色社会主义这个主题，紧紧抓住党的建设这个关键，牢牢把握解放思想、实事求是、与时俱进这个灵魂，牢牢把握始终代表最广大人民群众根本利益这个马克思主义的根本立场。二是要学习新思想新观点新论断。胡锦涛把《江泽民文选》中新思想新观点新论断归纳为"31 个关于"，概括得很全面、很系统。胡锦涛讲话是我们学习《江泽民文选》的最好辅导读物，我们要根据胡总书记的要求，全面学习《江泽民文选》。

2. 学习《江泽民文选》，要坚持联系历史和联系现实的统一

"三个代表"重要思想是马克思主义中国化的最新成果，是第三个成果。

马克思主义中国化有两次飞跃、三个成果。

第一次飞跃产生了毛泽东思想，主题是中国新民主主义革命。毛泽东思想集中体现在《毛泽东选集》四卷。

第二次飞跃产生了邓小平理论和"三个代表"重要思想。

邓小平理论和"三个代表"重要思想的主题都是中国特色社会主义，因此理论界、学术界没有把"三个代表"作为第三次飞跃，而是归入第二次飞跃，这第二次飞跃产生的两大理论成果，集中体现在《邓小平文选》三卷、《江泽民文选》三卷。加上《毛泽东选集》四卷，这样，中国共产党的理论宝库中就有了十卷雄篇巨著。这是中国共产党对马克思主义的重大理论贡献。

江泽民说，我们要突破前人，后人也要突破我们。十六大以来，以胡锦涛为总书记的党中央与时俱进，继续进行理论创新，先后提出了科学发展观、社会主义和谐社会、创新型国家、社会主义新农村、党的先进性建设等新思想新观点新论断。

因此,我们在学习《江泽民文选》时,既要联系历史,即联系马列主义、毛泽东思想、邓小平理论,又要联系现实和未来,即联系胡锦涛的一系列论述,融会贯通地来学。

3. 学习《江泽民文选》,要把对人与对事结合起来

马列主义的学风是理论联系实际。首先要有理论,再去联系实际。历史上毛泽东批评得较多的是教条主义,主要是针对王明照搬理论,客观地说,王明是有理论水平的,但不会联系实际。

但现在我们基层的情况跟毛泽东批评的教条主义不一样。我们日常事务多,系统学习理论少,经验主义比较突出,所以我们现在强调学风,关键是先要把理论本身学好学透,把原著好好读一读。

学习《江泽民文选》,要把对人与对事结合起来。对人,改造主观世界,用理论武装头脑;对事,改造客观世界,用理论推进工作。一句话,就是武装头脑,推进工作。

(江西教育学院党委中心组发言稿,原载 2006 年 10 月《江西教院报》)

"科学发展观首先在江西提出"的考证

一

科学发展观首先在哪里提出来的? 目前理论界有两种不同的观点。

一种观点认为,同"三个代表"重要思想一样,科学发展观也是首先在广东提出的。[①]

时任中共中央政治局委员、广东省委书记张德江在 2006 年 5 月接受《人民日报》记者关于开展先进性教育活动的访谈时说:"按照胡锦涛总书记视察广东时提出的科学发展观的思想,统一认识,切实把经济社会建设转入科学发展轨道,不片面追求 GDP。"[②]可见,张德江的讲话认为科学发展观是首先在广东提出来的。

2006 年 12 月 11 日,广东省委召开常委扩大会议,传达学习中央经济工作会议精神。张德江主持会议。会议认为,自 2003 年 4 月胡锦涛总书记最早在广东提出科学发展观思想以来,广东省牢固树立和全面落实科学发展观,努力转变发展观念,创新发展模式,提高发展质量,并已收到明显成效,经济社会发展开始转入科学发展的轨道。[③]

第二批全国干部学习培训教材《科学发展观》一书基本上也是持这种观点,该书第一章"科学发展观的提出"指出:科学发展观的形成经历了一个逐步完善的过程,其内容和表述也越来越完整和深刻。作者列举了胡锦涛总书记 2003

年 4 月 15 日在广东的讲话、7 月 28 日在全国防治"非典"工作会上的讲话、10 月在党的十六届三中全会的讲话等过程。④虽然文中没有明确提出科学发展观首先是在哪里提出,但作者把胡锦涛在广东的讲话放在最前面,可见作者倾向于首先是在广东提出来的。

另一种观点认为,科学发展观是胡锦涛总书记 2003 年 8 月 28 日至 9 月 1 日在江西考察工作时提出来的。

持这种观点的有中宣部理论局局长路建平。他在 2005 年 10 月出席江西省委宣传部举行的《沧桑正道——科学发展观纵横谈》看片座谈会上说:"科学发展观是胡锦涛总书记在江西第一次公开提出来的,江西是第一个做此类题材电视片的。"⑤在这次座谈会上,江西省社联党组书记尹世洪和江西日报社副社长、副总编辑任辛都发表了同样的观点。

中国社会科学院常务副院长冷溶也持这个观点。他说:胡锦涛 2003 年 8 月 28 日至 9 月 1 日在江西考察工作时提出了"科学发展观"的概念。⑥

江西省高校推进科学发展观理论"三进"试点工作教材《科学发展观大学生读本》一书讲得更具体清楚:"科学发展观首先在南昌提出。"⑦

二

那么,科学发展观首先提出来是在广东还是在江西呢? 为了说清这个问题,有必要详细回顾一下胡锦涛关于科学发展观一系列论述的原话。

2003 年 4 月 15 日,胡锦涛在广东考察工作时指出:在新世纪新阶段,包括广东在内的东部地区正处在一个新的发展起点上,面临着新机遇、新挑战、新任务。我们要认清形势,进一步增强加快发展、率先发展、协调发展的历史责任感和使命感。要积极探索加快发展的新路子,通过完善发展思路不断增创新优势;着力深化改革,通过制度创新不断增创新优势;进一步发展外向型经济,通过扩大对外开放不断增创新优势;大力实施科教兴国战略和人才战略,通过科技创新和发挥人才效应不断增创新优势;坚持全面的发展观,通过促进三个文明协调发展不断增创新优势。^⑧在这里,胡锦涛使用了"全面的发展观"一词。这是胡锦涛第一次提出"发展观",其中的新意在于"观"字。这个"观"字很重要,所谓"观",就是对事物总的看法和根本认识。但是这里并没有使用"科学"二字。

4月16日下午,张德江主持召开省委常委会议,传达学习胡锦涛近日到广东考察时所做的重要讲话精神,紧密结合实际,研究贯彻落实的意见。会议要求全省各级党组织和广大干部群众以胡锦涛重要讲话精神为新的巨大动力,不辱使命,不负重托,努力增创新优势,开拓新局面,实现新发展,使广东在全面建设小康社会、加快率先实现社会主义现代化进程中更好地发挥排头兵作用。

会议认为,胡锦涛对广东今后加快发展提出了光荣的任务,为我们指明了前进的方向。他要求广东抓住机遇,加快发展,在全面建设小康社会、率先基本实现社会主义现代化进程中发挥排头兵作用。要求我们认清形势,进一步增强加快发展、率先发展、协调发展的历史责任感和使命感,努力增创新优势,开拓新局面,实现新发展,努力在社会主义物质文明、政治文明、精神文明建设方面都交出优异的答卷;要求我们坚持执政为民,切实关心群众生产生活;要求我们加强和改进党的建设,在实现改革开放和党的建设的有机结合、相互促进方面积极进行探索,不断认识规律,不断取得成效,在全面推进党的建设新的伟大工程方面也交出一份优异的答卷。这些重要精神,非常切合广东实际,对广东今后的发展具有重大而深远的指导意义,是我们实现新发展的巨大政治动力和宝贵思想武器。全省各级党委、政府和各级领导干部一定要认真学习贯彻胡锦涛总书记的重要讲话精神,抢抓机遇,振奋精神,开拓进取,推动广东省各项工作继续增创新优势,开创新局面,继续走在全国的前列。^⑨在这里,张德江强调了胡锦涛关于"加快发展、率先发展、协调发展"的讲话内容。

2003年4月20日,张德江在广东省"企业家活动日"大会上发表讲话说:"胡锦涛总书记在广东考察时,要求广东抓住机遇、加快发展,在全面建设小康社会、加快推进社会主义现代化进程中更好地发挥排头兵作用,为广东加快发展指明了方向,提供了强大的动力。当前,全省上下正在学习贯彻胡锦涛总书记重要讲话精神,努力加快发展、率先发展、协调发展。"⑩张德江在传达讲话中再次强调了胡锦涛关于"加快发展、率先发展、协调发展"的讲话内容。

5月29日至30日,在广东省委、省政府召开的全省贯彻落实胡锦涛视察讲话精神大会上,张德江指出,学习贯彻胡锦涛重要讲话精神,要全面把握讲话对广东提出的新要求,特别是要牢牢把握"抓住机遇,加快发展,在全面建设小康社会、加快推进社会主义现代化进程中更好地发挥排头兵作用"的总要求。要深刻领会讲话关于发展的重要思想,按照新的发展观的要求,实现加快发展、率先发展、协调发展,交出"三个文明"建设和党的建设两份优异的答卷。张德江指出,树立新的发展观,形成正确的发展思路,是广东在新的发展起点上担负起历史赋予的光荣使命的思想基础、认识前提。⑪

在这里,张德江第一次明确点出了胡锦涛4月15日讲话的关键内容,即"发展观"问题,并对树立新的"发展观"的意义进行了强调。

2003年7月28日,在全国防治"非典"工作会议上,胡锦涛指出:"通过抗击非典斗争,我们比过去更加深刻地认识到,我国的经济发展和社会发展,城市发展和农村发展还不够协调……我们要高度重视存在的问题,采取切实措施加以解决,真正使这次防治非典斗争成为我们改进工作、更好地推动事业发展的一个重要契机。"胡锦涛强调指出:"我们要更好地坚持全面发展、协调发展、可持续的发展观,更加自觉地坚持推动社会主义物质文明、政治文明和精神文明协调发展,坚持在经济社会发展的基础上促进人的全面发展,坚持促进人与自然的和谐。在促进发展的进程中,我们不仅要关注经济指标,而且要关注人文指标、资源指标和环境指标;不仅要增加促进经济增长的投入,而且要增加促进社会发展的投入,增加保护资源和环境的投入。"⑫在这里,胡锦涛重申了"发展观",并且提出了"全面发展、协调发展、可持续发展的发展观"。

2003年8月28日至9月1日,胡锦涛在江西考察工作时指出:"各级领导干部一定要深刻认识发展是党执政兴国的第一要务这个重大命题,切实把第一要务抓紧抓实抓好。要牢固树立协调发展、全面发展、可持续发展的科学发展观,积极探索符合实际的发展新路子,进一步完善社会主义市场经济体制,把加大结构调整力度同培育新的经济增长点结合起来,把推进城市发展和推进农村发展结合起来,把发挥科学技术的作用和发挥人力资源的优势结合起来,把发展经济和保护资源环境结合起来,把对外开放和对内开放结合起来,努力走一条生产发展、生活富裕、生态良好的文明发展道路。"⑬在江西,胡锦涛明确使用了"协调发展、全面发展、可持续发展的科学发展观",第一次明确使用了"科学发展观"这一提法。

对胡锦涛在江西提出的这一崭新提法,江西省委省政府敏锐地感觉到了。2003 年 9 月 1 日下午,省委召开全省干部领导会议,传达贯彻胡锦涛在江西考察时的重要讲话精神。时任江西省委书记孟建柱在讲话中强调指出:特别是要按照胡锦涛总书记提出的新的科学发展观,从维护人民群众的长远利益和根本利益出发,坚决贯彻中央的要求和部署。⑭

2003 年 10 月 1 日—4 日,胡锦涛在湖南考察工作时指出:"中部地区广大干部群众要切实增强加快发展的责任感和紧迫感,牢固树立和坚决落实科学发展观,积极探索符合实际的发展思路,通过改革不断为发展注入新的动力,努力推动经济社会更快更好地发展。"⑮这是胡锦涛第一次提出"牢固树立和坚决落实科学发展观"。

2003 年 10 月 14 日,胡锦涛在中央十六届三中全会第二次全体会议的讲话中指出:树立和落实全面发展、协调发展和可持续发展的科学发展观,对于我们更好地坚持发展才是硬道理的战略思想具有重大意义。树立和落实科学发展观,这是二十多年改革开放实践的经验总结,是战胜非典疫情给我们的重要启示,也是推进全面建设小康社会的迫切要求。⑯在这里,胡锦涛重申了他在江西考察工作时提出的科学发展观的三个内涵,并把"全面发展"放在"协调发展"的前面,此后都是按这个顺序来表述的。

2003 年 10 月 14 日,中共十六届三中全会通过的《中共中央关于完善社会主义市场经济体制若干问题的决定》指出:"坚持以人为本,树立全面、协调、可持续的发展观,促进经济社会和人的全面发展。"⑰在中央正式文件中,第一次使用了"科学发展观"的提法,而且增加了"以人为本"的内容和表述。至此,科学发展观这一理论概念已十分完整了。

此后,《中央经济工作会议在北京召开》(新华社北京 2003 年 11 月 29 日电)的新闻稿件[18]以及胡锦涛《在纪念毛泽东同志诞辰一百一十周年座谈会上的讲话》(2003 年 12 月 26 日)、在中央纪律检查委员会第三次会议上的讲话《在全党大力弘扬求真务实精神,大兴求真务实之风》(2004 年 1 月 12 日)、《在法国国民议会的演讲》(2004 年 1 月 27 日)[19]等讲话中,都使用了"坚持以人为本,树立全面、协调、可持续的发展观"这样的提法,这一提法就完全定型了。

三

由此可见:

"发展观"一词是胡锦涛 2003 年 4 月 15 日在广东第一次提出来的。

"科学发展观"一词是胡锦涛 2003 年 8 月 28 日至 9 月 1 日在江西考察工作时第一次提出来的。

"科学发展观"一词的内涵的准确表述,是 2003 年 10 月 14 日《中共中央关于完善社会主义市场经济体制若干问题的决定》文件中第一次完整地提出来的。

江西省是第一个把科学发展观作为总书记重要讲话精神进行传达学习的,也是全国第一个制作以"科学发展观"为主题的电视宣传片的省份。

这就是"科学发展观"提出的基本过程。

考察科学发展观这一重要理论的提出和形成过程,目的在于深化对这一重要理论的学习和认识。科学发展观这一重要理论的提出和形成过程,也可以说明党的理论是在实践中产生、提炼、形成和发展的,具有与时俱进的理论品质。

注 释

①《中央领导论科学发展观》,《信息导刊》2004 年第 11 期。

②《联系实际注重实效与时俱进地推进党的先进性建设》,人民日报 2006 年 5 月 8 日

第四版。

③《南方日报》2006 年 12 月 12 日。

④第二批全国干部学习培训教材《科学发展观》,马凯主编,人民出版社 2006 年版,第 32 页。

⑤《发展新篇的生动解读,理论宣传的形象展示》,《江西日报》2005 年 11 月 22 日 B2 版。

⑥《科学发展观与社会主义市场经济的关系》,京报网,www. bjd. com. cn,2006 - 09 - 25。

⑦《科学发展观大学生读本》,江西高校出版社 2007 年版,第 4 页。

⑧《人民日报》2003 年 4 月 16 日第一版。

⑨岳宗:《努力增创新优势开拓新局面实现新发展,不辱使命不负历史重托,力争当好排头兵》,《南方日报》2003 年 4 月 17 日。

⑩《张德江:企业家要担当起加快发展历史重任》,《南方日报》2003 年 4 月 21 日。

⑪岳宗、丘剑华:《更好发挥排头兵作用》,《南方日报》2003 年 5 月 31 日。

⑫《人民日报》2003 年 7 月 29 日。

⑬新华社南昌 2003 年 9 月 2 日电,《江西日报》2003 年 9 月 3 日第一版。

⑭《江西日报》2003 年 9 月 4 日第一版。

⑮《人民日报》2003 年 10 月 5 日第一版。

⑯《树立和落实科学发展观》,《十六大以来重要文献选编》(上),中央文献出版社 2008 年版,第 483 页。

⑰《十六大以来重要文献选编》(上),中央文献出版社 2008 年版,第 465 页。

⑱《人民日报》2003 年 11 月 30 日第一版。

⑲见《十六大以来重要文献选编》(上)相关篇目。

(原载《江西教育学院学报》2008 年第 6 期)

论三个"三观"

2010 年 9 月 1 日，习近平在中央党校开学典礼上提出："各级领导干部要坚持向书本学习，向实际学习，加强党性修养和锻炼，牢固树立正确的世界观权力观事业观，坚定崇高理想，坚持立党为公、执政为民，尽心尽力干好工作。"因此，加强党性修养，坚定理想信念，关键是要牢固树立正确的世界观、权力观、事业观。

一、关于三个"三观"

多年来，我们党一直提出要树立和坚持正确的世界观、人生观、价值观，我把它简称为"老三观"，这是从哲学角度来说的，是针对每个人讲的，对象非常广泛。

江泽民提出了领导干部要树立和坚持正确的"权力观、地位观、利益观"，我把它简称为"近三观"，这是从政治角度来说的，主要针对党的高级干部说的。江泽民还说，"每个同志都要想一想，参加革命为什么？现在当干部应该做什么？将来身后应该留点什么？"可见主要是针对党的高级干部提的。

2009 年 1 月 13 日，胡锦涛在中央纪委十七届三中全会的讲话中强调要树立和坚持正确的事业观、工作观、政绩观。我把它简称为"新三观"，我认为这主要是针对广大基层干部讲的，主要是从基层干部的作风建设、党性修养这个角度提出来的。

这样，历代中央领导总共提出了"世界观、人生观、价值观""权力观、地位观、利益观""事业观、工作观、政绩观"，三个层次，总共九观。

这次习近平把上述三个"三观"概括为"世界观、权力观、事业观"，是对中央历代领导关于"三观"的高度概括和提炼。

二、怎么进一步理解三个"三观"

九观三个层次，它们是层层递进的关系，要求一次比一次具体，可操作性越来越强，标志着我们的党对反腐败斗争认识的一步步深化。

1992 年我们开始建立社会主义市场经济，发现许多干部经不住市场经济的考验和金钱的诱惑，腐败的原因在于世界观、人生观、价值观出了问题，于是，江泽民从 1995 年开始强调讲政治等"三讲"，还多次提出要"加强正确的世界观、人生观、价值观的宣传教育"。

随着社会主义市场经济建设的不断推进，发现腐败分子的腐化堕落与市场经济的利益密切相关，表现在如何对待手中的权力和所处的地位，因而在 2002 年 1 月中纪委第七次全会上，江泽民提出要牢固树立正确的权力观、地位观、利益观。

胡锦涛提出"事业观、工作观、政绩观"，是在进一步完善社会主义市场经济体制、加快发展的过程中，基层干部如何对待"为什么发展，怎样发展，发展为了谁"的情况下提出的。新"三观"是为了全党更好地落实科学发展观而提出来的。

三、当前关键是进一步牢固树立新"三观"

当前，要进一步牢固树立新"三观"，就要处理好以下几对关系：

1. 在树立和坚持正确的事业观时，关键是要处理好党的事业与个人事业的关系

事业观是对待事业的根本态度、看法。作为领导干部，从事的事业都是党的事业的一部分。

一般来说，党的事业与个人事业并不矛盾。党在当前的事业就是建设中国

特色社会主义,全面建设小康社会。这需要各方面的人才和领导干部去干事业,因此从总体上说,每个人都可以有个人自己喜欢的事业。这是理想状态。

但有时当个人的事业与党的事业不一致时,就要求个人事业服从党的事业。比如,许多博士如果从事科研事业,可以为党的科研事业作贡献,但当组织上需要他出来搞管理,他有可能就要牺牲个人的科研事业了。

2. 在树立和坚持正确的工作观时,关键是要处理好对上负责与对下负责的关系

对上负责是领导干部的基本职责。对上负责就是要积极执行上级领导的决策,忠实地落实上级的要求和部署,不允许上有政策、下有对策,不允许做表面文章;就是要积极维护上级领导的权威,言行一致,绝不能阳奉阴违;就要在关键时候敢于说实情、讲真话,敢于提出不同意见。

对下负责是领导干部成熟的主要标志。对下负责,就要鼓励下级树立共同进步的理念,引导下级和同事们把精力和注意力放在工作上、事业上;就要爱护下级,下级出现差错时要及时提醒,出现失误时要主动承担领导责任;就要帮助下级,把解决下级工作、生活中的实际困难放在心上。

对上负责与对下负责统一起来就是对党负责,对人民负责。

3. 在树立和坚持正确的政绩观时,关键是处理好"官本位"与"民本位"的关系

"官本位"观念严重的人,不是对人民群众负责,而是对少数上级领导个人负责;不是从人民群众的根本利益出发来谋求发展,而是从谋求个人官职出发做工作、办事情;不是以是否给人民群众带来实际利益作为搞建设谋发展的根本标准,而是以是否得到上级领导满意、是否有利于个人升迁作为做工作的根本标准。我们做工作、办事情的唯一出发点和目的,就是为了让人民群众满意、让人民群众高兴。

(江西省首期优秀中青年干部党性教育专题培训班学习心得,原载 2010 年 10 月《江西教院报》)

论政党兴衰之道

——中国共产党对世界政党执政理念的借鉴

《中共中央关于加强党的执政能力建设的决定》指出："我们必须居安思危，增强忧患意识，深刻汲取世界上一些执政党兴衰成败的经验教训，更加自觉地加强执政能力建设。"这表明中国共产党以开放的心态对待当代世界政党执政理念，展示了新一届中央领导集体的政治远见和智慧。本文着重分析四个政党执政的经验教训，探究政党兴衰之道。

一、新加坡人民行动党长期执政的经验和做法

2004 年 8 月 12 日，李显龙就任新加坡总理。吴作栋在这个时候退位让贤，目的是让李显龙在总理岗位上有一个适应期，以准备 2007 年全国大选，确保新加坡人民行动党长期执政的地位。

人民行动党是新加坡第一大政党，1954 年创立，1959 年执政，1986 年第一次大选就获胜，1972 年、1976 年、1980 年三次大选均赢得全部议席。人民行动党至今执政几十年。新加坡还有 6 个政党，除 2 个政党获得过国会少量议席之外，大部分政党仍无一人当选。那么新加坡人民行动党长期执政有什么好的经验呢？

总的说，新加坡人民行动党能"根据内外经济环境和本国发展水平，寻求合适的发展模式，制定明晰的发展战略，促进经济发展"（《学习时报》2004 年 11 月 15 日第 1 版，王家瑞）。新加坡立国之初，处在人少地小国贫的起点上，人民

行动党据此提出了"生存第一,经济立国"的基本国策,决心"创造一种新的经济模式"。近 40 年来,人民行动党政府根据国内外经济环境的变化,适时实行经济发展战略转轨。20 世纪 60 年代,面对严重的失业和贫困,人民行动党制定了以扩大就业为中心的劳动密集型产业政策;70 年代,在已实现充分就业的基础上,制定了以出口为导向的资本密集型产业政策;80 年代,在已实现工业化的基础上,制定了以提高国际竞争力为核心的技术密集型产业方针;90 年代,重点发展以电子、通讯为代表的高新技术产业。新世纪初,人民行动党又提出,"为了竞争环球市场,我们必须怀着终身学习的态度,提升技能,以赶上快速前进的知识经济列车"。人民行动党根据国情变化制定合适的发展模式,使新加坡经济每隔一段时间就上一个新台阶,2003 年新加坡人均国民收入 2 万美元,列全球第 16 位。这是人民行动党保持长期执政地位的重要原因。

中共十六届四中全会决定提出加强党的五个方面的执政能力建设,其中第一种能力就是"坚持把发展作为党执政兴国的第一要务,不断提高驾驭社会主义市场经济的能力",指出"提高党的执政能力,首先要提高党领导发展的能力"。

中国的一切问题归根到底是发展问题,解决一切问题的根本也靠发展。同样,巩固党的执政地位,也要靠加快发展。改革开放 25 年来,中国的发展取得了令人瞩目的进步。1979 年中国 GDP 是 0.14 万亿美元,到 2003 年达到 1.4 万亿美元,25 年间中国经济总量增长 10 倍,年均增长 9.4%,中国经济总量仅次于美国、日本、德国、英国、法国,居第六位。尽管中国经济有了很大发展,但仍是发展中国家,中国的发展成就是伟大的,但人均指标又是很低的。2003 年人均 GDP 是 1000 美元,是美国的 1/35,日本的 1/31,新加坡的 1/20。2003 年国内生产总值虽然居全球第 6 位,但人均国民生产总值却排到了 111 位。中国贫困人口还有不少,3000 万农民要解决温饱,2300 万城镇人口要领低保,6000 万残疾人要社会的帮助。要实现全国范围的小康,不是易事。当然,中国的发展潜力仍然很大。

总之,经济基础是执政基础中具有决定性的因素。我们一定要树立和落实科学发展观，"坚持把发展作为党执政兴国的第一要务，不断增强综合国力和提高人民生活水平"。

二、印度人民党失败的惨痛教训

2004 年 5 月 13 日，印度第 14 届大选揭晓，结果出乎人们预料，以人民党为首的执政联盟仅获得议会 540 个席位中的 189 席，而国大党阵营总共获得 282 席，在野 8 年的国大党重新登上执政舞台。为什么人民党在执政期间取得发展信息经济的巨大成就，却在选举中输给了国大党？如果用一句话概括，那就是人民党没有处理好效率与公平的关系，社会贫富差距太大了，失去了低层选民的选票。

人民党执政 8 年，引领印度大力发展信息经济，加上印度人英语基础好，印度很快在世界信息产业领域占有一席之地，让全球为之侧目，印度成为仅次于美国的软件出口大国，经济摆脱了长期低迷的局面，实现了 7% 的增长率，2003 年 GDP 增长达到 8.2%，第四季度 10.4%，超过了中国。世界舆论惊呼：又一个大国崛起了。民意调查显示，瓦杰帕伊支持率一度超过 70%，于是人民党决定把本在 11 月举行的大选提前到 5 月份举行，想一鼓作气把选举拿下。

在表面繁荣之下，由于重点发展高新技术，一些传统产业受到冲击。在孟买，纺织产业的工人数从 1981 年的 25 万锐减到 2003 年的 2 万，23 万人失业。目前，印度全国有 4.1 亿绝对贫困人口，失业率居高不下。农民对人民党政府普遍不满，说"我们需要面包、水电和住房，你却搞手机、电脑和礼堂。我们要雪中送炭，你却搞锦上添花"。国大党竞选打出的口号是"社会公平"，指责人民党是"富人党"，加上国大党传统的亲民形象，因而获得了农民选民的普遍支持。

8 年前，国大党因为经济没有抓好，输给了人民党；8 年后，人民党因为公平没有抓好，又输给了国大党。由此可见，执政党处理好效率与公平问题至关重要，印度人民党的教训表明，两者不可偏废。

新中国建立以来，特别十一届三中全会以来，我国农业、农村和农民发生了翻天覆地的变化,在一个人口超过非洲和拉丁美洲总人口的国家成功地解决了吃饭问题,确实是很了不起的成就。但毋庸置疑,"三农"问题仍很突出。比较形象的说法是"农民真苦,农村真穷,农业真危险"(曾任乡党委书记的李昌平语)。比较量化的说法是基尼系数,报刊上公布是0.3,有的学者说是0.4,国外媒体说是0.5。我们知道,基尼系数在0.2或以下是比较公平,接近1就是极度不公平,0.6是临界线(动乱线)。按这个数字,我们现在基尼系数偏高,表明社会贫富差距较大。其实中央对这个问题已有清醒认识,并正在采取措施加以扭转。温家宝总理在2004年3月"两会"答记者问时明确表示中央政府要在5年之内全部取消农业税,对农业要"多予少取放活"。

这次四中全会《决定》中明确提出:"要适应我国社会的深刻变化,把和谐社会建设摆在重要位置,注重激发社会活力,促进社会公平和正义。"

三、国民党百年老店坍塌的历史启示

2004年3月20日台湾地方选举结果揭晓,泛绿民进党陈水扁得票647万多张,得票率50.11%;以原国民党为主体的泛蓝(国民党—新民党)联盟连战、宋楚瑜得票644万多张,得票率49.89%。国亲联盟在这次大选中又输了。

4年前,陈水扁得票39.3%,宋楚瑜得票36.4%,连战得票23.1%。4年后,国民党阵营的选票越来越少。国民党在台湾的日子,真是"王小二过年,一年不如一年"。那么国民党是如何走到今天这一步的呢?

国民党的衰败不是始于今日,而是始于李登辉执政期间。国民党作为一个"百年老店",在台执政近50年。逃到台湾之初,一度靠"三民主义"信仰、"国家统一"的政治理念来凝聚人心。李登辉上台后,对"三民主义"口是心非,并从1995年7月1日起,在台湾各种考试中废考"三民主义"和"国父遗教"内容。长期以来凝聚党心的"思想武器"被抛弃,党员理想、目标模糊,党内出现严重的思想混乱和信仰危机,在野党揭露、批评国民党的阴暗面不遗余力,国民党形象日渐败落。

　　由此可见，一个政党如果没有自己的政治理念作为全党同志的精神支柱，作为共同的信仰，势必会成为一盘散沙。

　　总的来说，当前我国思想理论领域是积极健康的，但也必须清醒认识到意识形态领域并不风平浪静。一些西方国家亡我之心不死，"西化""分化"行动逐步升级；与之相呼应，国内也出现了新自由主义和历史虚无主义等错误思潮。对此我们一定要有清醒认识。

　　刘云山指出："加强党对意识形态工作的领导，核心是坚持马克思主义的指导地位，用一元化的指导思想引领、整合多样化的社会思想。"马克思主义是我们的立国之本，只有坚持马克思主义的指导地位，才能巩固党执政的思想基础。

四、苏共垮台的历史悲剧

　　2004 年 3 月 14 日俄罗斯第 4 次总统大选，这是一场被称为"没有任何悬念的竞选"。虽然参选的候选人有 7 位，但现任总统普京的支持率一直遥遥领先于其他 6 名对手，再次入主克里姆林宫。这次俄共领袖久加诺夫没有参加竞选。1996 年久加诺夫参加竞选时得票率 32%，仅比叶利钦低 3 个百分点。

　　回首当年，苏共长期执政。苏共为何丧失政权？以致今日在俄罗斯政坛逐步被边缘化？

　　不同的人对苏共垮台的原因做出了不同的解释。其中原苏共一些领导人的说法最引人注目。据 1999 年 4 月 6 日《杂文报》樊百华《水至清则无鱼》一文披露，原苏共中央书记、现俄罗斯共产党中央书记久加诺夫曾在一次谈话中坦诚地说："苏共垮台的真实原因是它的三垄断制度，即共产党以为自己想说的都是对的——垄断真理的意识形态制度；以为自己的权力是神圣至上的——垄断权力的政治法律制度；以为自己有没有不可以做到的特权——垄断利益的封建特权制度。""三垄断"从社会的经济、政治到意识形态揭示了"苏联一党制"的弊端和苏共领导层制度性的腐败，可以说是要言不烦，力透纸背，也是发人深醒的。

　　中国应当建立一个怎么样的政党制度？在长期的革命、建设和改革实践中,我国形成了"共产党领导、多党派合作;共产党执政、多党派参政"的政党制度,民主党派的八个政党大多是在抗日战争和解放战争中逐步形成和发展起来的,新中国成立后,它们原先反帝爱国和要求民主的政治纲领已经实现,因此,不少民主党派自己主动提出解散组织。中国人民救国会率先宣布解散,中国民主促进会、九三学社也提出解散。当时毛泽东在苏联访问,他回国后听到救国会解散了表示非常惋惜。他说,救国会是进步团体,不应当解散,并派人去做九三学社和中国民主促进会的工作,说不但不能解散,还要继续发展。1954 年全国人大召开第一次会议,毛泽东强调国家政权中必须吸收一定数量的民主党派人士,批评了个别人士轻视民主党派作用、要求建立"清一色"国家政权的错误思想。他多次以瑞金时代"左"倾错误的教训提醒全党搞"清一色"的危害。他说,瑞金时代最纯洁,最"清一色"了,但那时我们的事情特别困难,结果失败了。1956 年,毛泽东在《论十大关系》中说:"究竟是一个党好,还是几个党好? 现在看来,恐怕是几个党好。"他又说:"我们搞了两个万岁,共产党万岁,民主党派也万岁。"周恩来说,一个党,就是一个鼻孔出气,呼吸就不舒适,会使思想僵化,社会会停滞。

中国共产党鉴于苏共"一党制"带来的"亡党亡国亡制"的惨败,在十六届四中全会的《决定》中重点阐述了加强党的五个方面的执政能力建设,其中特别强调"不断提高发展社会主义民主政治的能力"。文件特别指出:坚持和完善中国共产党领导的多党合作和政治协商制度,巩固和发展最广泛的爱国统一战线。

从以上四个政党的兴衰可以看出,执政党建设涉及很多方面,是个系统工程。我们党开会专门研究这个问题,并做出系统的规划,说明我们党在新世纪之初有了新的警醒!

（原载《南昌教育学院学报》2006 年第 1 期）

论发展党内民主的紧迫性

2006 年 1 月 6 日,胡锦涛在中纪委第六次全会上的讲话强调,要从六个方面加强《党章》的学习贯彻,其中第三条讲"进一步发展党内民主,坚持民主集中制",并且重申了"党内民主是党的生命"。这句话把党内民主的重要性强调到了极致,也把发展党内民主的紧迫性强调到了极致。

一、从党内来说,发展党内民主是巩固党的执政地位的需要

1. 发展党内民主是我党历史经验的总结

中国共产党成立之初就在自己的纲领中规定了党内民主的内容。中国共产党第一个纲领中就明确规定:"必须实行少数服从多数的原则。"但由于陈独秀家长制的工作作风,听不进党内不同意见,致使右倾投降主义得以产生和发展,最终导致国民革命的失败。在土地革命时期,在共产国际的支持下,王明以"钦差大臣"自居,置党中央集体领导于不顾,多次打着党中央的名义发表个人观点和主张,推行脱离中国国情的错误方针政策,使苏区根据地和红军几乎丧失殆尽。1935 年遵义会议以后,逐步形成了以毛泽东为核心的党的第一代领导集体,党内民主才得到实质性发展。延安时期是毛泽东思想形成的时期,也是党内民主的理论及实践得到充分发展的时期。延安整风运动是党内民主的重要途径;党的七大对党员的权利和义务、党的代表大会制度、选举制度、组织机

构、组织系统、党委工作制度等都做了详尽的规定,在党内民主建设史上具有重要意义,为团结全党全国人民完成反帝反封建的伟大任务提供了坚强的组织保证。

新中国建立以后,中国共产党作为执政党,努力探索执政后的党内民主建设,并主动将党内民主延伸到社会政治生活之中,探索发展人民民主。1956年召开的中共八大是中国共产党历史上党内民主发展的一个重要里程碑。这次大会要求加强党的代表大会的作用,实行代表大会责任制;加强党的委员会建设;加强党内选举制度建设;对党内职务任期制进行探索。八大取得的民主成果至今仍然很有价值。当然,在这期间,党内民主建设也出现了不少问题。特别是1957年以后,由于党的指导思想出现了失误,"左"的错误主张逐渐盛行,党内政治生活逐步不正常,一言堂、个人决定重大问题、个人崇拜等家长制现象不断蔓延,导致最终出现"文化大革命"这种全局性的错误,民主和法制被任意践踏,教训十分深刻。邓小平在总结这段经验时说:"从遵义会议到社会主义改造时期,党中央和毛泽东同志一直比较注意实行集体领导,实行民主集中制,党内民主生活比较正常。可惜,这些好的传统没有坚持下来,也没有形成严格的完善的制度。"①

党的十一届三中全会以来,以邓小平为核心的党的第二代领导集体拨乱反正,提出党内政治生活正常化的任务。党的十一届五中全会通过了《关于党内政治生活的若干准则》,十一届六中全会通过了《关于建国以来党的若干历史问题的决议》,这两个文件充分总结了党内民主建设的经验教训。在此基础上,邓小平提出了发展民主、健全法制的思想和政治体制改革的理论。党的十三届四中全会以来,以江泽民为核心的第三代中央领导集体继续推进政治体制改革,提出了依法治国、建设社会主义法治国家的理论,提出尊重和保障人权的思想。党的十六大提出"党内民主是党的生命",突出强调了发展党内民主的极端重要性,为新形势下发展党内民主提供了指导思想。总之,改革开放以来,党内民主的优良传统和作风得到恢复,党内生活日趋正常,决策机制不断完善,党内民主监督有所加强,民主集中制原则得到贯彻。党内民主取得的显著成绩,为改革开放和社会主义现代化建设取得重大进展提供了坚强的政治保证。

正反两方面的历史事实反复说明,党内民主是党的生命线,没有党内民主,就没有党的兴旺发达,什么时候党内民主坚持和发扬得好,我们党和党所领导的事业就充满生机,蒸蒸日上;什么时候党内民主受到削弱和破坏,党就会犯错误,党的事业就会遭受严重挫折。

2. 发展党内民主是改变党内民主发展现状的迫切需要

对党内民主发展的现状,我们一定要实事求是地进行一分为二的评价。

自从中国共产党成立以来,我们党就一直在积极探索发展党内民主,特别是十一届三中全会以来,我们党在总结历史经验的基础上,在发展党内民主方面取得了新的成绩。但实事求是地说,我们党在发展党内民主方面仍存在不少问题和不足。中央党校一位教授在谈党内民主存在的问题时,列举了五个方面,可谓一针见血,现转述如下:

一是在制度方面:党内民主集中制没有完全落实,存在党内权力结构关系的倒置现象;党章规定的民主制度没有得到很好的保障;党的代表大会制度需要进一步改革和完善,党代表的素质需进一步提高;干部制度上存在严重问题,选举制度不健全等。

二是在民主权利方面:党章规定的党员民主权利没有保障落实,党代表、各级班子成员的民主权利没有严格的规范,党代表的权力不明确,民主渠道不畅通等。

三是在民主生活方面:存在政治生活、组织活动公开化、程序化不够和神秘化的问题;民主生活淡化或走形式的问题,批评与自我批评走样的问题。

四是在党内监督方面:存在事前、事中监督不够,事后监督不力的情况,存在对主要负责人特别是"一把手"监督不力的情况;存在监督体制不顺的问题;存在监督保障方面的问题,党内腐败问题仍然没有得到有效遏制。

五是关于民主观念和意识方面:存在着封建主义的残余思想影响的问题,党内各级部分班子仍存在着大大小小的"家长";毛泽东批评过的自由主义现象仍然严重,等等。②

这个论述应该说是比较客观的。中国共产党作为中国领导执政的党,肩负着领导民族复兴、国家强盛、人民富裕的历史重任,如果不抓紧解决这些党内民主方面存在的不足和差距,完成上述历史任务也就无从说起,就有失去执政地位的可能。因此进一步发展党内民主在当前就显得日益紧迫。

3. 发展党内民主是新时期党转型的需要

现在,社会正在向现代化转变,政党也要向现代化转变。中国共产党亦要由传统意义上的革命党转变为现代意义上的执政党。[③]

在意识形态方面,即党的指导思想上,已由批判型向建设性转变。文化领域已由"文化大革命"破"四旧"等"破"字当头转变为"建设"社会主义精神文明,这方面的转型是以邓小平为核心党的第二代领导集体基本完成的。

在阶级基础上,党已由工人阶级先锋队扩大为既是工人阶级先锋队同时又是中国人民和中华民族的先锋队。这方面的转变,在以江泽民为核心的第三代领导集体领导下已基本完成。

在组织结构上,由集中型转变为民主型。过去为适应战争和计划体制的需要,党在组织结构上强调高度集中、高度集权。这在战争年代是适宜的,否则就无法生存,就没有战斗力。今天为适应执政与发展市场经济的需要,要求党在组织结构的设置与运行上,既要坚持集中统一,又要具有活力;在组织结构上,由集中型转变为民主型。这方面转型的任务,历史地落在以胡锦涛为总书记的这届中央领导集体的身上。

二、从国内来说,发展党内民主是建设中国特色社会主义伟大事业的需要

1. 发展党内民主,是全面建设小康社会的重要目标

党的十六大提出:"我们要在本世纪头二十年集中力量,全面建设惠及十几亿人口的更高水平的小康社会,使经济更加发展、民主更加健全、科技更加进步、文化更加繁荣、社会更加和谐、人民生活更加殷实。"[④]

"民主更加健全"的具体内涵是:社会主义民主更加完善,社会主义法制更

加完备,依法治国基本方略得到全面落实,人民的政治、经济和文化权益得到切实尊重和保障。基层民主更加健全,社会秩序良好,人民安居乐业。

"社会主义民主包括三个方面内容:共产党党内民主、全社会的人民民主和共产党与各民主党派之间的党际民主。"⑤这三个方面的民主共同构成了社会主义民主,但这三个方面民主中,以党内民主为基础和前提,这是因为中国共产党是执政党,党内民主是人民民主、党际民主的前提和基础。由此可见,党内民主是社会主义民主的重要方面和重要内容。在本世纪头二十年内全面建设小康社会,要求实现"民主更加健全",首先就要求进一步发展党内民主。

2. 发展党内民主,是构建社会主义和谐社会的重要内容

2004 年 9 月,党的十六届四中全会正式提出构建社会主义和谐社会;2005年 2 月,在党中央举办的省部级主要领导干部提高构建社会主义和谐社会能力专题研讨班上,胡锦涛提出了构建民主法治、公平正义、诚信友爱、充满活力、安定有序、人与自然和谐相处的社会主义和谐社会的总目标。2006 年 10 月,党的十六届六中全会通过了《中共中央关于构建社会主义和谐社会若干重大问题的决定》,明确指出到 2020 年,构建社会主义和谐社会的八大目标和主要任务,其中第一项就是:"社会主义民主法制更加完善,依法治国基本方略得到全面落实,人民的权益得到切实尊重和保障。"构建社会主义和谐社会,关键在党。要大力加强党的自身建设,为构建社会主义和谐社会提供坚强保证,以党内和谐促进社会和谐。而要实现党内和谐,最根本的就是要坚持和完善民主集中制,大力发展党内民主。

3. 发展党内民主,是建设社会主义政治文明的需要

中国特色社会主义建设包括物质文明建设、政治文明建设、精神文明建设、社会和谐建设。物质文明是基础,政治文明是保证,精神文明是导向,社会文明是保障。一方面,政治文明建设会受到物质文明、精神文明、社会文明发展水平的制约和影响;另一方面,政治文明又会反作用于物质文明、精神文明和社会文明建设。符合社会前进的政治文明可以为物质文明、精神文明和政治文明的发展提供制度和法律保障,而且会影响和决定它们的发展方向和进程。

建设社会主义政治文明,最根本的就是要把坚持党的领导、人民当家做主和依法治国有机统一起来。党的领导是人民当家做主和依法治国的根本保证。我们党处于执政地位,是全社会的表率。社会主义政治文明建设的各个方面,都与党的领导制度和执政方式有重大关系,因此,进一步加强党的建设,发展党内民主,对人民民主具有重要的示范和带动作用。我们要以发展党内民主为先导,带动人民民主和社会主义政治文明的发展。

三、从国际上说,发展党内民主是应对"第三波"民主浪潮和"颜色革命"冲击的需要

1. 发展党内民主是积极回应"和平演变"的重要举措

社会主义社会的诞生、存在和发展,是作为资本主义制度的对立物而出现的。作为代表人类未来发展的一种社会形态,社会主义社会使资本主义社会感到了存亡的威胁。因为一旦有一种更得人心的制度在发展,资本主义体系终究就要彻底灭亡。因此,以美国为首的西方资本主义国家视社会主义为"眼中钉、肉中刺",必欲除之而后快。在对社会主义国家进行军事进攻、武力威胁和经济封锁为特征的"冷战"和"遏制"战略破产后,它们改而采取以实力和军事威慑为后盾,主要以非军事的手段、"和平"的方式瓦解社会主义国家,复辟资本主义,以实现资本主义一统天下的目的。

西方推行的"和平演变"战略,从 20 世纪 40 年代末 50 年代初开始制定,经 60 年代至 70 年代局部实行,并从 80 年代开始全面推行至今,其策略手段不断变换,主要的有从思想上搅乱人们的是非观念,文化上宣扬西方的民主、自由、平等、博爱,经济上宣扬私有制,政治上宣扬西方的民主理论,比如精英民主论、多元民主论、参与民主论、"第三波"民主论等。当前,亨延顿的"第三波"民主理论大行其道。

"第三波"民主理论,是指美国学者亨廷顿在 1990 出版的《第三波——20世纪后期民主化浪潮》一书中提出来的。在这本书中,他提出:"一波民主化指

的是一组国家由非民主向民主政权的过渡，这种转型通常发生在一段特定的时期内，而且在同一时期内，朝民主化转型的国家在数量上显然超过向相反方向回归的国家。一波民主化通常也涉及在尚未全面民主化的政治体制中实行的部分自由化或部分民主化。在近代世界史中出现了三波民主化。"⑥此书出版十多年来，民主潮流变成了一种全球性的浪潮，大约有 30 个国家转向了民主体制，至少还有几十个国家受到民主浪潮的冲击。亨廷顿认为掀起"第三波"民主化浪潮的这些因素至今仍在起作用，因此他认为"第三波"民主化浪潮仍然是一种全球性的历史潮流。

"颜色革命"是指在原苏联和东欧地区，反对派通过和平"革命方式"，"民主"更迭政权。由于在"革命"中都有一个明显的颜色为标志，因此把这些"革命"称为"颜色革命"。⑦"颜色革命"有三大特征：一是有"亲西方的反对派"，即代理人。二是都有西方在幕后的策划、资金支持。美国国际发展基金会、索罗斯基金会就专门从事这项活动。三是都采用"街头政治"，以上街游行、和平请愿的方式向政府施加压力。在"第三波"民主化浪潮的冲击下，苏联解体了，东欧变色了，西方对这些解体后的新政权不奉行亲美政策表示不满意，认为他们不够民主。"颜色革命"可以说是"第三波"民主浪潮在中亚地区的再次冲击，本质上是"第三波"理论在该地区的又一次实践，是"和平演变"的新形式、新手段。对这种有背景、有后台的"街头政治"，我们要保持十分的警惕。

面对"第三波"民主化浪潮和"颜色革命"的冲击，我们党要巩固执政地位，就必须在思想、组织、作风、制度和先进性上加强建设，尤其是要进一步加强党内民主集中制建设，把党建设成为一个坚强的领导核心。发展党内民主，重视党员群众的意见和建议，调动全党的积极性和创造性，党组织才有生气和战斗力。苏联、东欧剧变多数发生在一夜之间，关键是这些国家的党脱离了工农群众，早已人心丧尽，成了"孤家寡人"。因此，进一步发展党内民主，是回应西方"和平演变"的重要举措。

2. 发展党内民主是发展社会主义民主政治、创造出比资本主义更先进的政治民主的突破口

"从理论上说,社会主义应该是一个比资本主义更先进、更优越、更合理的社会制度,社会主义不仅要创造出比资本主义发展更高更快的社会生产力,也应该创造出比资本主义更文明的先进文化,同时,更应该创造出比资本主义更先进的政治民主。在这一点上说,社会主义民主才是人类政治文明的先进代表。但是,由于现行的社会主义都是在经济文化落后的国度里建立和发展起来的,加之在探索中出现的某些失误,使社会主义的优越性包括民主问题上的优越性还不能在短期内完全发挥出来。"⑥在"第三波"民主化浪潮中,资本主义民主化的发展客观地向社会主义民主提出了挑战。这就要求社会主义必须在现有的基础上尽快地自主推进民主政治建设,使社会主义民主的优越性尽快地发展出来、展现出来。

现代民主政治首先表现为政党政治。执政党掌握执政资源,在国家的政治生活中处于支配地位,党内民主直接影响到社会民主的发展。所以,要想不失时机地自主发展社会主义民主,创造出比资本主义民主更先进的社会主义民主政治,突破口就是自主发展党内民主。因此,我们要增强自主发展好党内民主的紧迫感。

注　释

①邓小平:《党和国家领导制度的改革》,《邓小平文选》第二卷,人民出版社1983年版,第330页。

②陈述:《党内民主与党内监督研究》,《中共中央党校讲稿选(6)》,中共中央党校出版社2006年版。

③王子奇:《实现政党功能的三大转变》,《解放日报》2004年7月28日。

④《十六大报告辅导读本》,人民出版社2002年版。

⑤高放:《中国政治体制改革的心声》,重庆出版社2006年版。

⑥[美]亨廷顿:《第三波——20世纪后期民主化浪潮》,上海三联书店1998年版,第14页。

⑦《颜色革命背后俄美较量》，《百年潮》2006 年第 1 期。

⑧李良栋：《"第三波"与 21 世纪中国民主》，中共中央党校出版社 2001 年版，第 65 页。

（原载《中共南昌市委党校学报》2009 年第六期，有删节。合作者谈慧娟）

高校宣传工作研究

论高校宣传工作

——高校宣传工作的新角度、新机制、新概括、新表述

如何搞好高校的宣传部工作,我把它归纳为"四个新",即新角度、新机制、新概括、新表述。

第一,要从新角度来看高校思想工作的重要性。

平时有些同志对高校宣传部工作职能不太了解,有个别同志开玩笑说:老是组织理论学习,学习又来不了钱,人家外国人不搞理论学习,经济搞得还比我们好!

说者无心,听者有意,世俗偏见搞得一些专职思想干部心理压力很大。我一直留心并思考这个问题。

其实,思想政治教育专业本科生、思想政治教育专业研究生的课程中有一门课叫《比较思想政治教育》,专门介绍外国思政工作的。事实上,西方国家是有思政工作的,只不过平时我们不太留心这方面的情况。

比如美国,它也搞"政治学习",只不过它不叫"政治学习",它叫做礼拜。美国94%的人信仰上帝,这些人每个礼拜都要上教堂参加"政治学习"。他们学习的材料叫《圣经》,而且都是自费的。每个礼拜自发参加。这种信仰对凝聚美国的人心、统一美国人的思想和价值观起了相当大的作用。

美国的高校也有思政课,比如《公民》《历史》等课程;也有思政工作,而且有专门的机构,这个机构叫"学生事务办公室",是一个严密而庞大的学生工作机构,它干4件事:咨询活动、校纪管理、学生社团管理、学生服务。2006年1

月,全球多个国家的高校还在华中科大就高校学生事务管理召开了国际研讨会(人民日报2006年1月26日13版有专题报道),可见对学生做思政工作是国际上高校的惯例。

我们这些专职干部一定要站在这样一个新角度,来看待我们思政工作的重要性,从而增强我们做思想政治工作的自信。

第二,要建立高校宣传部工作的新机制。

高校宣传部如何在高校宣传思政工作中发挥综合协调、组织指导的作用?如何加强对学校精神文明建设、校园文化建设和辅导员、"两课"教学等工作的领导? 在实际工作中,因为高校宣传部与这几项工作的主管部门是平行单位,因此要协调指导,做起来难度较大,搞不好部门之间还会产生误会。

在实际工作中,我们学院宣传部也会遇到这种情况。现在我们通过学习中央和省里的做法,建立了学院大学生思政工作领导小组,组长是分管书记,领导小组办公室设在宣传部,每月一次例会。宣传部在会前准备好议题和材料。在这个过程中,宣传部就可把自己综合协调、组织指导的职能和意图贯彻进去。当然,这要取得分管书记的同意和支持,然后通过分管书记的讲话把我们的想法贯彻落实下去。

一年多来,我们通过这样的机制,借助分管书记的支持和领导小组的作用,而不是自己直接出面的办法,既充分发挥了高校宣传部在全院宣传思政工作中的综合协调、组织指导的作用,又与有关职能部门保持良好的合作关系,共同为学院思政工作出力。

第三,要对高校宣传部工作的内容进行新概括。

高校宣传部工作千头万绪,"国旗天天挂,喇叭天天响,一天不响,就要找宣传部长"。通常说干工作要抓重点,理头绪,那么什么是高校宣传思政工作的核心内容呢? 我认为可以概括为"两论",即理论和舆论。

理论工作出水平,舆论工作出成绩。

一个宣传部长的水平高低,关键在理论水平的高低。理论工作包括理论学习、宣传、研究。我们学院宣传部重点搞好理论学习的服务工作。为了搞好中心组学习,我们每半年编印一本《学习资料》。现在这本资料在江西省教育工委宣传部汪立夏部长的领导和支持下,应该说从内容到形式都有了一个大的进步。从 2005 年起,《学习资料》印发全省各高校党委中心组学习使用。

舆论工作出成绩,每年报纸、电视、广播有多少新闻稿,年终一统计,就是硬打硬的工作成绩。2005 年江西省教育工委宣传部组织"一报两台"来高校报道宣传思政工作,江西教育学院也被列入"一报两台"采访对象,江西卫视对江西教育学院思政工作做了十分钟的《社会传真》专题片,这令学院领导和师生都十分高兴。舆论工作除了树立形象外还有一个重要方面,那就是维护学院形象,把住小报小刊的负面报道。从这些工作来看,领导觉得少不了宣传部的工作。

"两论"之外,高校宣传思想工作还有"两建设",即精神文明建设、校园文化建设。

第四,要在宣传动员中有新表述。

我们做宣传工作的人经常要讲话、发言。如果我们的语言文字表述不新,就不会有吸引力。

一是用形象的比喻来吸引人。

比如讲到中国的经济成就,我们的经济总量在全球的排名在不断前移,这是一个历史性的进步,而且这样的成就是在 13 亿人口基础之上取得的。13 亿人口是什么概念? 我们在宣讲的时候,可以打个比方,这样可以增强宣讲的效果。13 亿人口相当于美、日、德、英、法、意、加、奥地利、澳大利亚、西班牙、葡萄牙等 15 个国家再加上苏联解体后 15 个国家的人口之和。中国政府干了 30 个国家政府该干的事,而且这样的发展还将持续,因为中国每天有 2 万个新娘子出嫁,每天有 4 万个小宝宝出生,中国的市场潜力巨大,发展潜力巨大。这样的表述,学生听了印象很深,增强了对党和政府的信赖,做一个中国人的自信心、自豪感油然而生。

二是用最新的材料来吸引人。

比如在讲到我国的国防建设时,我经常引用《参考消息》的最新材料。我们知道美国的 NMD、TMD,即国家导弹防御系统和战区导弹防御系统,是世界上最先进的武器,中国有没有防御之术呢?《参考消息》2002 年 11 月 27 日第 8 版登了一个外电,说中国生产的东风 – 31 型导弹,有效射程是 8000 公里,而且这种导弹可以携带 3 枚弹头,在可移动平台上发射。学生听到这个材料非常有兴趣。

《参考消息》是中国发行量最大的报纸,每天发行 400 多万份。陈云曾写信给子女,要求他们每天看《参考消息》。我们做宣传思想工作的同志更应该每天读《参考消息》,掌握尽量多的新材料。

三是用对比的办法来吸引人。

比如讲到发展大学生党员的重要性。2006 年全国党员 7080 万,加上共青团员 7214 万,1 亿多人。这个数字很大,但同时要看到,这些年宗教势力发展很快,全国信教的人数有 1 个多亿(人民日报 2005 年 8 月 31 日第 9 版),而且发展势头很快。这样一对比,我认为就要按照中央精神,抓紧做好在大学生中发展党员的工作。现在有的学校对学生入党制定了一些《党章》以外的土政策,比如,规定学生每门课不得少于 80 分,79 分就不入党,这些土政策影响了大学生党员发展工作,致使有的学校在校学生党员比例连 3% 都不到。这是很不合适的政策。

(2006 年 6 月 23 日在江西省教育工委党校"高校宣传部长学习班"大会上的交流发言稿)

唱响主旋律
——对大学生上网情况的调查及思考

据中国互联网信息中心发布的统计报告,在我国目前890万因特网用户中,有311万为在校大专以上学生,占35%。大学生成为因特网用户最密集的群体之一。那么他们上网都在忙什么呢?

——查询信息。大学生比较关心的信息有:时政热点,如中国加入WTO、中美关系等条目点击率就相当高;实用信息,如就业指导、考研等颇受毕业班学生青睐;新奇信息和本地信息也较受关注。

——娱乐,即游戏和聊天。一位同学说,平时与人聊天要考虑对方能不能承受,开不开心。而网上聊天,彼此之间互不认识,也不用面对面,因而少了几分顾虑,特别轻松自在。也有同学说,上网聊天的目的是为了练习打字。

——学习需要。随着信息化社会的到来,只是更新的速度不断加快,课堂教学已不能完全适应学生求知的需要。我省就有一些大学生为写毕业论文,专程到省图书馆电子阅读室上网查资料。

——还有就是收发电子邮件和经营个人网页。

目前,大学生上网情况总体是健康向上的,但也有一些不容忽视的问题。有人出于好奇在私人网吧上调阅过黄色信息;有同学无意中点击到了"法轮功"在网上发布的黑色信息(指制造社会政治经济混乱的信息);还有同学反映,网上聊天时有些人会"说"出低级下流的话。如何正确引导大学生们上网,是当前学校教育工作特别是思想政治工作者面临的一个新课题。

其实,网上工作还是要网下做。增强大学生对信息的分析处理能力,用科学的理论武装他们的头脑。清华大学学生在校党委支持下,1999年成立了"红色网站",制作学习主页。在这里,大学生们研读马列主义、毛泽东思想和邓小平理论,学习时事政治,交流学习实践收获。一年来,学生们密切关注我国改革开放和现代化事业的发展以及国内外时事热点,在网站上推出了许多富有教育意义的栏目和专题。

以网络为载体,开展丰富多彩的校园文化活动。网络融文字、图画、声音等信息于一体,较诸传统的校园文化阵地,这一新型载体对大学生更具吸引力。校园文化活动应充分运用好这一载体,经常组织开展大学生网上辩论赛、网上体育娱乐比赛、网上征文、网上团校等活动。通过有组织的网上校园文化活动,引导网上娱乐消遣活动向健康方向发展。

积极开展网上文化、网上道德和网上法律知识教育。国有国法,家有家规,校有校纪,网有网规,每个上网者都应讲究"网德"。高校是精神文明建设的示范区、闪光点、辐射圈,大学生应争做文明网民。

大学生上网不仅仅是一般的学习娱乐活动,这块阵地,马克思主义思想不去占领,非马克思主义思想、反马克思主义思想就会去占领。高校教职员工和思想政治工作者要以高度的责任感和使命感,充分认识网上思想政治工作的重要性和紧迫性,加强调查研究,掌握大学生上网活动的规律,有针对性地做好思想工作。

(原载《江西日报》2000年7月20日B4版)

论高校校园文化建设的意义及其设想

一

《中共中央关于进一步加强和改进学校德育工作的若干意见》(以下简称《意见》)中指出:"重视校园文化建设。要大力开展学生喜闻乐见的丰富多彩、积极向上的学术、科技、体育、艺术和娱乐活动,建设以社会主义文化和优秀的民族文化为主体、健康生动的校园文化。要努力净化校园环境,抵制消极、腐朽思想的渗透和影响,抑制低俗文化趣味和非理性文化倾向,引导校园文化气氛向健康高雅方向发展。在整个社会精神文明建设中,学校应成为最好的小环境之一,并对大环境的优化作出积极贡献。"这段话规范了校园文化的内容,指出了建设校园文化的目标,提出了净化校园环境的任务。这对我们加深对校园文化的理解、认识校园文化在德育工作的作用有极大的帮助。

校园文化的内涵非常丰富,一般来说,是指借助学校载体来反映和传播的各种文化现象。从广义上说,校园文化指学校的整体文化,它包括学校的物质文化、制度文化和精神文化。从狭义上说,校园文化是指相对课堂文化而言,以课外文化活动为主要内容的文化氛围和精神。校园文化的主体是学生和教职员工,它反映出学校的面貌、个性和特征。

校园文化从类型上可分为政治文化、道德文化、科学文化、娱乐文化、制度文化、环境文化、物质文化、心理文化和生理文化等。从场所来看,可分为教室文化、寝室文化、图书馆等公共场所文化以及校园环境整体文化;从形态来看,又可以分为静态文化和动态文化。

校园文化从模式上来划分,可分为显性文化和隐性文化两大类。显性文化包括校园中的物质文化(教室、实验室、学术报告厅、图书馆、学生活动中心、校史陈列室等)、环境文化(校园的绿化、美化、净化、宣传、设施等)、课堂文化(知识的传授)、课外文化(各种社团活动、学术讲座、科技制造大赛、社会实践活动等)、制度文化(各种规章制度)以及学生、教师、管理人员的行为方式、学校中的人际关系、学校中发生的各种事件等。隐性文化包括隐含于师生、管理人员自我意识中的价值观念、教育观念、归属意识以及群体心态、集体舆论、教学风格、管理作风、精神氛围、校风、系(处、室)风、班风、传统等。

校园文化是一种复杂的现象,高校校园文化有自身的特点。第一,具有较强的理想色彩。高等学校是知识分子集中的地方,它的传授者和接受者都有较高的文化层次,其政治、思想、道德水准相对也较高,因此,他们所追求的目标、开展的活动也多带有理想主义色彩,更注重时代性、思想性、知识性和趣味性的结合,更趋于真善美。第二,具有较强的敏感性。高等学校是科研、学术成果的汇集地,是社会精神文明的一个窗口,它在社会中的特殊地位决定了它不可避免地要受到社会思想文化的影响,成为意识形态斗争的激烈战场。因此,它的各种活动往往能迅速反映出科学发展、学术研究、社会思潮等方面的新动向。第三,具有丰富多样的综合性。校园文化的主要参与者是正在成长过程中的青年学生。一般地说,大学生具有思想敏感、感情丰富、崇尚真理、求新求奇的特征。他们希望通过多种形式的实践活动不断开发自己的内在素质、兴趣与重新塑造自己,因此也就构成了校园文化活动的多彩性。

二

高等学校肩负着培养有中国特色社会主义事业的建设者和接班人的根本任务。《意见》中指出:"青少年是国家和民族的未来,教育和培养好他们,是社会主义建设事业的奠基工程,也是广大人民群众的期望和心愿。现在和今后一、二十年培养出来的学生,他们的思想道德和科学文化素质如何,直接关系到 21 世纪中国的面貌,关系到我国社会主义现代化建设战略目标能否实现,关系到能否坚持党的基本路线一百年不动摇。必须站在历史的高度,以战略的眼光来认识新时期学校德育工作的重要性。"我们培养的大学生,不仅要有扎实的现代科学知识和坚定正确的政治方向,而且要具备现代观念、现代人格以及成熟的心理品质和高尚的道德情操。这种心灵的塑造与一定的良好的校园文化紧密关联。加强校园文化建设,从根本上来说,就是为青年一代的健康成长创造一个有利于开启智能、净化思想、健全身心的良好社会文化环境。从上述校园文化的内涵、特点来看,学生的"五爱"(爱祖国、爱人民、爱劳动、爱科学、爱社会主义)情感的培养,文明的行为习惯和良好的道德品质的养成,遵纪守法意识和科学的世界观、人生观、价值观、社会主义的理想信念的树立,都与校园文化环境有关,校园文化在整个德育工作中的地位与作用以及所产生的育人效应是任何其他教育的内容、形式、方法所不能代替的。

校园文化环境是学校有意识建造的一种文化传递场所,它是教育者依照社会的要求,按照规定的教育目的设计、营造和组织起来的。它不仅仅是为师生们提供的一个学习、生活和活动的空间,而且融合了体现教育目的、价值观念、道德原则等理性内容。例如优美整洁的校容校貌,园林式的绿化、美化环境,充满美感别具一格的建筑设施,反映高雅艺术品位的小景,均能体现浓厚的文化色彩。根据学校的性质特点,提出明确的校训标语口号,又能体现该校的培养目标和基本要求。像师范院校的"学高为师、德高为范""教书育人、为人师表""请讲普通话、请写规范字"等,便时时处处都在起着提醒和规范师生行为的作用。再如"团结、勤奋、求实、创新"等,不仅体现了时代精神,而且营造了一种积极向上、亲密和谐的心理环境,给人一种潜在的教育力量。图书馆内张贴名人名言;在广播、黑板报、宣传栏、院报上播出、刊登先进典型的事例;在寝室里有目的、有计划地开展丰富多彩的具有思想性、趣味性、知识性、娱乐性的活动,通过这些活动增进寝室成员之间的团结、了解和感情,培养集体主义精神等,都能激发学生热爱祖国、热爱学校、勤奋学习的情感,从而达到环境育人的目的。

校园文化活动是培养具有现代观念、现代人格、成熟的心理品质和高尚的道德情操的重要途径和教育方式,这是由校园文化活动的教育方式特点所决定的。它有别于传统教育的单向式灌输、学生被动接受的特点,而显现出一种双向式以主动接受为主的特征。它能够使人不知不觉但又自觉自愿地接受教育的影响,在各项活动中得到感化、陶冶、锻炼,在潜移默化中培养自己优良的道德情感,使自己成为德、智、体、美、劳全面发展的人,其教育效果具有强烈的渗透性,影响是持久的。例如,各种集体文化娱乐活动,能为大学生提供极好的充分发挥和表现个人兴趣、特长和才能的机会和条件,极具吸引力和凝聚力。各种社团活动,特别是以思想、政治文化、学校科技文化、伦理道德文化为主的各种讲座、报告会、演讲会以及社会调查、访问等活动,能够激发学生的学习热情,培养学生的求实、创新精神;各种文化艺术活动,如文艺、体育、主题班会、舞会、郊游等,能培养学生的集体主义精神,增进师生之间、同学之间的接触和了解,交流情感,协调个人与集体、与他人的关系;各种竞赛活动,如知识、诗歌、演讲、歌舞等,能使学生重温和巩固有关的知识,体验到激烈竞争、即席表演的乐趣,既锻炼了思维的灵敏性和表达的准确性,又显露了才华,获得了心理上的满足,同时也增强了与人平等相处、公平竞争的意识;各种社会实践活动,使学生感受到了自己独立的人格和社会价值,同时加深了对国情、社情的了解,增强了对祖国、对人民的责任感和使命感。校园文化活动,具有自我教育、自我管理、自我服务、自我娱乐的特点,通过对多种活动的组织,能使学生的组织管理能力得到锻炼和增强。同时通过活动过程,能够使学生逐步培养树立自己的现代观念、现代人格,塑造成熟的心理品质和高尚的道德情操。

三

校园文化建设,其目的是创造良好的精神氛围,优化育人环境,使广大学生在积极向上的环境里发奋学习,健康成才。为此,我们必须在以下几个方面下工夫：

1. **要充分认识校园文化在学校工作特别是在高校德育工作中的地位与作用**

目前各学校对校园文化工作重视的程度不一,有的高校十分重视抓课堂教学,校园文化则放任自流或抓得不紧,这不能不说是教育思想的一个偏差。为了保证校园文化在教育中的地位与作用,学校的党政领导在考虑全院整体工作时,必须将校园文化纳入其内,作为系统工作的一个有机组成部分,给予必要的重视,在人、财、物各方面创造必要的条件。

2. **要强调校园文化的政治方向**

阶级斗争虽然已经不是我国社会的主要矛盾,但是它在一定条件下还可能激化。这种斗争集中表现为资产阶级自由化同四项基本原则的对立。这种背景下,校园文化的建设必须强调其阶级性。江泽民说,坚持马克思列宁主义、毛泽东思想的指导地位,是我国文化事业的性质和方向。只有这样,我们的文化建设才能沿着正确的道路健康发展。校园文化作为社会文化的亚文化,必须坚持马克思主义、毛泽东思想的指导地位,坚持社会主义方向,奏响时代主旋律。

3. **要加强校园文化建设,不断完善校园文化的物质基础**

首先,要规划好校园文化环境,增加投入,让师生在优美的环境中得到心灵的净化、情操的陶冶。第二,要精心设计和制作有关学校的标志,如校徽、明信片、招生简章、信封等,这些看似小的东西,体现了一种文化底蕴和精神风貌,直接给人留下深刻的印象;它还是校园学生对外交往的一种媒介,有利于扩大学校影响。第三,要加强宣传舆论建设,积极创造条件,解决学生看电视、报纸的问题。第四,给各种社团活动提供一定的场所、设备、经费,以保证各项活动的正常开展。第五,要加强队伍建设,培养校园文化活动的骨干力量,充分发挥教师在校园文化建设中的作用。教师是校园文化形成、发展的一个永恒的载体,一个学校校园文化的特色,与该校教师群体特征紧密相连。作为校园文化主体的学生,是一个流动着的群体。因此,教师在校园文化的建设中起着主导的作用,使校园文化的特点得以延续和发展。第六,校园文化建设是一项系统工程,要在校党委统一领导下,由宣传部牵头做好统筹协调工作,各职能部门积极配合,形成合力,抓出成效。

4. 要抓特色

校园文化内容广泛,每个学校应根据自身的特点、优势,重点抓几个有特色的内容,形成自己的风格。例如学院"大学生合唱团"连续两年获全省高校合唱比赛第一名;应用物理系的"家用电器维修队"也是我院社会实践的一面红旗,他们利用暑假时间为我省许多地区的居民提供了义务服务。可以说这是学院校园文化的一大特色。合唱团大唱革命歌曲,对观众和表演者自身都是进行爱国主义教育的好形式,而全体表演者为了唱好一首歌曲,反复训练,这本身又是进行集体主义教育的好方法。义务为居民修家电,是培养同学们为人民服务思想的好途径。通过这些有特色的社团活动,进而推动全院其他各种社团活动的蓬勃开展。

5. 要切实加强校园内各种社团组织及其活动的管理工作,使其各项活动规范化

在抓管理工作中,重点是抓好队伍建设、制度建设和指导督促。要选拔有一定政治素质、品德优秀的同学担任社团的负责人和各种活动的组织者,确保校园文化的社会主义方向;其次抓好制度建设,使各种工作正规化,做到有章可循;再就是平时抓好指导督促工作,使校园文化能够在稳定中逐步提高到更高的层次,从而为育人创造良好的环境。

6. 要加强校园文化建设的理论研究

要积极开展校园文化建设的理论研究和探讨,对校园文化发展规律、操作规律加强研究,以建立有效的导向机制,增强校园文化的有序性、可控性,使校园文化真正起到育人的作用,为实现德育工作的目标作出贡献。

(原载《南昌职业技术师院学报》1995 年第 2 期,合作者章焕荣)

简论国外高校的思想政治教育工作

　　我在高校当宣传部长多年,有不少人问过我:外国人从不搞政治学习,经济建设不是搞得比我们更好吗? 我们常常开展政治学习,是不是形式主义?

　　对这个问题我查了不少资料,作了一些思考。

一、西方国家肯定有思想政治教育工作

　　西方国家不是不搞思想政治教育工作和政治学习,只不过他们不叫政治学习。比如说他们开展的"公民宗教"教育,这种"政治学习"不用单位去组织,而是公民自觉自愿地参加。这就是上教堂做礼拜。西方国家绝大部分人都信基督教,教徒们每周必做礼拜,以致人们把星期几都叫成礼拜几了。他们做礼拜的积极性非常高。他们的学习材料叫《圣经》,《圣经》是全世界印数最多的一本书,当年只有《毛选》的印数才能与之相比。《圣经》是西方人的世界观、人生观、价值观的集中体现。比如《圣经》中的"十戒",即上帝向摩西颁布的"十戒":①除我之外,不可敬拜别的神明,因为是我把你们带出了埃及。②不可雕刻其他偶像,不可信奉天上、地下、水中的任何东西。③你们不可妄称上帝耶和华的名字,对那些妄用他名字的人,必拿他问罪。④你们要谨守安息日。用六天去工作,第七天,无论是你们,还是你们的儿女、奴婢等都不要工作。因为上帝用六天造了天地万物,第七天安息,也赐福你们第七天为安息日。⑤不可杀

人。⑥你们要孝敬父母。⑦你们不可奸淫。⑧你们不可贪恋他人之物。⑨你们不可偷盗。⑩你们不可做假证陷害他人。对这些经典的东西,西方人是反复诵读的,这是他们共同的思想基础。

你能说西方国家没有思想工作吗?

二、西方国家高校中的思想政治工作

西方主要国家对学生的思政教育从来就未放松过。这一点国内不少人并不知情,有的人甚至说,学生拿出那么多课时来学政治理论,值得吗?

中国人民大学出版社出版的《当代世界的思想政治教育》一书,分别介绍了美国、英国、法国、德国、苏联、俄罗斯、日本、新加坡、韩国和中国香港、澳门、台湾地区的思政教育,本文摘述如下:

"难道美国有思想政治教育吗?"一些人天真地认为在美国想说什么就说什么,想干什么就干什么,想怎么说就怎么说,想怎么干就怎么干。自己不需要也不允许别人来"教育""引导",也没有这样的人或组织、机构来履行"教育""引导"的职责。其实,美国不仅有思想政治教育,而且还搞得很有成效,在维护美国的资本主义制度,促进社会的稳定和发展,培养合格公民和资产阶级接班人等方面发挥了巨大的作用。

美国的思想政治教育可以说得上是"无名有实"。在美国,不像我们中国有一个统一的"思想政治教育"的名称,但是它在公民教育、道德教育、法制教育、宗教教育、历史教育等等名义下进行了大量的实质性的思想政治教育工作。所有这些工作,在内涵和外延上基本与我们的思想政治教育的概念所指相对应。在学校里,有时就将这一块简称为"德育"。

美国是一个迅速发展、崇尚变化的国家,然而政治教育的核心内容却长期保持了稳定性和连续性。资本主义及其优越性的教育、反共产主义教育、公民权利和义务的教育、国民精神的教育这四个方面的教育一以贯之,毫不动摇,从不模糊,而且在政治教育方面采取了许多硬性的行政措施。比如对教师教学计划中政治科目的规定,比如对教师、校长和督学按一定的政治和道德要求进行严格的筛选。

美国的学校主要开设的德育课程有"公民""社会""历史""人文"等科目。另外在大学的通识教育课程和专业教育课程中,都有思想政治教育的内容。

美国共有3600多所高校,在校学生1400多万人,在这个庞大的高校系统中,学生工作是极其重要的一个方面。美国教育委员会1937年提出,"应当加强学生作为一个人去全面发展而不仅仅是对其进行智力训练"。二战后,美国重申上述思想,并提出教育的三个面向:教育要面向民主、面向世界、面向社会。

美国高校教学工作的特色:①依靠专家的非学术评议咨询;②法制化的校纪管理,包括对学生处理要听证;③学生社团和被视为必修课的课外活动,我们通常叫校园文化活动、社团活动;④"学生是上帝"的服务工作。

美国思想工作的成效如何呢? 根据国际民意测验会会员组织在20世纪80年代中期进行的一次八国青年动向的调查,赞同国家利益重于个人利益观点的,比例最高的是美国青年,达70%;对"国家生机依靠青年,青年不为国家出力就意味着背叛"的观点,美国青年赞同的达81%,而日本、法国为40%;对"本国最引为自豪的是什么",美日青年均回答"历史和文化遗产"。联想到美国青少年在中国人心目中较为"普遍的个人主义者"形象,调查结果是出人意料的。这个事实不得不引起我们的深思。

美国思想教育取得如此成绩,与美国政府坚定的方针、政策和指导思想是分不开的。美国政治教育的核心内容是"爱美国"——爱它的制度和生活方式,相信它是世界上最合理、最优越的,由爱和信任而产生信念和忠诚。在对公民进行政治观念的灌输时,美国政治的导向之坚定、旗帜之鲜明、态度之一贯、力度之大、强度之强、方位之全面、方法之灵活,是非常值得我们借鉴的。

2005年中国教育报开辟专栏——世界名校大学生道德教育系列,主要介绍世界各名校大学生思想教育工作,看了非常受启发,大家可以看看。

三、西方国家思想政治工作给我们的启示

1. 思想政治工作也要坚持"三个面向"

1983 年邓小平为北京景山学校题词:"教育要面向现代化、面向世界、面向未来。"邓小平指的教育,当然包括德育、智育、体育,因此,不光是智育,而且是德育、思想政治工作都要体现"三个面向"的精神。思想政治工作"面向世界",就是要把我们的思想政治工作同西方国家思想政治工作进行比较,借鉴西方国家思想政治工作的成功经验,吸其精华,去其糟粕。通过比较、借鉴,择其善者而从之,进一步加强和改进我们的思想政治工作。

2. 思想政治工作要有连贯性

美国思想政治教育的核心内容长期保持稳定性和连续性,这一点对我们不无启发。我们思想政治教育的内容一度变化太快。如 20 世纪 80 年代开展"五四三"(五讲四美三热爱)活动,90 年代一度又开展"精神文明创建"活动,现在开展较多的是青年志愿者活动、公民道德建设活动等等,活动名称变化太快,连贯性不够,给人一阵风的感觉。

3. 思想政治工作要齐抓共管

西方国家不但政府运用行政手段进行管理,而且运用各种社团组织来直接或间接进行管理,宗教组织也被用来做思想政治工作。为什么思想政治工作要齐抓共管? 这是因为思想政治工作面向的是全国的人民群众,是全社会的事,不光是几个专职人员的事。这次中共中央国务院颁发的关于进一步加强和改进大学生思想政治教育的文件,一个突出的特点就是强调要全社会育人、全过程育人,强调学校每个教职员工、每门课程都要育人。这些都是"齐抓共管"思路的具体体现。

(2007 年 12 月在江西教育学院辅导员学习班上的发言稿)

后 记

　　按照通常的做法,我应该请我的领导或者和自己关系好的学术界大师为我的书写一个序言,这样肯定会给这本书增加相当的分量。但是考虑到大家工作都十分繁忙,如果要看完我的书稿并且写上一些正面鼓励的话语,肯定要放下手头正在做的事情,花费相当一块时间来做这个事。这样仔细一想,就慢慢打消了请名人写序言的念头。

　　由于本书的观点都是来源于学习和工作实践中,因此我要特别感谢我学习和工作过的单位、单位的领导和同事,没有他们提供的平台和机会,个人是做不成什么事情的。

　　感谢南昌职业技术师范学院(现在是江西科技师范大学)的各位校领导,历史系、校团委学生会、校党委宣传部的各位领导和同事。在这里,我从一般干部进步为校报编辑部主任和新闻系列的初级职称——助理记者。

　　感谢江西教育学院(现在是南昌师范学院)的各位领导,宣传部、党政办的各位同事,学院各系各部门各单位的同事。在这里,我进步为党委宣传部部长助理、副部长、部长、校报副总编辑、新闻系列的副高职称——主任记者和高教系列的高级职称——副教授、教授。

　　感谢上饶师范学院党政主要领导的关心帮助。虽然本书大部分文章是我来上饶师范学院工作之前完成的。但是,全部汇总出书的想法和过程,则都是来上饶师范学院之后才有的。我是在2010年底通过全省公开选拔副厅级领导干部的考试来这里工作的。我要感谢上饶师范学院校党政班子各位同事的关心帮助,学校各部门各单位的同事对我的支持配合,感谢学校对我学术研究工作提供的有利条件和帮助。

感谢省委宣传部干部处的领导对我的关心帮助。在我借用到这里工作期间,自己的工作作风进一步严谨了,视野进一步开阔了。

感谢江西省教育工委宣传部、教育厅社政处的领导对我的帮助。我在江西教育学院宣传部工作时,由教育厅社政处出资,让我负责主持编印《学习资料》,供全省高校党委中心组学习使用。在他们的支持下,我申报和完成了三个课题,形成了一个有特色的研究系列。身边的同事鼓励我可以把课题成果出本书,我才敢有出书的念想。这三个课题分别是:

第一主持 2007 年省教育厅人文社科课题:《高校校报研究》,课题编号SZ0746,2008 年 12 月已结题。

第一主持 2008 年省教育厅人文社科课题:《高校网络研究》,课题编号SZ0819,2008 年 12 月已结题。

第一主持 2012 年省教育厅人文社科课题:《高校媒体研究》,课题编号MKS1225。2013 年 5 月已结题。

感谢江西省高校校报研究会、全国教育学院院报研究会,特别是江西省高校校报研究会的领导和同行们对我走上高校新闻工作之路帮助很大,我还被研究会评为全省高校和全国教育学院的"高校优秀新闻工作者"。我每年都参加他们的年会,向他们学习,每次都有收获。

感谢江西人民出版社的领导和责任编辑为本书付出的艰辛劳动。我是读着江西人民出版社的《古文观止》《四书今译》等书成长的,有幸在江西人民出版社出版自己的第一部学术书,感到十分自豪。

这本书的不足和遗憾有:全书的结构、体例没有前后保持统一,个别地方材料引用有重复;由于时间的关系,加上作者现在没有从事新闻宣传工作,作者手头上还有其他课题在做,因此,有些内容没有完全展开。比如,高校媒体发展史研究、中外高校媒体比较研究、高校学报研究等等,尤其是高校学报,它是重要的高校媒体,但是本人现在暂时没有精力去研究了,留下了不少遗憾。

我的父母对我的书稿充满兴趣,主动帮助我校对。父母在看完我的书稿后对我说,我们终于了解你整天在忙的原因了。我带的第一位研究生仔细帮助我校对了书稿,特别是引文出处的校对,花费了大量精力。我自己又从头到尾再次完整校对了一次。但是现在要交书稿了,我的心还是忐忑不安,生怕还有差错没有校对出来。

感谢您抽空翻看本书,敬请您批评指正,提出宝贵意见。

2013 年 10 月 6 日

于信江河畔

图书在版编目(CIP)数据

高校媒体研究 / 刘国云著.—南昌：江西人民出版社,2014.1

ISBN 978-7-210-06212-7

Ⅰ.①高… Ⅱ.①刘… Ⅲ.①高等学校-传播媒介-研究-中国 Ⅳ.①G206.2

中国版本图书馆 CIP 数据核字(2013)第 231064 号

高校媒体研究

刘国云 著

责任编辑：陈世象

封面设计：章　雷

出　　版：江西人民出版社

发　　行：各地新华书店

地　　址：江西省南昌市三经路 47 号附 1 号

学术出版中心电话：0791-86898330

发行部电话：0791-86898893

邮　　编：330006

网　　址：www.jxpph.com

E-mail：swswpublic@sina.com

2014 年 1 月第 1 版　2014 年 1 月第 1 次印刷

开　　本：787×1092 毫米　1/16

印　　张：16.25

字　　数：220 千

ISBN 978-7-210-06212-7

赣版权登字—01—2013—365

定　　价：28.00 元

承 印 厂：南昌市红星印刷有限公司

赣人版图书凡属印刷、装订错误,请随时向承印厂调换